PAU BRASIL 02

Brasilien: Ein Land der Zukunft

빠우-브라질 총서 **02**

미래의 나라, 브라질

1판 1쇄 | 2016년 2월 29일

지은이 | 슈테판 츠바이크
옮긴이 | 김창민

펴낸이 | 정민용
편집장 | 안중철
책임편집 | 최미정
편집 | 윤상훈, 이진실, 장윤미(영업)

펴낸 곳 | 후마니타스(주)
등록 | 2002년 2월 19일 제300-2003-108호
주소 | 서울 마포구 양화로 6길 19(서교동) 3층
전화 | 편집_02.739.9929/9930 영업_02.722.9960 팩스_0505.333.9960

홈페이지 | www.humanitasbook.co.kr
페이스북 | facebook.com/humanitasbook
트위터 | @humanitasbook
블로그 | humanitasbook.tistory.com
이메일 | humanitasbooks@gmail.com

인쇄 | 천일_031.955.8083 제본 | 일진_031.908.1407

값 16,000원

ISBN 978-89-6437-244-9 04950
         978-89-6437-239-5 (세트)

이 도서의 국립중앙도서관 출판시도서목록(CIP)은 e-CIP 홈페이지(http://www.nl.go.kr/ecip)에서
이용하실 수 있습니다(CIP제어번호: CIP2016003814).

미래의 나라, 브라질

슈테판 츠바이크 지음 | 김창민 옮김

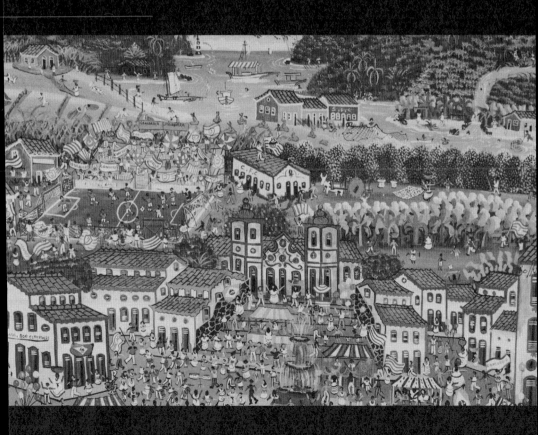

후마니타스

| 일러두기 |

1. 한글 전용을 원칙으로 했고, 포르투갈어의 우리말 표기는 기존의 국립국어원의 포르투갈어 한글 표기 규정을 존중하면서, 포르투갈과 브라질 원어의 발음을 따랐다. 그러나 관행적으로 굳어진 표기는 그대로 사용했으며, 처음 나온 곳이나 필요한 경우 원어를 병기했다.
2. 단행본·정기간행물에는 겹낫표(『 』)를, 논문에는 큰따옴표(" ")를, 예술 작품명에는 가랑이표(〈 〉)를 사용했다.
3. 독자의 이해를 돕기 위한 옮긴이의 첨언은, 본문에서는 [ ] 안에 표기를 했고, 긴 설명을 요하는 경우는 ● 표시와 함께 본문 아래에 넣었다.

"새로운 나라, 멋진 항구, 타락한 유럽에서 멀리 떨어진 곳, 새로운 정치적 지평, 미래의 땅, 과거가 거의 알려지지 않은 그곳이 지식인을 부릅니다. 그곳을 연구해 달라고, 황홀한 자연을 보라고, 이국적이고 새로운 사고와 직접 접해 보라고 지식인을 부릅니다."

프랑스 외교관인 조제프-아르튀르 고비노Joséph-Arthur Gobineau가 주브라질 대사직을 맡는 것을 주저하자 오스트리아의 외교관 프로케슈 오스튼Prokesch Osten이 한 말이다.

서문

    과거에 저자들은 책을 출판할 때 먼저 간략한 서문을 통해 어떤 동기로, 어떤 시각에서, 그리고 어떤 목적으로 작품을 썼는지 솔직하게 밝히곤 했다. 좋은 관습이다. 그런 내용들을 작가가 솔직하게 직접 언급함으로써 독자가 그 책을 온전히 이해할 수 있게 해주기 때문이다. 마찬가지로 나 역시 일상적인 내 작업 영역과는 꽤 무관해 보이는 주제에 몰두하게 된 동기에 대해 정말 솔직하게 말하고 싶다.

    1936년 부에노스아이레스에서 열리는 국제펜클럽회의에 참석하기 위해 아르헨티나로 가게 되었을 당시, 나는 브라질 방문 요청도 함께 받았다. 솔직히 대단한 기대를 갖지는 않았다. 나는 브라질에 대해 보통의 유럽인이나 미국인이 가지고 있는 우쭐한 생각을 가지고 있었다. 이런 것들이다. 뭐가 다른지 구별이 안 되는 남미 국가들 중 하나에 불과한 나라, 뜨겁고 건강에 해로운 기후, 혼란한 정치 상황, 한심한 재정, 나태한 행정의 나라, 단지 해안 도시들만 어중간하게 문명화된 나라, 하지만 아주 아름다운 풍경, 엄청난 개발 가능성이 있는 나라. 그러니까 절망적인 이민자들이나 식민 지주들에겐 안성맞춤이지만 결코 지적인 유혹을 기대할 수 없는 나라. 직업이 지리학자도, 나비 채집가도, 사냥꾼도, 스포츠인도, 장사꾼도 아닌 사람으로서 그 나라에 한 열흘 정도 할애하면 충분할 것 같았다. 일주일, 많아야 열흘 뒤에 바로 돌아올 생각을 하고 있었다. 그런 무지한 태도를 고백하는 것이 부끄럽지는 않다. 아니 심지어 중요하다고까지 생각하는데, 왜냐하면 대략 그런 태도가 바로 오늘날까지도 유럽이나 미국에 사는 사람들에게 공통적으로 발견되기 때문이다. 첫 항해자들에게 브라질이 지리적인 의미에서 미지의 땅이었던 것만큼이나, 오늘날에도 브라질은 문화적인 의미에서 보았을 때, 여전히 미지의 땅이다. 박식하고 정치적 관심이 많은 사람들조차도 브라질에 대해 모호하고 어설프게 알고 있다는 사실에 나는 계속 놀라고 있다. 미래에 세계 발전에 가장 중요한 요소가 될 수밖에 없는 나라임에도 말이다. 예컨대 비행기 안에서 어떤 보스턴 상인이 아주 경멸조로 조그만 남미 국가들이라고 언급하기에, 나는 브라질 한 나라만 해도 미국보다 더 크다고 말해 줬다. 그랬더니 그 사람은 내가 농담을 한다고 했고, 세계지도를 펴보고 나서야 수긍했다. 또 다른 예로, 아주 유명한 어느 영국 작가의 소설에서 나는 정말 재미있는 내용을 하나 발견했다. 주인공이 스페인어를 배우러 리우데자네이루[약칭 리우]로 간다는 것이다. 이 작가는 브라질에서는 포르투갈어를 쓴다는 사실을 모르는 수많은 사람 중 한 명에 불과하다. 그럼에도 이미 밝혔듯이, 난 다른 사람들의 무지에 대해 비난하고 싶지 않다. 내 자신도 유럽을 떠날 때 브라질에 대해 아무것도 몰랐거나, 적어도 확실하게 아는 것이 없었으니까.

그래서 내가 리우에 도착했을 때 받은 인상은 평생 잊지 못할 가장 장엄한 인상들 가운데 하나가 되었다. 놀랍고 동시에 감동적이었다. 그 순간 바다와 산, 도시와 열대 자연이 조화를 이룬 세상에서 가장 아름다운 풍경뿐만 아니라 완전히 새롭다고 할 수 있는 문명이 눈앞에 펼쳐진 것이다. 나는 예상과 달리 깨끗하고, 정돈된 건축과 도시 구획으로 이루어진 완전히 새로운 전경을 바라보았다. 새로 만들어진 모든 것들은 대담하고 웅장했으며, 유럽과 떨어져 있는 덕분에 옛 문화가 아주 효과적으로 보전되어 있었다. 그곳에는 색과 움직임이 있었다. 휘둥그레진 눈으로 지칠 줄 모르고 바라보았고, 어디를 쳐다보나 즐거웠다. 아름다움과 행복감에 취한 나머지 감각은 혼란에 빠졌고, 신경은 이완되었으며, 마음은 편해졌고, 정신은 맑아졌다. 그리고 아무리 보아도 자꾸 더 보고 싶어졌다. 마지막 며칠 간 내륙을 여행했다. 아니 정확히 말한다면, 내륙으로 여행하는 느낌이었다. 12시간, 14시간 동안 상파울루와 깜삐나스Campinas까지 여행하면서, 그 나라의 심장부 가까이에 거의 도달했다는 느낌이 들었다. 하지만 돌아와 지도를 펼쳐 보고는, 기차로 12시간, 14시간 여행해 봤자 겨우 살갗만 통과했다는 것을 알게 되었다. 처음으로 그 나라가 상상할 수 없을 만큼 거대하다는 것을 실감하기 시작했다. 한 나라라기보다는 대륙이라고 불러야 옳을 것이다. 3억, 4억, 5억 명의 인구를 수용할 수 있는 면적에, 풍요롭고 때묻지 않은 대지 아래 묻혀 있는 헤아릴 수 없는 천연자원의 1천분의 1도 개발되지 않은 세계였다. 부지런히 건설하고 창조적으로 조직하고 빠르게 발전하고 있지만, 막 발전의 시작 단계에 서있을 뿐이었다. 다가올 세대들에게 브라질이 갖게 될 중요성은 아무리 대담하게 상상해도 예견하기 힘들 것이다. 내가 유럽에서부터 머릿속에 넣어 왔던 건방진 생각은 물거품처럼, 놀라울 정도로 빨리 사라졌다. 우리 세계의 미래와 방금 마주했다는 사실을 깨닫고 있었다.

배가 멀어져 갈 때 — 별이 빛나던 어느 밤이었는데 — 그 독특한 도시는 줄지어 선 전기 불빛들로 창공의 별들보다 더욱 아름답고 환상적으로 빛나고 있었다. 그것이 마지막이 아닐 것이라는 확신이 들었고, 실제로 아무것도 보지 못했다는, 아니 어쨌든 충분히 보지 못했다는 것을 명확히 알았다. 나는 이듬해 다시 와야겠다는 생각이 들었다. 더 잘 준비하고 각오해서 더 오랜 시간 머물고 싶었다. 미래의 것들이 태동하고 다가오는 곳에서 살아가는 느낌을 한 번 더 강렬하게 경험하고, 안정적인 평화와 기분 좋은 환대의 분위기를 더욱 의식적으로 즐기고 싶었다. 하지만 그럴 수 없었다. 이듬해 스페인에서 전쟁이 발발했고 사람들은 내게, 세상이 좀 더 조용해질 때까지 기다리라고 했다. 1938년에는 오스트리아가 무너졌고 이어서 1939년에는 체코슬로바키아, 그다음 폴란드, 더 나중에는 우리 유럽에서 모두가 서로 적이 되어 전쟁을 벌였다. 자살행위였다. 평화적이고 건설적인 세계에서 멀어지고 있던 유럽으로부터 한동안 도피하고 싶은 열망이 점점 더 간절해졌다. 마침내 나는 다시 브라질에 왔고, 이 나라에 대해 소박하게라도 묘사할 준비가 되어 있었다.

난 이 묘사가 완전하지도 않고, 그럴 수도 없다는 것을 안다. 그렇게 광활한 나라인 브라질을 완벽하게 알기란 불가능하다. 난 대략 이 나라에서 반년을 살았는데, 이 거대한 나라에 대한 온전한 시각을 갖기 위해 열심히 배우려 했고, 여러 차례 여행을 했는데도 보지 못한 것이 얼마나 많은지 이제야 확실히 알겠다. '브라질을 다 보았다'라고 말하려면 평생을 살아도 충분하지 않을 것이다. 첫째, 몇몇 주州들은 아예 가보지도 못했는데, 그 각 주의 면적은 프랑스나 독일만큼 넓다. 게다가 마뚜그로수Matto Grosso, 고이아스Goiás, 아마존 유역 밀림 지역들도 다녀 보지 못했다. 아마존 밀림 지역은 학술적 탐사도 샅샅이 이루어지지 못했다. 엄청 넓은 지역에 산재해 있는 가옥에서 거주하는 사람들의 원시적 생활에 대해서도 나는 잘 알지 못하며, 따라서 거의 문명이 도달하지 못한 이 사회 계급의 생활을 묘사할 수 없다. 배에서 살며 강을 따라다니는 바르께이루bar-queiro, 아마존 지역의 개간인 까보끌루caboclo,● 다이아몬드를 찾아다니는 가링뻬이루garimpeiro, 소몰이꾼 바께이루vaqueiro와 가우슈gaúcho, 처녀림의 고무 플랜테이션 노동자인 세링게이루seringueiro, 미나스제라이스Minas Gerais 주州의 바랑께이루baranqueiro의 삶에 대

● 주로 백인과 원주민의 혼혈.

해서도 알지 못한다. 나는 상따까따리나Santa Catalina에 있는 독일인 집단 거주지도 가보지 않았다. 사람들에 따르면, 그곳의 오래된 집에는 아직도 빌헬름 황제의 초상화가 걸려 있고, 새로 지은 집에는 히틀러의 초상이 걸려 있다고 한다. 상파울루 내부의 일본인 집단 거주지도 가보지 않았다. 그리고 들어갈 수도 없을 만큼 오지의 밀림에 사는 일부 인디오 부족들이 아직도 식인 풍습을 가지고 있는지도 잘 모른다.

감탄할 만한 (풍경들에 대해 말하자면) 뛰어난 경치들 중 대부분을 나는 사진과 책을 통해서만 알고 있다. 놀라울 정도로 단조로운 푸른 밀림과 아마존을 20일 동안 돌아다니는 일도 해보지 못했고, 페루와 볼리비아 국경까지 가보지도 못했다. 배가 다니기에 위험한 시기였기 때문에 나는 12일간 서웅프랑시스꾸San Francisco 강까지 여행할 수 있는 기회를 포기해야만 했다. 서웅프랑시스꾸 강은 브라질 역사에서 가장 중요하고 의미 있는 내륙의 강이다. 나는 이따이아따Itaiata 산에도 올라가 보지 못했는데, 3천 미터 높이의 정상에서는 미나스제라이스의 내부 깊숙한 곳과 리우데자네이루까지 브라질 고원지대를 한눈에 볼 수 있다. 나는 세계의 불가사의인 이구아수 폭포도 보지 못했는데, 그 폭포는 세계에서 가장 많은 수량水量이 떨어지면서 엄청난 물거품을 일으킨다. 나이아가라 폭포보다 훨씬 더 웅장하다고 방문객들은 말한다. 식물이 뒤엉켜 빽빽하게 우거져 인적이 닿지 않은 밀림을 도끼와 낫을 가지고 들어가 보지 못했다. 브라질에서 많이 여행하고, 관찰하고, 배우고, 읽고, 찾아보고 했는데도 문명의 가장자리에서 크게 벗어나지 못했다. 들어

가기 힘든 내륙 깊숙한 곳까지 가봤다고 말할 수 있는 브라질 사람을 나는 지금까지 두세 명밖에 못 만났다는 사실과, 철도든 증기선이든 자동차든 무엇으로도 그 이상 아주 멀리는 갈 수 없었을 거라는 사실과, 그런 것들도 그 나라의 경이로운 광활함 앞에서는 무기력하다는 사실을 고려하면 나의 경험에 만족해야만 한다.

게다가 브라질의 경제적, 재정적, 정치적 미래에 대해서 결론이나 예측을 내놓거나 예언을 하는 일도 나는 하지 말아야 한다고 생각한다. 경제적, 사회적, 문화적 관점에서 브라질의 문제들은 너무나 새롭고 독특하며, 그 규모가 너무 커서 이를 다 포괄하기 어렵기 때문에, 한 주제라도 진지하게 연구하기 위해서는 전문가 집단이 필요할 것이다. 나라 전체에 대한 시야를 아직 완전히 갖추지 못한 나라, 게다가 맹렬하게 성장하고 있기 때문에 모든 보고서와 통계가 작성되어 인쇄되기도 전에 현실이 그 자료를 초월하는 나라에서는 완전한 시야를 갖는다는 것이 불가능하다. 그래서 나는 수많은 관심사들 가운데 한 가지만을 끄집어내어 이 작업의 중추로 삼고자 한다. 나는 그것을 가장 현실적인 문제로 규정하고자 한다. 또한 그것을 현재 지구상의 모든 나라 사이에서 정신적인 영역뿐만 아니라 도덕적인 영역에서도 독특한 위치를 점하고 있는 브라질과 가장 깊게 연관된 문제로 규정하고자 한다.

이 중심 문제는, 모든 세대에 그리고 우리 세대에는 더더욱 짐이 되는 문제로, 가장 단순하지만 가장 긴요한 질문에 대한 답을 찾는 일이기도 하다. 요컨대 이 세상에서 사람들이 인종, 계급, 피부색, 종교, 신념이 결정적으로 다른데도 어떻게 평화롭게 공존할 수 있을까? 이는 모든 나라에서 절박하게 다가오는 문제다. 특히 복잡한 인적 구성[인종적 구성] 때문에 브라질에서 이 문제는 어느 나라보다도 심각했지만 브라질만큼 원만하고 모범적으로 그 문제를 해결한 나라도 없다. 감사하는 마음으로 그것을 증언하는 것이 이 책의 목적이다. 브라질이 이 문제를 해결한 방식은, 세상의 주목을 받는 것에서 더 나아가 찬사를 받을 만하다는 것이 내 개인적인 판단이다.

인종 구성을 보면, 민족주의와 인종에 관련된 유럽의 환상을 받아들였더라면 브라질은 세상에서 가장 분열되고, 가장 불안하며 평화롭지 못한 나라가 되었을 것이다. 브라질 인구를 구성하는 인종들이 얼마나 이질적인지는 거리에서나 시장에서나 한눈에 알아볼 수 있다. 브라질을 정복하고 식민 통치했던 포르투갈인 후손들, 아득한 옛날부터 내륙에 살아온 인디오 원주민들, 노예제 시기에 아프리카에서 끌려온 수백만 명의 흑인들에다가, 이 나라에 이민 온 수백만 명의 이탈리아인, 독일인, 일본인까지 있다. 유럽의 시각에 따른다면, 그 집단들은 적대적으로 서로 대립한다고 가정해야 할 것이다. 맨 처음 온 사람들은 최근에 온 사람들과 대립하고, 백인들은 흑인들과, 아메리카인은 유럽인과, 흑인 혼혈은 황인종과 대립한다고 말이다. 다수파와 소수파가 서로의 권리와 특권을 위해 투쟁 상태에 있다고 가정해야 할 것이다. 그러나 이 모든 인종들은 단순히 색깔만으로도 확연히 구분되는데도, 놀랍게도 가장 완벽한 조화 속에서 살아가고 있다. 또한 각기 태생이 다름에도 본래의 특색을 벗어던지고 가능하면 빨리 가장 완벽하게 브라질 사람으로, 새롭고 단일한 민족으로 탈바꿈하기 위해 서로 노력한다는 것을 알

수 있다. 브라질은 — 브라질의 이 놀라운 경험의 의미는 본받을 만하다고 생각되는데 — 우리 유럽 세계를 발칵 뒤집어 놓은 인종차별 문제를 아주 단순한 방법으로 다루었다. 인종차별이 근거 있다는 주장을 그냥 무시하는 것이다. 우리 구세계에서는 경주마나 개들처럼 "인종적으로 순수한" 인간들을 길러 내고 싶은 터무니없는 생각이 어느 때보다도 지배적인 데 반해, 브라질이라는 나라는 여러 세기 전부터 자유롭고 구애받지 않는 혼혈의 원칙과, 흑인과 백인, 혼혈인과 황인종 사이의 절대적 평등의 원칙에 기반하고 있다. 사생활뿐만 아니라 공공 생활에서도 민법상 절대적 평등권이 다른 나라에서는 오로지 종이와 양피지에 이론적으로 확립되어 있을 뿐이지만 브라질에서는 학교, 공직, 교회, 직업, 군대, 대학, 교직 등 현실 영역에서 가시적 효과를 내고 있다. 초콜릿색, 우유색, 커피색 등 인간 피부색의 온갖 배합을 보여 주는 어린이들이 서로 팔짱을 끼고 학교를 나서는 모습을 바라보는 것은 기분 좋은 일이다. 또 그런 신체적, 정신적 결합은 최상위층과 학계, 공직에까지 이어진다. 피부색에 따른 제한이나 구별이 없고, 우월감을 갖게 하는 계층 차별도 없다. 그와 같은 평등한 현실을 가장 특징적으로 드러내는 것이 언어에 비하적인 단어가 없다는 사실이다. 우리 유럽 나라들에서는 다른 나라를 비하하고 놀리는 단어인 카젤마허Katzelmacher(외국인 노동자놈)나 보슈boche(독일놈)라는 단어가 생겼지만, 브라질의 어휘에는 니거nigger(검둥이)나 크리올creole(식민지 태생)을 겨냥한 모욕적 용어가 없다. 브라질에서 누가 완벽한 순수 혈통을 자랑할 수 있으며, 누가 그걸 원하겠는가? 브라질 전체에서 순수 혈통을 지닌 사람은 뻬드루 황제밖에 보지 못했다는 조제프-아르튀르 고비노 Joséph-Arthur Gobineau●의 짜증 섞인 발언이 비록 과장되었을지라도, 최근에 이민 온 사람들을 제외하면 법적으로 브라질 사람은 자신의 핏줄 속에 브라질의 피가 적어도 몇 방울 흐른다는 확신을 가지고 있다는 점을 밝히지 않을 수 없다. 하지만 더욱더 불가사의한 것은 그것을 부끄러워하지 않는다는 것이다. 혼혈이 (문명) 파괴적이라는 주장이, 혼혈에 대한 공포가, 광적인 인종 이론가들이 말하는 그 "혈통에 대한 죄악"이 여기 브라질에서는 민족문화의 결합 요소로 의식적으로 사용되었다. 이 기반 위에서 4세기 전부터 하나의 국가 가 세워져 왔다. 그리고 경이로운 것은, 똑같은 기후와 동일한 생활 조건 속에서 지속적인 융합과 상호 적응을 통해 아주 개성 있는 인간이 만들어졌고, 그 인간은 인종에 미친 사람들이 주장했던 "열등 한" 모습을 전혀 보이지 않는다. 외모가 섬세하고 행동이 부드러운 메스띠수mestiço●● 여성과 아이보다 더 아름다운 사람을 세계 어느 곳에서도 만나기 힘들다. 약간 가무잡잡한 학생들의 얼굴에서 겸손 과 예의를 갖춘 지성을 발견하는 것은 즐거운 일이다. 일종의 다정 함과 절제된 우수憂愁를 지닌 브라질 사람은 좀 더 거칠고 활발한 북미 사람과 새롭고도 아주 독특한 대비를 이룬다. 그런 혼혈을 통 해서 "퇴조"하는 것은 (유전인자가 아니라) 바로 과도한 나머지 위험

● 19세기 프랑스의 동양학자, 인류학자, 외교관, 소설가다. 『인종 불평등론』에서 순수 민족의 우월성을 주장했다. 나치 독일의 민족 우월론은 이것의 영향이라 한다.

●● 브라질에서 메스띠수는 전반적인 혼혈을 다 지칭하는 말이다.

스럽기까지 한 인종 대조 행위들이다. 민족적 혹은 인종적으로 폐쇄된 집단, 특히 분쟁을 일으키는 데 골몰하는 폐쇄된 집단들을 체계적으로 용해시키는 일은 하나의 국가 의식을 만드는 데 엄청나게 기여했고, 제2세대들은 놀라울 정도로 자신이 오로지 브라질인이라는 사실을 조금도 의심하지 않는다. 부인할 수 없는 명백한 사실을 통해서 독단론자들의 탁상공론은 허위임이 드러난다. 그래서 모든 피부색과 인종의 차이를 철저하게, 의식적으로 부정했던 브라질의 경험은 뚜렷한 성공을 거두었기 때문에 그 무엇보다 우리 세상을 불행하게 만든 환상을 제거하는 데 가장 큰 기여를 했다고 할 수 있다.

이제 이 땅을 밟는 순간 왜 마음이 편해지는지 알 수 있을 것 같다. 처음에는, 마음이 편해지고 평온해지는 것이 시각적 즐거움 때문이라고 생각하기 쉽다. 막 도착한 사람에게 두 팔을 벌리고 반가운 인사를 하는 아름다움에 행복하게 동화된 것일 뿐이라고 흔히 생각한다. 그러나 그런 자연의 조화로운 모습이 삶에 대한 국민 전체의 태도로 이어졌음을 곧 깨닫게 된다. 제정신이 아닌 유럽의 분란 상황을 막 벗어나서 브라질에 온 사람은, 브라질에서는 공공 생활에서뿐만 아니라 사적인 삶에서도 그 어떤 종류의 증오가 전혀 존재하지 않는다는 사실을 인정하게 된다. 처음에는 믿기 어려운 일로 다가오지만, 곧이어 엄청난 혜택이라는 것을 인정하게 된다. 이미 10여 년 전부터 유럽인의 신경을 곤두서게 한 끔찍한 긴장감이 이곳에는 없다. 모든 대조는 비록 사회적인 것일지라도 여기서는 훨씬 덜 심각하고, 무엇보다도 독성이 없다. 여기서 정치는, 온갖 부정행위에도 불구하고 사적인 삶의 출발점도 아니고, 모든 사고 행위와 감각 행위의 중심도 아니다. 이 땅을 밟자마자 우선 놀라게 되는 것은, 물론 기분 좋게도 매일매일 다시 놀라게 되지만, 사람들이 그 거대한 공간에서 광신에 빠지지 않고 서로 다정스럽게 공존한다는 사실이다. 인종 간, 계급 간 증오로 오염된 공기에서 벗어났다는 점 때문에 더 조용하고 인간적인 이 땅의 분위기 속에서 저절로 안도의 숨을 쉬게 된다. 의심의 여지 없이 이곳의 생활 태도가 더 느슨하다. 나른해지는 기후의 영향으로 사람들은 추진력이 떨어지고, 열의와 활력이 부족하다. 말하자면, 비극적이게도 오늘날 한 국민의 덕목인 양 과대평가되는 열성과 추진력이 덜하다는 것이다. 하지만 실제 삶에서 그런 과다한 정신적 열성과 과욕, 권력에 대한 열망이 얼마나 혐오스런 결과들을 가져오는가를 경험한 우리 서구인들은 더 즐겁고 여유로운 브라질의 생활 방식을 혜택과 행복으로 여기며 즐긴다. 오늘날 브라질에서 모든 것은 이미 이상적인 상태에 도달했다는 기만적인 인식을 퍼뜨리려는 것은 무엇보다 부적절해 보인다. 수많은 것들이 아직 시작 상태에 있거나 과도기에 있다. 상당수 국민의 생활수준은 서구에 비하면 분명 많이 떨어진다. 5천만 명의 인구를 가진 이 나라의 산업과 기술 수준은 아직 유럽의 어느 작은 나라의 수준에 비교될 정도다. 행정 기능은 완벽하게 작동하지 않고 자주 꼬이거나 정지된다. 내륙으로 수백 마일만 여행해도 원시시대나 한 세기 위로 거슬러 올라간다. 브라질에 처음 도착하는 사람은 일상생활에서 시간이 지켜지지 않는 것, 정확성이 부족한 것, 그리고 약간의 나태함에 적응해야 할 것이다.

호텔이나 차 안에서만 그 세계를 바라보는 일부 여행객들은 자신들의 문화적 우월성을 한층 더 느끼면서, 그리고 브라질에서는 많은 것들이 시대에 뒤처지고 충분하지 못하다고 여기면서 우쭐해져서 자기 나라로 돌아갈 수도 있을 것이다. 하지만 최근 몇 해 동안 일어난 사건들 때문에 '문명'과 '문화'라는 용어의 의미에 대해 우리의 견해가 근본적으로 바뀌게 되었다. 우리는 '문명'과 '문화'를 흔히 생각하듯 '조직화'와 '안락함'이라는 개념과 동등한 것으로 보고 싶지 않다. 이런 치명적인 오류를 가장 많이 조장한 것은 통계다. 통계는 기계적 지식으로서, 한 나라에서 국민의 부가 얼마나 증가했고, 개인의 수입은 어떻고, 자동차와 욕실, 라디오 수신기는 평균 보급률은 얼마이고, 보험료는 얼마나 되는지 계산한다. 이런 지표에 따르면, 가장 문화적이고 문명화된 국민은 생산에 대한 열망이 가장 강하고, 가장 소비를 많이 하고, 개인당 자산이 가장 많은 국민일 것이다. 하지만 이런 지표들은 정작 중요한 요소를 반영하지 못한다. 인간의 사고방식을 측정하지 못한다는 것이다. 문화와 문명의 가장 핵심적인 척도는 인간의 사고방식이다. 가장 완벽한 조직이라도 몇몇 국가들이 가장 완벽한 조직을 가지고 있으면서도 그것을 인류를 위해 활용하지 못하고 오로지 야만적으로 사용하는 것을 막을 수 없었던 현실을 우리는 보아 왔다. 우리 유럽 문명은 사반세기가 흐르는 동안 두 번씩이나 스스로를 방기해 왔다. 이제 우리는 한 국가의 산업적, 재정적, 군사적 효율성으로 국가의 우열을 가리고 싶지 않다. 한 국가가 얼마나 모범적으로 평화적 성격과 박애주의 태도를 지니고 있는지를 가늠해 보고자 한다.

이런 의미에서 — 내가 보기에 이 점은 무엇보다 가장 중요한 것인데 — 나는 브라질을 가장 모범적인 국가 중 하나로 보고, 따라서 전 세계의 애정을 받아 마땅하다고 생각한다. 브라질은 전쟁을 증오하는 나라이고, 더 나아가 전쟁을 모른다고 할 수도 있다. 정신 나간 독재자에 의해 분별없이 유발된 파라과이와의 사건을 예외로 한다면, 브라질은 이미 1세기 전부터 이웃 나라와의 모든 국경분쟁을 우호적인 협정을 통해서 해결하거나 국제중재재판소에 제소를 함으로써 해결했다. 장군들이 브라질의 자존심을 세우는 것도 아니다. 장군들은 브라질의 영웅이 아니다. 히우 브랑꾸Rio Branco 같은 국가 지도자들이 영웅이다. 이들은 이성과 타협을 통해서 전쟁을 피할 줄 알았다. 브라질은 국경이 언어적 경계와 일치하는 아주 원만한 성격의 나라로서 정복 욕구가 전혀 없을 뿐만 아니라 제국주의적 성향도 조장하지 않는다. 어떤 이웃 나라도 브라질을 비난하지 않고, 브라질도 마찬가지다. 브라질 정치가 세계 평화를 위협한 적은 결코 없으며, 우리 시대처럼 예측할 수 없는 시대에도 이해와 타협을 원하는 이 나라 사고의 근본 원칙이 바뀌리라는 것은 상상할 수도 없는 일이다. 그런 화해에 대한 열망, 박애주의적 태도는 몇몇 통치자와 지도자들이 어쩌다 생각한 것이 아니었다. 브라질에서 그 화해의 열망은 대중들의 성격과 브라질인의 타고난 관용에서 나온 자연스런 산물이고, 역사의 흐름을 통해서 계속 쌓여 온 것이다. 브라질은 이베리아Iberia 문화에 속하는 국가로서는 유일하게 피비린내 나는 종교적 박해를 경험하지 않았다. 종교재판으로 화형장의 불길이 타오른 적도 없다. 어느 나라보다도 노예들은 상대적으로 인간적인 대우를 받았다. 내부 혼란과 정권 교체도 유혈 사태로 이어지지 않았다. 두 명의 왕과 한 명의 황제가 브라질의 독립 의지에 의해 밀려났지만 탄압을 받지 않았기에 증오심 없이 브라질을 떠났다. 브라질이 독립한 이후 반란과 폭동이 실패한 뒤에도 주도자들이 목숨으로 대가를 치른 적은 없다. 누가 그 국민을 통치했던 간에 무의식적으로 그런 내부적 관용에 적응하지 않을 수 없었다. 군주들 중에서도 가장 민주적이고 가장 관대한 황제였고 — 수십 년 동안 아메리카 국가들 중에는 유일한 군주제 국가였지만 —, 오늘날 독재국가라고 여겨지지만 유럽의 대부분 나라들보다 개인직 자유와 일체감을 더 많이 향유하고 있는 것이 우연이 아니다. 그래서 평화적인 건설을 추구하고 있는 브라질의 존재는 오늘날 증오와 광기로 찢어진 우리 세상이 미래에 문명과 평화를 이룰 수 있으리라 기대할 수 있는 밑바탕이 되고 있다. 더욱이 도덕적 힘이 작동하는 곳이면 우리는 그 의지를 북돋워 주어야 한다. 우리가 살고 있는 이 혼란스러운 시대에서는, 그곳이 어디든 새로운 지역에서 새로운 미래의 희망을 발견했다면, 그 나라와 그 가능성에 대해 알려야 할 의무가 우리에게 있다.

그래서 나는 이 책을 썼던 것이다.

역사

수만 년 동안 광대한 브라질 영토는 온갖 소리가 나는 짙푸른 밀림과 산과 강, 그리고 파도 소리가 리듬 있게 오가는 바다와 함께 아무에게도 알려지지 않은 채 이름도 없이 누워 있었다. 1500년 4월 22일 오후 갑자기 수평선에 흰 돛들이 빛을 내며 나타났다. 전면이 볼록한 범선들이 포르투갈의 붉은 십자가가 그려진 돛을 세우고 느릿하게 다가오고 있었다. 다음 날 아침, 앞장선 배들이 낯선 해안에 닿았다.

뻬드루 알바리스 까브랄Pedro Alvarez Cabral이 지휘하는 포르투갈 선단이었다. 바스꾸 다 가마Vasco da Gama가 희망봉을 지나 인도로 갔던 항해를 다시 해보기 위해서 출발한 선단이었다. 루이스 바스 드 까몽이스Luís Vaz de Camões가 그의 서사시 『포르투갈인들』Os

Lusiadas◦에서 "전대미문의 업적"이라고 찬양했던 다 가마의 그 항해를 반복하기 위해서 까브랄 선단은 1500년 3월 떼주Tejo 강 어귀[리스본]에서 닻을 올렸던 것이다. 아프리카 연안을 따라간 다 가마의 항로에서 벗어나 그들이 알려지지 않은 그 섬을 향하게 된 것은 아마도 역풍 때문이었던 것 같다. 그들은 우선 그 해변을 상따끄루스 섬이라고 불렀는데, 아무도 그 넓이를 알 수 없었다. 브라질의 발견은 기이하게도 우연히, 오로지 바람과 파도 때문에 운 좋게도 포르투갈과 까브랄에게 돌아갔던 것 같다. 만약 아마존 강 근처에 도달한 알폰소 핀손Alfonso Pinzón의 여행과 아메리고 베스푸치Amerigo Vespucci의 의심스런 여행에서 브라질이 발견되었다고 여기지 않는다면 말이다. 사실 역사가들은 오래전부터 이 "우연성"을 믿으려 하지 않는다. 왜냐하면 항해사 다 가마는 까브랄을 동행했고, 왜냐하면 까브랄은 인도로 가는 가장 짧은 길을 정확히 알고 있던 다 가마의 항해사를 동행하고 있었기 때문이다. 게다가 역풍과 관련된 전설은 뻬드루 바스 드 까미냐Pedro Vaz de Caminha의 증언에 의해서 거짓임이 드러났다. 그는 까브랄의 선원이었는데, 그가 명백하게 말하길, 그들은 까부베르지Cabo Verde에서부터 "강풍이나 역풍이 전혀 없이" 항해를 계속했다는 것이다. 그들이 서쪽으로 벗어나 희망봉에 도착하지 못하고 브라질에 닿을 정도로 심한 폭풍이 없었다고

● 전설에 따르면 포르투갈인들은 술의 신 바커스(Bacchus)의 아들인 루소(Luso)의 자손이기에 루지아다스(Lusiadas)라고 불린다. 루소는 오늘날 포르투갈 땅인 루지따니아(Lusitania)를 무력으로 점령했다고 한다.

한다면, 그들은 특별한 목적을 위해 서쪽으로 갔거나, 아니면 — 더 가능성이 있는 것인데 — 확실하게 이미 알려진 서쪽으로 항해하라는 왕의 은밀한 명령 때문이었을 것이다. 이것은 포르투갈 왕가가, 공식적으로 발견하기 이전에 브라질의 존재와 지리적 위치를 은밀하게 알고 있었을 가능성에 무게를 실어 준다. 이런 의미에서 보면 엄청난 비밀이 밝혀지지 않고 있는 것이다. 그와 관련된 서류들은 리스본 대지진*과 더불어 오랜 세월 동안 사라졌고, 어쩌면 세상은 진정한 첫 번째 발견자를 영원히 모르게 될 것이다. 정황을 보면 콜럼버스가 아메리카를 발견한 직후 포르투갈 선박 하나가 신대륙을 탐사하기 위해서 출항했고, 그 배는 새로운 정보들을 가지고 돌아왔던 것 같다. 콜럼버스가 알현을 요청하기도 전에 포르투갈 왕실은 그 먼 서쪽 나라에 대해 어느 정도 구체적으로 이미 알고 있었을지도 모른다고 가정할 수 있는 징표들도 있다. 하지만 포르투갈이 가지고 있던 정보들이 어떤 것이었던 간에 경쟁(적인) 관계에 있는 이웃 국가가 그것을 알지 못하도록 신경을 쓰고 있었다. 발견의 시대에 왕실은 항해를 통한 탐험과 관련된 모든 새로운 정보를 군사적 혹은 상업적 국가 기밀로 관리하고 있었다. 외부 세력에 정보를 유출하는 자는 사형에 처하곤 했다. 지도, 항해 지도책, 항해도, 선원들의 보고서는 마치 금이나 보석 같은 귀중한 보물처럼 리스본

---

* 1755년 11월 1일 포르투갈, 스페인 및 아프리카 북서부 일대를 강타한 대지진이다. 이 지진으로 포르투갈에서만 6만에서 9만 명가량이 사망한 것으로 추정된다. 리스본의 건물 가운데 85퍼센트가 파괴되었는데, 왕궁은 물론, 7만 권의 장서를 소장하고 있던 도서관 역시 무너졌다.

재무성에 보관하고 있었다. 특히 브라질의 경우 성급하게 알리는 것은 적절하지 못했다. 왜냐하면 교황 교서 "인테르 카에테라"Inter Caetera 에 따르면 까부베르지에서 서쪽으로 1백 마일 이상 떨어진 모든 영토는 합법적으로 스페인에 속해 있었다. 그 경계를 벗어난 곳에 또 다른 공식적 발견이 이루어진다면, 그 시대에는 이웃 국가의 소유지만 확장되는 것일 뿐 포르투갈의 소유지가 늘어나는 것은 아니었다. 그러니까 포르투갈은 그 발견(만약 그것이 사실이었다면) 소식을 서둘러 알리는 데는 전혀 관심이 없었다. 우선 그 새로운 나라가 스페인이 아니라 포르투갈에 속한다는 것을 법적으로 확실하게 해둘 필요가 있었고, 실제로 아메리카가 발견된 지 얼마 지나지 않은 1494년 6월 7일, 포르투갈은 토르데시야스조약을 통해서 그렇게 했다. 그 조약으로 까부베르지에서 서쪽으로 1백 레구아(옛날식 레구아)까지였던 포르투갈 영역을 370레구아까지로 옮겼다. 그것은 당시까지는 발견되지 않았던 브라질 해안을 차지하기에 충분한 영역이었다. 만약 그것이 우연이라면, 까브랄이 일상적인 항로를 벗어난 사실, 다른 방식으로는 설명하기 힘든 그 사실과 이상하게 일치하는 것도 우연이라고 할 수 있을 것이다.

브라질을 미리 알고 있었으리라는 것, 그리고 왕이 까브랄에게 내린 비밀 지시들과 관련해 많은 역사가들이 지지하는 이 가정은, 선단의 기록관이었던 까미냐가 포르투갈 왕에게 브라질의 발견에 대해 보고한 태도와 잘 부합한다. 다시 말해, "경이로운 우연"에 힘

● '그중에서도'라는 뜻.

입어, — 포르투갈 왕은 스페인 왕에게 쓴 편지에서 "기적적으로"라는 말을 쓴다 — 그 새로운 나라를 발견할 수 있도록 서쪽으로 항해하라는 왕의 지시와 관련해서 말이다. 까미냐는 뜻하지 않게 새로운 나라를 발견한 것에 대해 전혀 놀라거나 흥분하지 않는다. 그 사건을 담담한 억양으로 마치 자연스런 일인 것처럼 기록한다. 마찬가지로, 이름이 알려지지 않은 제2의 기록관도 "아주 기뻤다"라고 표현할 뿐이다. 아시아에 도착했다는 것에 대해 콜럼버스와 그의 추종자들에게 흔히 볼 수 있는 의기양양한 언사와 일상적 의구심은 전혀 없었다. 단순히 냉정한 정보로서, 새로운 사실을 알리기보다는 알고 있던 사실을 확인하는 것 같았다. 이처럼 까브랄이 이미 정보를 갖고 있었고 사후에 발견한 것이라면 까브랄에게서 처음으로 브라질을 발견한 사람이라는 영광을 박탈하는 것도 가능할 것이다. 어쨌든 그는 그 영광을 놓고 아마존 북부에 상륙한 핀손과 다투게 되었다. 그러나 이와 관련된 문서가 없는 한, 1500년 4월 22일은 새로운 국가 브라질이 세계사 속에 들어온 날일 뿐이다.

새로운 나라에 상륙한 선원들이 받은 첫 인상은 놀랍다. 비옥한 땅, 부드러운 바람, 신선한 물, 풍부한 과일, 온순하고 공격적이지 않은 주민. 나중에 브라질에 상륙한 사람은 모두 베스푸치의 찬사를 반복한다. 베스푸치는 까브랄보다 한 해 뒤에 도착해서는 "지구에 어디엔가 지상낙원이 있다면 이 근처일 수밖에 없다"라고 감탄했다. 주민들은 며칠 사이에 이들에게로 모여들었는데 천진난만하게 벌거벗은 상태였고, "마치 얼굴을 보여 주듯 순진하게" 벌거벗은 몸을 드러내고 그들을 따뜻하게 맞아 주었다. 온순한 그 사람들은 호기심에 차서 모여들었는데, 특히 여자들은 몸매가 좋은 데다 경계심이 없어 쉽게 다가갈 수 있어서, (그 이후의 기록자들도 고마운 의미로 칭찬하고 있다) 선원들에게 여러 주 굶주려 왔던 것을 해결해 주었다. 당시 선원들은 내륙에 대한 탐사나 실질적인 점령에 나서지 않았다. 까브랄은 자신의 비밀 임무를 완수하기 위해 공식적인 목적지인 인도를 향해 서둘러 항해를 계속해야 했기 때문이다. 열흘 동안 머문 후인 5월 2일, 모두 아프리카를 향해 떠나면서, 가스빠르 드 레무스Gaspar de Lemos●에게는 새로운 땅에서 나는 몇 가지 과일과 식물, 동물을 가지고 해안을 따라 북쪽으로 올라가 리스본으로 돌아가서 발견 소식을 전하라는 지시가 떨어졌다.

우연이든 비밀 지시에 따른 것이든 까브랄이 그 새로운 나라에 도착했다는 소식은 왕궁으로서는 기쁜 소식이었지만 그렇게 흥분할 정도는 아니었다. 포르투갈은 공식 편지를 통해 스페인 왕에게 이 소식을 전하게 되는데, 소유권을 확실히 하기 위해서였다. 그 소식에 따르면, "금도, 은도, 어떤 광물도 없었기에" 그 발견에 대해서 별 가치를 두지 않는다는 것이었다. 그 당시 최근 몇십 년간 포르투갈은 수많은 나라를 발견했고 지상의 엄청난 부분을 차지했기 때문에, 실질적으로 이 작은 나라 포르투갈은 여력이 없었다. 인도로 가는 새로운 바닷길은 포르투갈에 향료에 대한 독점권과 그로 인한 막대한 부를 보장해 주는 것이었다. 캘커타와 말라카에서는 귀한

● 까브랄 선단의 배들 중 한 척을 지휘했고, 1500~1502년에 브라질 해안 지역 탐사를 지휘했다.

보석과 값진 천, 도자기, 향료 등 수백 년 전부터 전설로 전해지는 보물들을, 용감한 자라면 쉽게 차지할 수 있다는 사실을 리스본에서는 알고 있었다. 그리고 경이롭고 뛰어난 동양 문화의 모든 것들을 단번에 차지하고 싶은 갈망 때문에 포르투갈은 세계 역사상 유례를 찾기 어려울 정도로 대범하고 영웅적인 모습을 보여 주고 있었다. 서사시『포르투갈인들』조차도 모험을, 그 새로운 알렉산더식 원정을 충분히 그려 내지 못했다. 그 모험은 한 줌의 사람들이 열두 척의 작은 배를 타고 세 대륙과 알려지지 않은 하나의 대양을 동시에 정복하기 위해 나섬으로써 이루어졌다. 자고 가난한 포르투갈, 불과 2백여 년 전에 아랍의 지배로부터 벗어난 포르투갈은 돈이 없었기에, 선단을 구성할 때마다 왕은 선단이 얻게 될 이익의 일부를 상인들과 은행가들에게 담보로 약속해야 했다. 다른 한편으로, 포르투갈은 군인이 부족해 아랍, 인도, 말레이시아, 아프리카 야만인들과 동시에 전쟁을 수행할 수 없었고, 세 대륙의 모든 지역에 해외 무역관이나 요새를 설치할 수도 없었다. 그럼에도 포르투갈은 기적처럼 내부에서 모든 자원을 동원했다. 콜럼버스가 언젠가 비꼬는 투로 말한 바에 따르면, 전국에 있는 "재단사들"까지 집과 부인, 자식, 직업을 버리고 항구로 모여들었다. "바다는 가장 많은 포르투갈인들의 무덤이 된다"라고 포르투갈의 역사가 주어웅 드 바후스João de Barros는 말했지만, 포르투갈 사람들은 겁을 먹지 않았다. 왜냐하면 "인도"라는 단어는 마술적인 힘을 지니고 있었기 때문이었다. 골콘다Golconda °에서 오는 길에 배 열 척을 잃고 한 척만 돌아온다 해도 남는 장사라는 것을 왕은 알고 있었다. 또 폭풍과 조난, 전투와 질병으로부터 살아 돌아오는 사람은 자신뿐만 아니라 그 자손들까지 먹고살 재산을 가지고 온다는 것을 알고 있었다. 보물 창고의 문이 열린 이상, 아무도 포르투갈의 "초라한 집"에 그냥 있으려 하지 않았다. 모든 사람이 같은 생각을 하고 있었기 때문에 포르투갈은 힘과 부의 절정을 맛보게 되었고, 1세기가 지나면서 불가능한 것이 가능해지고 꿈같은 것이 현실이 되었다.

열정으로 요동치는 그 시대에는 브라질의 발견과 같은 역사적 사건도 별로 관심을 끌지 못했다. 까몽이스가 수천 행으로 지은 자신의 서사시에서 브라질의 발견이나 존재에 대해서는 한 줄도 언급하지 않은 것만 봐도 브라질의 발견이 그리 높게 평가되지 않았음을 알 수 있다. 다 가마의 선원들은 장신구와 보석, 향신료 등 값진 것들을 가져갔다. 무엇보다 자모린Zamorin● ●과 라자Raza● ● ●의 왕궁에는 그런 전리품보다 수천, 수만 배 더 많은 보석이 있다는 소식을 전했던 것이다. 반면에, 가스빠르 드 레무스의 노획물들은 얼마나 보잘것없었던가! 알록달록한 앵무새 몇 마리와 목재 견본 몇 개, 과일 몇 가지가 전부였다. 게다가 그곳에 사는 벌거벗은 사람들에게는 뺏을 것이 전혀 없다는 아주 실망스런 소식을 가져갔던 것이다. 금 한 톨, 보석 한 개, 어떤 종류의 향신료나 귀중품도 가져오지 않았다. 귀중품들은 한 줌만 되어도 브라질 숲 전체보다 값어치가 나갈

● 당시 다이아몬드 상업으로 유명했던 인도의 요새 도시.

● ● 바스꾸 다 가마가 인도에 도착했을 당시에 캘리컷(Calicut) 왕국의 통치자.

● ● ● 인도의 왕.

수 있었고, 그런 보물들은 칼을 몇 번 휘두르거나 대포 몇 발만 쏘면 손쉽게 약탈할 수 있는 것이었다. 반면, 나무는 우선 쓰러뜨리고 난 후에도 자르고, 배에 싣고, 팔아야 하는 것이었다. 만약 그 섬에, 혹은 '상따끄루스 땅'Tierra de Santa Cruz에 부富가 있다면, 그것은 잠정적인 부이고, 오랜 세월 동안 힘든 노동을 통해 땅에서 얻어야 하는 것이었다. 하지만 포르투갈 왕은 빚을 갚기 위해 신속하고 손에 쥘 수 있는 이득이 필요했다. 그러니까 인도, 아프리카, 말루쿠 제도, 동방이 우선이었다. 그래서 브라질은 리어 왕의 막내딸 코델리아 같은 신세가 되었지만, 즉 자매 같은 세 대륙인 아프리카, 아메리카, 아시아 중에서 멸시받는 대륙이 되었지만, 불행한 시기가 도래했을 때 충절을 지키는 유일한 대륙이 될 것이었다. 그러니까 환상적인 성공에 취해 있던 포르투갈이 처음에 브라질에 별 관심을 보이지 않았던 것은 그저 엄밀하게 필요의 논리에 따른 것뿐이었다. 브라질이라는 이름은 민중에게 파고들지 못했고, 환상을 심어주지도 못했다. 독일과 이탈리아의 지리학자들은 자기네 지도에다 브라질 혹은 곧이곧대로 "앵무새들의 땅"이라는 이름으로 해안선을 표시했다. 하지만 그 텅 비어 있는 푸른 나라 '상따끄루스 땅'은 선원들과 모험가들에게 전혀 매력이 없었다. 게다가 마누엘 왕은 그 새로운 나라를 제대로 활용하고 보존할 시간과 마음이 없었다. 그렇지만 그 땅의 한 뼘이라도 다른 나라에 양보할 생각도 없었다. 왜냐하면 브라질은 인도로 가는 뱃길을 보호하는 위치에 있었기 때문이다. 그리고 무엇보다 정복의 기쁨과 열망에 취해 있던 포르투갈은 그 작은 손으로 가능하기만 하다면 지구 전체를 다 차지하고 싶었기 때문이다. 토르데시야스조약에 따르면, 그 지역이 포르투갈 영역에 속한다는 것을 인정받기 위해 스페인과 완강하면서도 능숙하고 끈기 있게 싸웠다. 이 영토 때문에 두 나라 사이에 충돌이 일어날 뻔도 했다. 그러나 사실 이 땅은 두 나라가 진정으로 필요하지도 원하지도 않았다. 둘 다 원한 것은 보석이나 금이었기 때문이다. 하지만 다행이도 두 나라는 총으로 서로를 겨냥하는 것은 현명한 일이 아니라는 점을 인정했다. 갑자기 하늘에서 떨어진 것처럼 그들에게 나타난 그 새로운 세계를 지배하기 위해서는 엄청난 노력과 위험을 감수해야 했기 때문이다. 1506년 그들은 합의에 도달했고, 그 합의에 따라 포르투갈은 그때까지 이론적으로만 행사되었던 브라질에 대한 권리를 확보하게 된다.

이제 막강한 이웃인 스페인은 전혀 위협이 되지 않았다. 반면, 스페인과 포르투갈이 자기들끼리 세상을 나누었을 때 낙심하던 프랑스는 아직 사람이 살지도 않고 체제를 갖추지 않았으나 아름답고 광활한 그 대지에 점점 노골적인 관심을 보이기 시작했다. 점점 더 자주 디에프와 르아브르에서 출항한 배들이 브라질 목재를 찾아 나타났다. 포르투갈은 그와 같은 구체적인 개입을 막을 군함이나 군인들을 항구에 배치하지 못했다. 포르투갈의 소유권은 종잇장일 뿐, 프랑스가 원한다면 무장한 배 다섯 척, 아니 어쩌면 세 척만으로도 기습해 전 식민지를 차지할 수도 있었다. 기나긴 브라질 해안을 방어하기 위해서는 사람들을 이주시킬 필요가 있었다. 만약 포르투갈 왕실이 브라질을 포르투갈 소유의 나라로, 왕실의 재산으로 보존하고자 한다면 포르투갈 사람들을 브라질 해안으로 보내야만

했다. 광대한 영토와 무한한 가능성을 지닌 그 나라는 일손이 필요했고, 도착하는 사람들마다 더 많은 일손을 계속 요구했다. 처음부터 그리고 브라질의 전 역사를 통해 그런 요구는 계속되었다. 사람, 더 많은 사람이 필요해요! 마치 성장하고 발전하고 싶어 하는 자연의 목소리 같았다. 자연은 자신의 전정한 의미와 위대함을 보여 주기 위해 필수 불가결한 보조자인 사람을 필요로 했다.

하지만 이미 반쯤은 피가 빠진 상태에 있던 그 작은 나라에서 어떻게 식민지에 건너가 살 사람들을 찾을 수 있을까? 당시 정복 시대 초기에 포르투갈의 성인 남성은 기껏해야 30만 명이었고, 그중에서 넉넉잡아 10분의 1은 가장 건장하고, 우수하고, 용감한 자라고 할 수 있는데, 이미 해군 함대에서 부상을 입은 사람들이었다. 그리고 10분의 9는 이미 바다에서 싸움질과 질병으로 피해를 입은 사람들이었다. 선원과 군인을 구하기는 어려웠고, 마을과 농토는 버려져 있었다. 게다가 모험을 자처하는 무리 중에서도 브라질로 가기를 원하는 사람은 없었다. 가장 활동적이고 용기 있는 계층이라고 할 수 있는 양반, 귀족, 군인들은 거부했다. '상따끄루스 땅'에는 채취할 금도, 보석도, 상아도, 영예조차도 없다는 것을 알고 있었다. 석학들, 즉 지식인들은 텅 빈 그곳에서, 문화와 접촉이 없는 그곳에서 무엇을 할 수 있었겠는가? 그리고 상인들은 벌거벗은 식인종이 살고 있는 나라에서 무슨 장사를 하고, 왕래가 위험하기 짝이 없는데 집에 무엇을 가져갈 수 있었겠는가? 당시 인도네시아의 말루쿠에서 한번 짐을 실어 오는 데 성공하면 위험을 수천 배 보상받았는데 말이다. 포르투갈 농민들도 이상하고, 낯설고, 식인종이 살고 있는 그곳에서 모험을 감수하느니 차라리 자기 땅에서 농사를 짓고 싶어 했다. 귀족이나 지위 있는 사람, 재산이나 교양이 있는 사람 중에서 그 썰렁한 해안을 향해 승선할 의향이 있는 사람은 아무도 없었다. 그래서 첫 몇 해 동안 브라질에 거주한 사람은 몇몇 조난당한 선원, 모험가, 선단에서 이탈한 사람들이었다. 그들은 우연이었든 무감각해서였든 그곳에 남게 되었다. 그들은 마멜루꾸mameluco● 라고 불리는 혼혈들을 수없이 낳음으로써 급속한 식민화에 유일하게 기여했다. 한 남자가 3백 명의 자손을 퍼뜨리기도 했다. 그럼에도 당시 영토가 유럽 크기만 하다고 알려진 그 나라에 살고 있던 유럽인들은 수백 명에 지나지 않았다.

그래서 강제적이고도 조직적으로 이주를 장려할 필요성이 절박하게 대두되었다. 이를 위해 포르투갈은 추방 제도를 도입한다. 전국의 시장, 군수들에게 범법자 중에서 새 대륙으로 갈 의향을 밝히는 자들은 사형에 처하지 말라는 내용의 지시를 내렸다. 무엇 때문에 감옥에 넘치도록 죄인들을 가두고 몇 년씩이나 국가의 재정으로 먹이는가? 탈법자들을 영원히 바다 건너 새로운 나라로 보내는 것이 나았다. 어쩌면 그곳에서는 여전히 쓸모가 있을 수도 있으니까. 늘 그렇듯이, 별로 깨끗하지도 않고 악취만 나는 거름이 미래의 수확을 위해 가장 적합한 땅을 준비하는 법이다.

포승과 죄수복, 사법 판결과 무관하게 자발적으로 도착한 유일한 식민지 이주자들은 '새로운 기독교인'들, 바로 최근에 개종한 유대

● 멍청이라는 뜻도 있음.

인들이었다. 하지만 그들 역시 완전히 자발적이었던 것은 아니며, 걱정과 두려움 때문에 떠났던 것이다. 그들은 포르투갈에서 화형을 벗어나기 위해 어느 정도 진지하게 세례를 받았지만, 그랬는데도 토마스 데 토르케마다Tomás de Torquemada●의 그림자에서는 안전을 확신할 수 없었다. 종교재판의 분노한 손이 아직 대양 너머까지 뻗치지 않았기에 적절한 때 새로운 나라로 이주하는 쪽을 선택했다. 응집력이 강한 개종 유대인 집단과 기독교의 세례를 받지 않은 다른 유대인 집단들이 진정한 첫 번째 부르주아 계층 주민으로서 해안 도시들에 정착했다. 그 '새로운 기독교도'는 바이아Bahia와 뻬르낭부꾸Pernambuco에서 가장 오래된 가문들이 되었고, 동시에 최초의 무역 조직이 되었다. 전 세계 시장에 대해 잘 알고 있었기 때문에 그들은 붉은 나무pau vermelho의 벌목과 선적에 관심을 갖게 된다. 이 나무는 당시 유일한 수출품이었고, 그들 가운데 한 사람인 페르낭두 지 노로냐Fernando de Noronha가 왕과 공동 서명한 협약서를 통해 상당 기간 동안 이 목재에 대한 무역 허가를 확보했다. 그때부터 상당히 규칙적으로 포르투갈 선박뿐만 아니라 외국 선박도 그 이상한 물품을 싣기 위해 도착했다. 그리고 조금씩 뻬르낭부꾸와 상뚜스Santos 사이에 미래 도시의 원세포처럼 작은 항구 마을들이 자리 잡았다. 한편, 크고 작은 선단이 라플라타La Plata 강까지 다양한 원정에 나서면서 해안선의 형태를 기록했다. 하지만 당시 세계가 브라질 전체라고 인식하던 좁은 해안 지역 너머에는 미지 상

● 스페인 초대 종교재판소장으로 종교재판의 악명을 상징하는 사제다.

태의 거대한 땅이 무한히 펼쳐져 있었다.

처음 30년 동안, 발전은 위태로울 정도로 느렸다. 그러나 목재를 실어 가기 위해 새로운 항구에 접근하는 외국 배의 ─ 포르투갈의 입장에서는 불법인 ─ 수는 일정하게 증가하고 있었다. 1530년, 마침내 왕은 질서를 잡기 위해 마르띵 알퐁수 드 소우자Martin Alfonso de Sousa의 지휘 아래 작은 함대를 보냈고, 그 함대는 곧바로 프랑스 배 세 척을 현장에서 덮친다. 그리고 그곳의 상황을 왕에게 보고하는데, 그때까지 많은 사람들이 이미 보고한 것이었다. 즉 포르투갈 왕실이 브라질을 잃지 않으려면 사람들을 이주시켜야 한다는 것이었다. 하지만 늘 그렇듯이, 영웅적인 해외 개척 시대의 초기부터 재정은 바닥나 있었다. 인도 파견 비용 지급, 아프리카 요새화, 군사적 위상 유지, 한마디로 포르투갈의 제국주의가 모든 자본과 에너지를 소진하고 있었다. 따라서 그 땅에 사람을 살게 하려면 새로운 실험을 시도해야 했다. 정확히 말해서, 이미 아소리스Açores와 까부베르지에서 좋은 성과를 거둔 방법을 다시 시도해야 했다. 개인의 자발성을 매개로 한 식민지 이주 장려 정책이었다. 거의 사람이 살지 않는다고 할 수 있는 그 나라를 열두 개 자치구로 나누고, 각 자치구를 상속 가능한 전권을 가진 한 사람에게 할당하고, 그 사람은 한 나라라고도 할 수 있는 그 지역을 식민화하는 입장에서 발전시킬 책임 ─ 이것이 바로 핵심이었는데 ─ 을 지게 되었다. 그 자치구의 우두머리에게 주어지는 것은 왕국이나 다름없었다. 각각의 자치구는 포르투갈만큼 컸고, 어떤 자치구는 프랑스나 스페인만 하기도 했다. 포르투갈에서 아무것도 가진 것이 없는 귀족, 인도 전투에서 공훈을 세우고 보상을 요구하는 장교, 역사가 주어웅 드 바후스처럼 왕이 고마움을 전하고 싶은 사람들이 왕의 서명 하나로 브라질의 12분의 1에 해당하는 환상적인 땅을 받았다. 대신 그들은 그 지역에 사람들을 끌어들여야 했고, 할당받은 그 나라를 경제적으로 발전시키고, 간접적으로는 본국을 위해 보존해야 했다.

완전히 예측 불가능하고 산만했던 식민지 개척 상황에서 일정한 방법을 채택한 이 첫 번째 시도는 관대한 사고에서 나온 것이었다. 자치구를 부여받은 사람들에게는 한정된 의무에 비해서 엄청난 혜택이 돌아갔다. 화폐를 발행할 수 있는 권한만 제외되었을 뿐 주권을 지닌 군주가 가질 수 있는 모든 권한이 주어졌다. 진정 한 나라를 이룰 수 있는 백성들만 끌어들일 수 있었다면, 그 자손들은 유럽의 군주들과 동일해질 수도 있었다. 하지만 혜택을 받은 사람들은 대체로 나이가 든 사람들이었고, 왕에게 봉사하는 데에 가장 왕성했던 혈기를 소진한 사람들이었다. 자기 자손들에게 물려주기 위해 그 영토를 받기는 했지만, 적극적인 활동을 통해 그 땅을 더욱 가치 있게 만들지는 못했다. 20년이 지나면서 오직 서웅비셍치São Vicente와 뻬르낭부꾸 — 노바루지따니아Nova Lusitania라고 불리던 곳 — 이 두 곳만이 사탕수수의 합리적 재배 덕분에 발전하는 데 성공했다. 다른 자치구들은 곧바로 무정부 상태에 빠지게 되는데, 소유주들의 무관심, 거주자 부족, 원주민의 적의敵意, 물과 땅에서 발생하는 여러 가지 재난 등이 원인이었다. 전 해안이 분열될 위기에 처해 있었다. 여러 지역으로 단절되어 상호 협약도, 공동의 법, 군대, 요새, 군인도 없었기에 자치구들은 대범한 해적을 비롯한 적대 세력의 손아귀에 언제라도 넘어갈 수 있는 상황이었다. 절박한 심정으로 루이스 드 고이스Luis de Goes는 1543년 5월 12일 왕에게 편지를 쓴다. "만약 폐하께서 빠른 시일 내에 해안에 접한 특별 자치구들을 구하지 않으시면 저희들이 생명과 재산을 잃게 될 뿐만 아니라 폐하도 브라질을 잃게 될 것입니다." 만약 포르투갈이 단일한 방식으로 브라질을 조직하지 않으면 브라질을 잃을 수밖에 없었다. 오직 왕의 확고한 대표이자 동시에 군사력을 동반한 '총독'gobernador general만이 질서를 세우고 분리되어 가는 지역들을 제때에 규합해 하나의 집단을 만들 수 있었다.

주어웅 3세 왕이 적기에 구조 요청에 응한 것은 브라질의 역사에 결정적인 영향을 미쳤다. 왕은 또메 드 소우자Tomé de Sousa를 총독으로 보냈다. 그는 아프리카와 인도에서 검증된 사람으로, 1519년 2월 19일 왕은 그에게 어느 곳이든지, 가능하면 바이아에 수도를 세우고 전국을 단일한 방식으로 관리하라는 임무를 위임했다. 또메 드 소우자는 필요한 관리들 외에도 병사 6백 명과 범죄자 4백 명을 데려갔는데, 이들은 나중에 도시나 시골에 자리를 잡게 된다. 또한 도시를 건설하기 위해 꼭 필요한 것들을 가져갔고, 즉시 모든 인력을 동원해 공사에 착수했다. 4개월이 지나 광장을 방어할 요새를 이루는 성벽이 세워지고, 집과 교회가 세워졌다. 전에는 흙으로 된 초라한 오두막들만 있던 곳이었다. 우선 임시로 지은 총독 궁에 식민지 행정 부서와 시 행정 부서가 들어섰다. 마지막으로, 이미 절실하게 필요했던 사법제도의 도입을 가시적으로 보여 주는 감옥이 지어졌다. 앞으로 엄정한 질서를 확립할 것이라는 위협적인 징표였다. 조국으로부터 유배당해 잊히고 뿌리 뽑힌 자들이 아니라 조국의 법제도 내에 포함된 사람이라는 것을 이제는 모두가 느끼지 않을 수 없었다. 당시까지 행정조직이 없었던 브라질은 수도 건설과 총독 임명으로 심장과 뇌를 가지게 되었다.

6백 명의 병사 및 선원과 4백 명의 범죄자, 즉 갑옷을 입거나 노동자 복장을 한 1천 명의 인력이 또메 드 소우자를 따라갔다. 하지만 이들 1천 명의 군사 및 노동 인력보다 브라질의 운명에 더 중요한 역할을 한 사람들은 칙칙한 색의 가사를 입은 여섯 명의 사제들이었다. 왕은 정신적 지도와 종교적 충고를 위해 이들을 또메 드 소우자의 일행에 포함시켰다. 이 여섯 명의 예수회 사제들은 한 국민과 나라의 존재를 위해 가장 소중한 것, 바로 하나의 사상 — 브라질의 진정한 창의적 사상 — 을 지닌 사람들이었다. 그 여섯 명의 예수회 사제들은 새로운 활기, 아직까지 전혀 발휘된 적이 없는 활기를 지니고 있었다. 그 교단은 젊었고, 자신들의 고유한 뜻을 지키기 위한 성스런 열정에 고무되어 있었다. 그 종단을 세운 지도자 이그나시오 데 로욜라Ignacio de Loyola가 여전히 살아 있었고, 그의 사상적 힘과 구체적인 목표를 향한 광적인 열정은, 자기 규율과 관련해, 그들에게 생생한 모범이 되었다. 모든 종교운동의 경우와 마찬가지로, 예수회의 신앙적 열정과 도덕적 순수함은 운동 초기 동안에, 다시 말해 진정한 성공을 거두기 이전에, 가장 강렬했다. 1550년 당시 예수회는 영적이고, 세속적이고, 정치적이고, 경제적인 권력을 — 그 이후 세기들에서처럼 — 구성하지 못하고 있었다. 모든 형태의 권력은 한 개인이나 집단의 도덕적 순수함을 감소시킨다.

모든 의미에서 소유권을 가지지 않은 예수회는 개인으로든 종파로서든 단지 일정한 뜻만을, 세속적인 것들과 전혀 혼동될 수 없는 완전히 정신적인 요소만을 몸소 드러냈다. 그들은 아주 적기에 도착했다. 정신무장을 통해 종교적으로 단일한 세계를 확립한다는 멋진 목표를 위해서는 새로운 대륙의 발견이 전대미문의 기회를 의미했다. 1521년 독일의 이단자[마르틴 루터]가 보름스에서 열린 신성로마제국의 제후회의Dieta de Worms에서 세계 종교전쟁을 촉발시킨 이래 유럽의 3분의 1 이상, 거의 반 정도가 이미 교회를 져버렸다. 그리고 예전에 보편적 교회ecclesia universalis였던 가톨릭은 오히려 방어적 태도를 취한다. 그런 상황에서 새로운 세계들을 적기에 정복할 수 있다면 얼마나 유리하겠는가? 뜻밖에 그것들은 오래되고 진정한 신앙을 향해 스스로 문을 열었고, 그리하여, 누군가 말했듯이, 1차 전선戰線 뒤에서 더 넓은 2차 전선을 구축했다. 예수회 사제들은 봉급도, 특권도 요구하지 않았기 때문에 주어웅 왕은 신앙으로 그 새로운 나라를 정복하려는 의도를 승낙해 주고, 그 여섯 명의 "그리스도의 병사"들이 원정에 동참하도록 허락해 주었다. 하지만 사실 이 여섯 명은 동행인들이 아니라 지도자들이었다.

이 여섯 사람으로 인해서 브라질에 뭔가 새로운 일이 시작된다. 그들 이전에 도착한 모든 사람들은 명령 때문에, 혹은 강제로 왔거나 도망 온 사람들이었다. 브라질 해변에 하선한 사람들은 모두가 목재든 새든 금속이든 사람이든 그 나라에서 뭔가 약탈해 가려는 사람들이었다. 어느 누구도 그에 대한 보상으로 그 나라에 뭔가를 가져다줄 생각은 하지 못했다. 예수회 사제들은 자신을 위해서는 아무것도 원하지 않고 모든 것을 그 나라를 위해 해주려고 했던 유일한 사람들이었다. 그들은 그 땅을 풍요롭게 하기 위해 식물과 동물을 가져갔고, 사람을 치료하기 위해 약을 가져갔고, 무지한 사람을 가르치기 위해 책과 도구들을 가지고 갔고, 신앙과 자신의 스승으로부터 훈련받은 도덕적 엄격함을 지니고 갔다. 하지만 무엇보다 그들은 새로운 사상, 역사상 가장 위대한 식민 사상을 지닌 사람들이었다. 과거 시대에 야만적인 민족들 사이에서, 그리고 동시대 스페인 지배 체제 아래에서 식민화한다는 것은 원주민을 섬멸하거나 학대하는 것을 의미했다. 16세기 정복자의 도덕에서 발견은 정복, 복종, 노예화, 상속권의 박탈과 동의어였다. 반면 예수회 사제들은, 에우끌리지스 다 꾸냐Euclides da Cunha의 표현을 빌자면, "그 시대에 유일하게 규율이 엄한 사람들"로서, 약탈 과정 그 이후의 건설적인 과정을 생각했고, 다가올 세대들을 생각했다. 그리고 첫 순간부터 그 새로운 나라에서 모든 이들의 도덕적 평등을 우선시한다. 토착민들이 원시적인 상태에서 생활한다고 해서 짐승이나 노예처럼 천시되기보다는 가톨릭의 길을 통해 서구식 문명화를 향해 일으켜 나아가야 한다는 것이다. 혼종과 교육을 통해 새로운 나라로 발전시키려는 목적이 있었던 것이다. 결국, 브라질은 그 생산적인 사상 덕분에 아주 이질적인 요소들의 집합체에서 하나의 조직체로, 두드러지게 대조적인 것들이 하나의 단일체로 탈바꿈하게 되었다. 물론 예수회 사제들은 그와 같은 규모의 임무가 즉각 완수될 수 없다는 것을 잘 알고 있었다. 그들은 게으르고 흐리멍덩한 몽상가들이 아니었다. 그들의 스승인 로욜라는 아시시의 프랑시스꾸Francisco Assisi

같이 인간들 사이의 달콤한 형제애 같은 것을 믿는 사람이 아니었다. 예수회 사제들은 현실주의자들이었고 훈련을 통해 교육받은 사람들이었다. 이 세상에서 인간이 결코 떨쳐 버리기 힘든 나약함을 극복하기 위해서 매일매일 새롭게 자신들을 단련했다. 자기 임무의 위험성과 지체 가능성을 알고 있었다. 하지만 그들의 목표는 처음부터 전적으로 먼 훗날에, 수백 년 뒤에, 아니 거의 영원한 시간에 맞추어져 있다는 사실이 그들을 관료나 전사와는 확실하게 구별되도록 했다. 관료나 전사는 자신이나 국가를 위해 신속하고 가시적인 소득을 얻으려 했다. 예수회 사제들은 브라질 만들기 과정이 완결되기 위해서는 수많은 세대가 걸릴 것임을 정확하게 알고 있었다. 이 과업에 자신의 건강, 생명, 능력을 바치는 사람들 중 그 누구도 그 노력에 대한 하찮은 성과라도 직접 보지는 못할 것이라는 사실을 알고 있었다. 그들이 시작하는 것은 씨를 뿌리는 힘든 일이고, 수고스런 투자이고, 겉으로 보기에는 전망이 없는 일이었다. 하지만 전혀 개간하지 않은 땅에서, 무한한 가능성의 나라에서 시작한다는 바로 그 상황 자체가 그들의 열의를 감소시키기보다는 오히려 고조시켰다. 예수회 사제들이 적기에 도착한 것은 브라질로서는 행운이었다. 그 사제들에게도 브라질은 행운이었는데, 자신들의 이상을 실현할 이상적인 작업장을 의미했기 때문이다. 그들 이전에, 그리고 그들과 동시대에도 누구 하나 그곳에서 활동한 적이 없다는 사실 때문에 그들은 어떤 제한도 받지 않고 세계적이고 역사적인 의미를 지닌 실험을 해 볼 수 있었다. 물질과 영혼, 내용과 형식, 그리고 전혀 조직화되지 않은 텅 빈 나라와 아직 검증되지 않은 조직

방식, 이 모든 것들이 서로 만나서 새롭고 활기찬 뭔가를 만들어 볼 수 있게 된 것이다.

＊　＊　＊

　엄청난 미션과 그 미션을 완성시킬 수 있는 더 엄청난 에너지가 행복한 만남을 이루는 데 있어 진정한 지도자가 있었다는 것은 특별한 행운이었다. 마누엘 다 노브레가Manuel da Nóbrega는 자기 지역의 관구장으로부터 브라질로 가라는 임무를 너무 갑자기 받게 되어, 로마로 가서 교단의 스승인 로욜라로부터 친히 지시를 받을 시간도 없었다. 노브레가는 한창 활기에 넘쳐 있었다. 32세로, 꼬잉브라Coimbra 대학에서 수학한 뒤 교단에 들어갔다. 하지만 그에게 역사적인 위대함을 부여해 주는 것은 그의 뛰어난 신학적 지혜가 아니라 그의 엄청난 에너지와 도덕적 힘이었다. 노브레가는 언어장애가 있어 앙또니우 비에이라António Vieira처럼 대단히 신성한 설교자도 아니고, 앙시에따Anchieta●처럼 위대한 작가도 아니었다. 로욜라의 정신에 따르면, 그는 무엇보다 투쟁가였다. 리우데자네이루를 해방시키기 위한 원정에서는 군대의 원동력이었고, 총독의 전략적 조언자였으며, 행정에 있어서는 창의적인 조직자의 이상적인 능력

● 1534년 스페인 태생으로 브라질에서 선교 활동을 하다 1597년 브라질에서 사망했다. 언어, 문학(드라마, 시), 의학, 건축 등 다방면에 뛰어난 인문주의자로 브라질 문학의 아버지로도 불린다.

을 드러냈다. 그리고 그가 쓴 편지들에서 입증되듯 그의 통찰력은 어떤 희생을 치르더라도 물러서지 않는 영웅적 에너지와 결합되어 있다. 그 당시 몇 년간 북에서 남으로, 다시 북으로 전국을 시찰하느라 번민과 위험으로 가득한 수백, 수천의 밤을 보내야 했다. 그 모든 기간 동안 그는 총독 옆에 있던 또 다른 총독이었고, 스승들 옆에 있던 또 다른 스승이었다. 도시를 만든 사람이었고 평화를 정착시킨 사람이었다. 그 무렵 브라질 역사에서 중요한 사건 중에 그의 이름이 관련되지 않은 것은 하나도 없었다. 리우데자네이루 항구 재정복, 상파울루와 상뚜스 건설, 적대적 부족과의 평화 정착, 학교 설립, 교육의 제도화, 노예 상태의 원주민 해방 등은 무엇보다 그의 노력 덕분이었다. 언제 어디서든 처음 시작되는 일에는 항상 그가 있었다. 비록 더 나중에는 제자이자 후계자인 앙시에따와 비에이라의 이름이 그 나라에서 더 유명해졌지만, 이들은 노브레가의 사상을 이어 나간 사람들에 지나지 않는다. 이들은 자신들이 무언가를 세울 수 있는 기반을 언제나 가지고 있었다. 브라질 역사에서 전례가 없었던 많은 일들의 첫 페이지를 쓴 것은 노브레가의 손이고, 활기 넘치고 신념에 찬 그의 업적들은 오늘날까지 지워지지 않고 있다.

* * *

브라질에 도착한 예수회 사제들은 첫 며칠간은 상황을 파악하는데 집중했다. 가르치기 전에 배우고자 했기에 수사들 중 누군가는 원주민들의 언어를 가능한 한 빨리 습득해야 했다. 토착민들이 아직 가장 열악한 수준의 떠돌이 생활을 하고 있다는 것을 한눈에 알 수 있었다. 그들은 완전히 나체로 지냈고, 일이라는 것을 몰랐고, 장신구는 물론이고 가장 원시적인 수준의 도구조차 사용할 줄 몰랐다. 삶에 필요한 것을 나무에서 채집하거나 강에서 구했고, 한 지역이 다 소진되면 다른 지역으로 옮겨 갔다. 본래 온순하고 조용한 종족인지라 주변 부족을 포로로 잡기 위해서만 유일하게 싸움을 했다. 큰 제의를 치른 뒤 포로들을 먹기 위해서였다. 하지만 이런 식인 풍습도 그 본성이 특별히 잔인해서가 아니었다. 오히려 이 부족들은 포로에게 자기 딸 중 하나를 부인으로 주기도 하고, 죽이기 전에 포로를 보살피고 관심을 쏟곤 했다. 사제들이 그 부족들에게서 식인 풍습을 없애려고 했을 때 심한 거부감보다는 전혀 의외라는 반응을 보였다. 그 야만인들은 아직도 모든 문화적, 도덕적 인식과는 동떨어져 살고 있었기 때문에 그들에게 있어 포로를 먹는 것은 단지 음식을 먹고, 춤추고, 여자들과 잠을 자는 것처럼, 축제같이 즐겁고 죄가 되지 않는 일이었다.

이렇게 엄청나게 낮은 삶의 수준은 예수회 사제들의 과업에 있어 일견 해결할 수 없는 장애처럼 보이지만, 사실은 그 과업을 수월하게 했다. 그 벌거벗은 사람들은 어떤 종교적, 도덕적 개념이 없었기 때문에 그런 개념들을 심어 주는 일은, 고유한 신앙이 이미 지배하고 마술사나 사제나 주술사들이 선교사들에게 잔인하게 대항하는 다른 민족들에게 하는 것보다 수월했다. 반대로 원주민들은, 노브레가의 말에 따르면 "백지상태"여서 새로운 지침을 순순히 감각적으로 수용하고 모든 가르침을 전적으로 받아들였다. 모든 지역에서 원주민은 아무런 의심 없이 백인과 사제를 받아들였다. "우리는 어디를 가든 환대받았다"고 전한다. 전혀 의심하지 않고 세례를 받고, "야만적인 백인"으로부터 자신들을 보호해 주는 "좋은 백인" 사제들을 자발적으로, 감사하는 마음으로 따르면서 — 그렇게 하지 않을 이유가 뭐가 있겠는가? — 교회로 갔다. 예수회 사제는 노련하고 항상 경계하는 현실주의자인지라, 그 식인 풍습을 지닌 사람들이 깊이 생각하지도 않고 별 의미를 두지도 않고 사제들에게 동조하거나 무릎 꿇고 성호를 그리는 행동이 진정한 기독교와는 거리가 있다는 것을 물론 알고 있었다. 상파울루와 치비리사Tibiriça에서 예수회 사업을 옹호하던 유명한 사람마저도 다시 식인 풍습에 빠지는 것을 관찰하고는, "이미 구제된 영혼"에 관한 거창한 통계에 자신들의 시간을 허비하지 않았다. 자신들의 진정한 미션은 미래에 있다는 것을 알고 있었다. 유랑하는 무리들을 일정한 장소에 당장 정착시키는 일이 중요했다. 그들의 아이들을 모으고 가르치기 위해서였다. 현재의 식인 세대는 진정하게 문명화될 수 없었다. 하지만 그들의 자손들, 다시 말해 차세대들을 문화적 의미에서 교육시키는 일은 쉽게 성공할 수 있었다. 그래서 예수회는 학교를 설립하는 일이 가장 중요하다고 여기고, 탁월한 선견지명으로 학교를 통해서 체계적인 혼종 계획을 실천에 옮겼다. 이 체계적 혼종을 통해서 브라질은 통일성을 띤 단위로 변신했고, 통일성을 유지시켜 왔다. 예수회 사제들은 의식적으로, 원시인들의 초가집에서 자란 아이들을 이미 상당한 숫자로 늘어난 메스띠수 아이들과 함께 어울리게 하고, 동시에 리스본의 백인 아이들을 급히 보내 줄 것을 요청했다. 비록 보호받지 못하는 아이들, 버림받은 아이들을 도시의 거리에서 주워 모아 보내더라도 말이다. 방황하는 젊은이들, 도둑들, 그리고 여기서는 악당이라 불리는 자들이라도 혼종에 기여하는 새로운 요소라면 언제나 환영했다. 종교적 가르침을 주는 일에 있어 원주민들은 백인 외국인보다는 같은 피부색의 동족이나 메스띠수를 더 신뢰했기 때문에, 예수회 사제들은 어떤 마을의 선생님들은 그 마을의 혈통을 지닌 사람들로 배출했다. 다른 사람들과는 달리 예수회 사제는 철저히 미래 세대를 염두에 두었다. 현실주의자이자 신중하고 총명한 사고의 소유자들로서, 형성되어 가는 브라질의 미래에 대한 뚜렷한 비전을 가진 유일한 사람이었다. 그 나라의 엄청난 물질적 풍요를 예견하는 지리학자가 되려 하기 이전에 그들은 자신들의 과업에 적합한 규범을 받아들였다. 미래를 위해 정신운동 계획을 세웠다. 하나의 종교, 하나의 언어, 하나의 사상으로 그 나라를 만들어 가는 그들의 최종 목표는 여러 세기에 걸쳐 지속되었다. 브라질이 그 목표를 이루었다고 여긴다면 그런 국가적 사상을 최초로 만들어 낸 예수회 사제들에게 영원히 감사해야 할 것이다.

* * *

예수회 사제들의 놀라운 식민 계획에 실질적인 저항을 한 것은 처음 예상과는 달리 원주민도, 야만인도, 식인종도 아니라 유럽 사람이자 기독교인인 식민지 개척자들이었다. 당시까지도 군인과 이탈한 선원으로 이루어진 식민지 개척자들에게 브라질은 하나의 이국적인 파라다이스였다. 법도, 제재도, 의무도 없는 나라로 각자 마음 내키는 대로 할 수 있는 곳이었다. 가장 타락한 본능을 발산해도 경찰이나 당국에 의해 엄중하게 간섭받지 않았다. 자기 나라에서는 쇠사슬에 묶이거나 낙인찍히는 벌을 받았을 법한 일들도, 브라질에서는, "적도를 넘어서면 죄란 없다!"Ultra equinoxialem non peccatur는 정복자들의 주장에 따라, 합법적인 즐거움이 되었다. 그들은 원하는 만큼의 땅을 원하는 곳에서 차지했고, 원주민들을 보이는 대로 잡아서 가혹하게 일을 시켰다. 길 가는 여자를 아무나 건드렸다. 그 야만적인 일부다처제로 금세 엄청난 숫자의 메스띠수 아이들이 태어났다. 아무도 그들을 제재할 사람이 없었기 때문에 그들은 대부분 여전히 어깨에 수감자 표식을 지닌 채 고관대작처럼 살았다. 인권도, 종교도 안중에 없었고, 진정한 노동에는 손끝 하나 대지 않았다. 그 초기 식민지 개척자들은 그 나라를 문명화시키기는커녕 그들 스스로 야만인이 되어 갔다.

나태와 절대 권력에 익숙해진 그 거친 무리를 다시 길들이는 일은 아주 힘든 과제였다. 신앙심이 강한 사제들을 가장 경악하게 만든 것은 많은 여자를 거느린 아랍인처럼 생활하는 무절제한 일부다처제였다. 하지만 합법적인 결혼을 통해서 가정을 꾸릴 수 있는 가능성이 없는 현실에서 그들이 다수 여성과 야만적인 관계를 갖는다고 해서 어떻게 비난할 수 있겠는가? 백인 여성이 절대적으로 부족한데 부르주아 문명의 근간을 이루는 유일한 제도인 가정을 어떻게 꾸릴 수 있단 말인가? 그래서 노브레가는 포르투갈의 여성들을 보내 달라고 왕에게 계속 요구했다. "폐하, 오갈 데 없는 여성들을 보내 주십시오. 모두가 결혼할 수 있습니다." 혈통 있는 사람이라면 자기 딸을 그 멀고도 광활한 나라로 보내 그 방종한 건달들 사이에서 남편감을 찾으라고 할 리가 없었기 때문에 노브레가는 최대한 양보해서 리스본의 거리에 다니는 타락한 처녀들이나 내연녀들을 보내 달라고 왕에게 간청했던 것이다. 브라질에서는 모든 여성들이 결혼할 수 있기 때문이었다. 얼마간 시간이 흐른 뒤 교회와 정부 당국은 하나가 되어 관례와 관습에 일정한 질서를 효과적으로 확립하게 되었다. 하지만 식민지 전체가 결사적으로 반대한 것이 있다. 노예제 문제인데, 1500년대부터 1900년대에 이르기까지 처음부터 끝까지 브라질의 가장 예민한 문제가 된다. 대지는 노동력을 필요로 하지만 충분한 일손이 없었다. 사탕수수를 재배하거나 제당 공장이나 원시적 제조 공장을 가동하려면 얼마 되지 않는 백인들로는 턱없이 부족했다. 게다가 모험가나 정복자들이 열대의 나라에서 괭이나 도끼와 씨름하기 위해 바다를 건너온 것은 아니었다. 그곳에서 지체 높은 나리가 되고 싶었다. 그래서 그 상황을 해결할 수 있는 간단한 방법을 동원했다. 마치 토끼를 잡듯 원주민을 사냥해서 원주민이 기절할 때까지 채찍질하며 가혹한 노동을 시키는 것이었다. 정복자들은 지상과 지하에 있는 것을 모두 포함해서 토지는 자신들에 속하고, 가무잡잡한 두 발 달린 짐승들도 원주민이 노역 도중에 죽거나 말거나 물론 정복자들 소유라는 주장을 펴고 있었다. 원주민 한 명이 죽으면, 스포츠처럼 재미있는 인디오 사냥을 통해 한 무리의 새로운 종족들로 보충했다.

예수회 사제들은 그 안일한 생각에 맞서 적극적인 수단을 강구했다. 왜냐하면 노예제와 국가의 인구 감소는 숙고해 만든 장기 계획에 심각하게 역행하기 때문이다. 식민지 개척자들이 원주민을 일하는 가축으로 비하하는 것을 참을 수 없었다. 기독교 신앙과 대지의 미래를 위해 그 미개한 존재들을 구원하는 것을 이미 예수회의 주된 과업으로 삼았기 때문이었다. 예수회 사제들에게 자유로운 원주민 하나하나는 식민화와 문명화를 위해 필요한 대상이었다. 그 당시까지도 식민지 개척자들은 서로 다른 원주민 부족들끼리 전쟁을 하도록 계속 부추겼다. 부족들끼리 빨리 서로를 멸종시키도록 하고, 매번 전쟁이 끝났을 때 포로를 마치 싼 물건처럼 구매하기 위해서였다. 반면 예수회 사제들은 부족들끼리 서로 화해시키려 노력했고, 광활한 공간에 그들을 이주시켜 서로를 떼어 놓으려 했다. 예수회 사제들에게 원주민은 미래의 브라질인이자 기독교를 위해 구원된 사람으로서, 대지에서 가장 소중한 자산이고, 사탕수수보다 브라질 목재보다 담배보다 더 중요한 자산이었다. 하지만 사람들은 사탕수수와 목재, 담배를 위해서 원주민을 노예화시키고 멸종시키려 했던 것이다. 예수회 사제들은 아직 틀이 잡히지 않은 그 원주민들을 정착시키려 했다. 원주민이 타락하고 야만적으로 변해 가는 것을 막고, 사제들 자신이 가져온 진기한 유럽 식물이나 과일처럼, 신이 점지한 진정한 양식처럼, 원주민을 잘 기르려고 했다. 그래서 왕에게 원주민의 자유를 명백하게 요청했던 것이다. 자신들의 계획에 따르면, 미래의 브라질에는 백인들로 이루어진 봉건적 국가와 흑인 노예제 국가가 공존해서는 안 되고, 자유로운 대지에 하나의 자유로운 백성으로 이루어진 국가가 존재해야만 했다.

사실, 왕의 칙령도 3천 마일 떨어진 곳에서는 강제력을 많은 부분 상실한다. 그리고 10여 명의 사제들도, 그중 반은 미션 수행을 위해 전국을 쉴 새 없이 돌아다녀야 했기에, 식민지 개척자들의 이기심 앞에서는 역부족이었다. 적어도 원주민의 일부라도 구하기 위해 예수회 사제들은 노예제 문제에 있어 타협하지 않을 수 없었다. 식민지 개척자가 토착인들로부터 스스로를 방어하기 위한 전쟁, 소위 "정당한" 전쟁에서 포로로 잡은 원주민들은 노예로 양보해야 했다. 이 규정이 가장 탄력적이며 자의적으로 해석되었다는 것은 언급할 필요도 없다. 한편 식민지의 신속한 발전을 방해한다는 비난을 피하기 위해 아프리카로부터 흑인을 수입하는 것에 동의해 줄 필요가 대두되었다. 예수회 사제들이 비록 고상한 정신의 소유자이고 인도적인 성향의 사람들이었지만, 그 시대의 통념에서 벗어날 수는 없었다. 당시 흑인 노예는 양털이나 목재처럼 아주 자연스런 무역 상품이었다. 그 무렵 유럽의 대도시인 리스본에는 1만 명의 흑인 노예가 있었다. 그렇다면 어떻게 식민지에 흑인 노예를 들여오는 것을 반대할 수 있단 말인가? 예수회 사제들도 흑인 노예가 필요한 상황이었다. 노브레가 자신도 한 연설에서 자기 학교를 위해 흑인 노예 셋과 암소 몇 마리를 구입했다고 아무 거리낌 없이 말했다. 하지만 예수회 사제들은 외지에서 온 어떤 개척자라도 토착인을 사냥감으로 삼아서는 안 된다는 원칙을 확고하게 지켰다. 그들은 새로운 신앙인들을 보호했다. 가무잡잡한 미래의 브라질인들의 권리를 끈질기게 윤리적으로 지켜 내는 일은 시간이 지나면서 그들에게 치명적인 일이 되었다. 예수회 사제들이 브라질의 인구를 모두 자유인들로 구성하고 활기를 불어넣겠다는 이상을 관철하기 위해 투쟁하는 어려운 상황은 지속되었다. 그중 한 명은 고충을 털어놓았다. "만약 우리가 교구에만 있으면서 종교적인 임무만 수행했더라면 훨씬 더 편안하게 살았을 것입니다." 하지만 그 종파의 설립자가 예전에 군인이었던 것이 무의미하진 않았다. 설립자는 제자들이 하나의 이상을 위해 투쟁하도록 가르쳤다. 그들은 그 이상을 브라질에 실현시키기 위해 목숨을 걸었던 것이다. 그것은 곧 브라질의 이상이었다.

* * *

마누엘 다 노브레가가 위대한 전략가라는 점은, 그가 미래의 제국을 정복하려는 계획을 세우면서 미래로의 가교를 설치하기에 적합한 지점을 한눈에 알아차렸다는 사실을 통해 잘 드러난다. 그는 바이아에 도착한 지 얼마 되지 않아 첫 번째 고등교육기관escuela de perfeccionamiento을 세우고, 뒤에 도착한 동료 수사들과 함께 뻬르낭 부꾸에서 상뚜스까지 전 해안을 답사하는 지루하고도 힘든 여행을 했다. 그리고 서웅비셍치에 근거지를 마련했다. 하지만 최고의 교육기관el colegio máximo, 신경중추이자 영혼과 성직의 중심, 그리고 점차 전국으로 퍼져 나갈 교육기관의 근거지로 적합한 장소는 발견하지 못했다. 적합한 근거지를 고심하며 찾는 노브레가의 그런 행동은 일견 이해하기 힘들어 보인다. 왜 수도이자 통치자와 주교가 있는 바이아에 교단의 본부를 두지 않는 것인가? 하지만 바로 여기에서 숨겨진 대립이 처음으로 감지된다. 그 숨겨진 대립은 시간이 가면서 공개적이고 폭력적인 대립으로 변해 가게 될 것이다. 로욜라 교단은 자신의 사업을 국가의 감시 아래, 하다못해 교황의 감시 아래 시작하고 싶지 않았다. 애초부터 예수회 사제들은 브라질에서 왕권과 교권에 예속된 채 교육하고 봉사하는 식민화의 한 요소에 지나지 않는 단체를 설립하는 것보다는 고차원적인 목표를 가지고 있었다. 그들에게 브라질은 자신들의 조직 능력을 처음으로 시험할 수 있는 결정적인 기회였다. 노브레가는 그 점을 서슴없이 드러낸다. "땅은 우리의 과업입니다"라는 말은 "우리는 신과 사람들 앞에서 그 결과에 책임을 져야 합니다"라는 뜻이다. 하지만 그 강인한 사람은 책임을 자기 혼자 떠맡는다. 예수회 사제들은 — 이것은 브라질에서 처음부터 그리고 전 역사를 통해 예수회를 따라다니는 감추어진 불신의 원인이 되는데 —, 의심의 여지 없이 다른 사람들은 인식하지 못한 고유한 목표를 자신들 스스로 창안해 추구하고 있었다. 그들이 — 의식적으로든 무의식적으로든 — 의도했던 것은 수많았던 포르투갈의 식민 지역을 하나 더 만드는 일이 아니었다. 신정 공동체, 새로운 국가조직, 돈과 권력으로부터 독립된 공동체, 훗날 그들이 파라과이에 세우고자 했던 그런 공동체였다. 처음부터 브라질에 뭔가 유일하고 새롭고 본보기가 되는 것을 만들고자 했다. 그와 같은 독특한 생각은 머지않아 포르투갈 왕실의 상업적이고 봉건적인 사상과 충돌하게 된다. 예수회의 적들이 비난하듯, 예수회 사제들이 자기 종파와 그 종파의 목적을 위해, 자주적 혹은 자본주의적 의미에서, 브라질을 차지하려고 한 것이 아니었다는 점은 확실하다.

예수회는 브라질에서 단순한 복음 전파자 이상이 되고 싶었다. 자신들의 존재를 통해 뭔가 다른, 다른 종파들 이상으로 영향력을 행사하고 싶었다. 정부도 그것을 처음부터 알아챘기 때문에 그들을 기꺼이 활용했지만, 약간의 불신을 가지고 계속 감시했다. 교황청도 예수회의 의도를 알아챘다. 교황청은 자신이 지닌 정신적 권위를 그 누구와도 분점하고 싶지 않았다. 서슴없이 약탈을 일삼던 식민지 개척자들도 예수회 수사로부터 방해를 받는다고 느끼고 있었고, 예수회의 의도를 알아챘다. 바로 눈에 드러나는 일을 시도한 것이 아니라 정신적이고 이상적인 하나의 원칙, 그렇기 때문에 그 시대의 흐름에서는 이해할 수 없었던 원칙을 세우려고 했기 때문에 예수회 사제들은 처음부터 지속적인 저항에 부딪혔다. 결국은 그 저항에 굴복할 수밖에 없었고, 브라질에서 추방되었으나, 어쨌거나 결실을 맺을 수 있는 씨앗을 그 나라에 이미 심어 둔 상태였다. 노브레가는 완벽하게 예상을 하고 가능한 한 그 갈등을 피하기 위해 통치자와 주교의 거주지로부터 떨어진 곳에 자신의 로마이자 정신적 수도를 정하려고 했던 것이다. 방해와 감시가 없는 곳에서만 그가 마음 깊이 간직하고 있던 목표가 구체적 결실을 맺는 그 지난한 과정이 성공을 거둘 수 있었다. 활동의 본거지를 해안에서 내륙으로 옮기는 것은 지리적 의미뿐만 아니라 교리 교육의 목적에도 장점이 된다는 것이 깊이 고려되었다. 내륙으로 들어감으로써 산맥이 바다 쪽 해적의 공격으로부터 보호해 주면서도 대양으로부터는 크게 떨어져 있지는 않고, 동시에 다양한 부족들로부터도 그리 멀리 떨어져 있지 않아 그 부족들을 문명화시키고 떠돌이 생활로부터 격리시켜 정착 생활로 이끌기에는 좋은 곳, 이상의 씨앗이 발아할 수 있는 그런 곳이었다.

노브레가는 삐라치닝가Piratininga, 오늘날의 상파울루를 선택했다. 그 이후의 역사 전개는 그의 결정이 기발했음을 입증했다. 브라질의 산업, 상업, 기업 정신이 수세기 이후에도 그의 직감적인 선택을 따라갔다. 노브레가가 자기 동료들의 지지를 받으며 1554년 1월 21일 "초라하고 협소하기 짝이 없는 집"을 세운 바로 그곳에 오늘날에는 초고층 빌딩과 공장, 그리고 거리에는 인파가 가득한 근대적 대도시가 세워졌다. 노브레가가 그보다 더 좋은 장소를 선택할 수는 없었을 것이다. 그 고원지대의 기후는 온화하고, 땅은 드넓고 기름졌다. 가까이 항구가 있고, 강들을 통해서 빠라나Paraná 강, 파라과이Rio Paraguai 강, 이어서 라플라타 강과 같은 거대한 물줄기와의 소통이 가능한 곳이었다. 그 지점을 기점으로 선교사들이 다양한 부족에게 다가갈 수 있고, 교육 사업을 펼칠 수 있는 곳이었다. 게다가 당시에는 그 작은 마을 주변에는 미풍양속을 해치는 포르투갈 출신 범법자들의 거주지가 전혀 없었다. 그 새로운 터전에서 사소한 선물과 선행을 통해 금방 주변 부족들과 우호적 관계를 확립하는 방법을 알게 된다. 큰 어려움 없이 사제들은 원주민들을 모아 작은 마을을 이루었는데, 오늘날 러시아의 협동 농장과 아주 유사한 경제 공동체였다. 얼마 지나지 않아 다음과 같이 보고했다. "매우 아름다운 공동체가 형성되고 있습니다." 당시까지도 그 종단은 후대에서처럼 충분한 재산을 가지고 있지 못했다. 그래서 부족한 재원으로 작은 규모의 학교만을 운영할 수 있었다. 그럼에도 그곳에는 신앙심이 돈독한 사람, 수사, 백인과 유색인이 금방 모여들었고, 이들은 그 나라의 언어를 습득하자마자 순회 선교사가 되어 부족마다 다니면서 유랑하는 사람들을 정착 생활로 유도했으며, 신앙심을 갖도록 했다. 하나의 분기점이 마련된다. "다수 원주민 부족을 위한 학교"가 처음 세워지고, 선교사와 정착한 원주민 부족 사이에 진정한 유대감이 자리 잡는다. 떠돌이 집단의 첫 번째 습격이 있었을 때 이미 개종한 원주민들은 부족장 치비리사의 지도하에 적극적인 희생정신으로 그 공격을 물리쳤다. 교권이 지도하는 국가적 식민화라는 거대한 실험이 시작되었다. 그 실험은 나중에 원주민의 인권을 존중하는 파라과이 예수회 공동체를 통해 유일하게 현실화된다.

노브레가의 행위는 국가적 차원에서도 커다란 진전을 의미한다. 미래의 국가를 위해서 처음으로 얼마간의 균형이 확립된다. 진정 엄격한 의미에서 그때까지도 브라질은 북쪽에 서너 개 항구도시가 있는 길고 좁은 해안으로 이루어졌고, 열대 상품만을 무역하고 있었다. 그런데 이제 남쪽으로, 내륙으로 식민화가 진행되기 시작했던 것이다. 그렇게 서서히 축적된 에너지는 이제 곧 생산적으로 발전되어 내재적인 호기심과 열망으로 자신의 나라를 발견해 나가게 될 것이다. 그 땅의 모습과 강들을, 그 광활함과 깊이를 발견하게 될 것이다. 내륙에 기강이 잡힌 식민지가 처음 건설됨으로써 때일렀던 이상理想이 어느새 씨앗으로, 행동으로 바뀌게 되었다.

* * *

　브라질이 초창기의 혼돈 이후 처음으로 진정 고유한 삶의 징표를 의식적으로 드러냈을 때는 약 50년의 세월이 흐른 뒤였다. 조금씩 식민지 조직화의 결과가 드러나기 시작했다. 바이아와 뻬르낭부꾸의 사탕수수 플랜테이션들은 아직 원시적인 운영에도 불구하고 엄청난 이익을 가져다주었다. 갈수록 더 자주 배들이 와서 제조 상품과 바꾸어 원자재를 싣고 갔다. 하지만 브라질까지 모험을 감행하는 사람들은 많지 않았고, 그 광활한 대지에 관해서 세상에 알려 주는 책은 한 권밖에 없었다. 하지만 그 식민지가 세계무역 시장에 바로 그렇게 어설프고 산발적으로 등장하는 방식이 어쨌든 브라질에게는 행운이었다. 왜냐하면 브라질이 조직적인 발전을 하는 데 도움이 되었기 때문이다. 정복과 무력의 시대에는 관심이나 야망의 대상이 되지 않는 것이 한 나라에 유리했다. 알부께르끄Albuquerque가 인도와 말루쿠에서 본 보물, 코르테스Cortés가 멕시코에서 가져온 보물, 피사로Pizarro가 페루에서 가져온 보물들 덕택에 아주 다행스럽게도 다른 나라들은 브라질에 대해 관심과 소유 욕망을 가지지 않았다. "앵무새의 나라"는 '별로 대수롭지 않은 대상'으로 여겨졌고, 그래서 식민지 본국이나 다른 나라들도 진지하게 노력하지 않았다.

　마찬가지로, 1555년 11월 10일, 과나바라Guanabara 만에 프랑스 깃발을 단 작은 선단이 정박해 주변의 한 섬에 1백여 명을 하선시켰을 때 그것은 진정한 의미에서 침략 행위가 아니었다. 사실 타국의 영토에 간섭하는 행위도 전혀 아니었다. 왜냐하면 그 당시 리우는 아직 하나의 도시라기보다는 마을에 불과했기 때문이다. 여기저기 흩어져 있는 오두막 몇 채에 포르투갈 왕의 군사나 관료는 한 명도 없었다. 그래서 그곳에 프랑스 깃발을 게양한 그 낯선 모험가 자신의 대담한 주먹질에 대항하는 어떤 저항도 발견하지 못했다. 정체가 불분명하고 호기심을 자극하는 로다스Rodas° 출신의 기사, 니콜라스 뒤랑 드 빌르게뇽Nicolas Durand de Villegaignon은 반은 해적이고 반은 석학이었던, 완벽하게 르네상스 시대의 인간이었다. 그는 메리 스튜어트°°를 스코틀랜드에서 프랑스 왕궁으로 데려갔고, 전장에서 두각을 나타냈으며, 예술 애호가로서 자신의 운을 시험해 보기도 했다. 작가 론사르Ronsard는 그를 찬양했고, 궁정에서는 변덕이 심하고 짐작할 수 없는 그의 성격 때문에 두려워했다. 그는 모든 일상적인 일을 싫어했고, 가장 좋은 자리도, 최고의 훈장들도 거부했다. 자신이 자유롭게 하고 싶은 것, 그것도 종종 환상적인 것을 구애받지 않고 추구했다. 위그노들은 그를 가톨릭 신자로 여겼고, 가톨릭 신자들은 그를 위그노로 생각했다. 그가 무엇을 추구하는지 아는 사람은 아무도 없었다. 어쩌면 빌르게뇽 자신도 단지 뭔가 위대하고 비상한 것을 하고 싶고, 다른 사람들이 하는 것과는 다른

° 에게 해의 섬.

°° 메리 스튜어트(Mary Stuart) 혹은 스코틀랜드의 메리 1세(Mary I of Scotland)는 생후 9개월 만에 스코틀랜드 여왕(1542~1567년)이 되었고, 1559~1560년에는 프랑스의 프랑소와 2세의 왕비이기도 했다. 또한 잉글랜드 왕위 계승권자이기도 했다. 격정적인 삶과 비극적 죽음으로 유명하다.

것, 더 야생적이고, 더 대담한 것을, 더 낭만적이고 더 특이한 것을 하고 싶다는 것 이외에는 자기 자신에 대해 아는 것이 없었을지도 모른다. 스페인에 살았더라면 피사로나 코르테스가 되었을 것이다. 하지만 자기 왕은 자국의 일만으로도 바쁜 나머지 식민지 개척을 위한 어떤 모험도 감행하지 않았다. 답답했던 빌르게뇽은 자기 비용으로 식민 개척단을 만들게 되었다. 배 몇 척을 모아 1백여 명의 선원들로 항해를 했다. 대부분은 위그노들이었는데, 기자Guisa 가문●이 지배하던 프랑스에서는 불편했던 사람들이었다. 하지만 가톨릭교도도 몇이 있었는데, 이들은 신세계로 가서 최고의 영광을 누리고 싶어 했다. 빌르게뇽은 선견지명이 있어 이들과 함께 앙드레 테베André Thévet라는 역사가도 데리고 갔다. '남극의 프랑스' France Artarctique를 건설하려는 꿈을 북돋우기 위함이었다. 자기 스스로가 그 나라의 창시자이자 지배자이고, 어쩌면 절대군주가 되고자 했다. 프랑스 궁정에서 어느 선까지 그의 계획을 알고 있었는지, 어디까지 그의 계획들을 승인했고 조장했는지 밝히기는 어렵다. 아마도 성공했을 경우, 영국의 이사벨 여왕이 자기 나라 해적인 랄레이Raleigh와 드레이크Drake의 성과를 차지했듯이, 앙리 왕도 그의 성과를 차지했을 것이다. 얼마 지나지 않아 빌르게뇽은 개인 자격으로 자기 운을 시험해 보는 길밖에는 없는 처지가 된다. 공식적인 합병의 임무를 띨 경우 포르투갈에 죄를 범하게 되는 것을 피하기 위해서였다.

● 프랑스 종교전쟁에서 가톨릭 세력을 이끌었다.

빌르게뇽은 경험 많은 군인이었기에 방어를 우선적으로 고려했고, 도착한 지 얼마 되지 않아 오늘날 자기 이름으로 불리는 그 섬에다 진지를 건설하고, 위그노 해군 제독인 콜리니Coligny를 추모하는 의미에서 그의 이름을 붙였다. 동시에, 의기양양하게, 그 섬 맞은편에 있는, 미래에 도시가 될 곳의 이름을 — 자기 왕에 대한 존경심에서 — 앙리빌Henriville이라고 불렀다. 당시 그곳은 사람이 살지 않는, 구릉으로 둘러싸인 늪지에 지나지 않았다. 종교 문제에 대해서는 신중하지 못했다. 그동안 꿈꾸어 왔던 그 프랑스 거주지에는 다른 가톨릭 신자들이 없었기 때문에 1556년 제네바로부터 칼뱅 교도들이 한 배 가득 들어오게 했다. 그로 인해 곧바로 그 작은 거주지에서 종교적 갈등이 일어났다. 서로를 이단이라고 부르는 두 파의 선교사들이 같이 지내기에는 너무나 좁은 섬이었다. 하지만 그럼에도 남극의 프랑스는 건설되었고, 노예사냥을 용납 못하는 프랑스인들은 원주민들과 아주 원만하게 지내면서 그들과 교역을 했다. 그 이후부터 프랑스 선박들은 본국과 그 섬 사이를 정기적으로 오갔다. 하지만 그 정착지는 아직 프랑스로부터 합법적인 항구처럼 공식적으로 인정된 곳이 아니었다.

물론, 당시 바이아에 있던 총독은 그 침입에 무관심할 수 없었다. 당시 효력을 유지하던 합법적 원칙에 따르면 브라질 해안은 하나의 폐쇄된 바다로서 외국 선박들은 정박하거나 교역을 할 수 없는 곳이었다. 식민지에서 가장 좋은 항구에 외국 군대가 요새를 설치하는 것은 영토를 남과 북으로 분할하는 것을 의미했고, 브라질의 단일성을 파괴하는 것을 의미했다. 그 외국 선박들을 억류하고 정착지를 파괴하는 것이 총독의 가장 자연스런 임무였겠지만, 그런 수준의 군사적 행동을 취할 수 있는 힘이 전혀 없었다. 총독과 함께 브라질에 도착했던 기백 명의 군인들은 그사이에 이미 농부나 플랜테이션의 주인으로 바뀌었고, 그동안 안락한 생활을 한 뒤라 다시 갑옷을 입을 뜻이 거의 없었다. 다른 한편, 막 생겨난 식민지 집단에는 모든 종류의 국가 의식이 아직 결여되어 있었으며, 포르투갈에서는 사태의 위험성을 명확하게 인식하지 못했고, 신속한 원정에 필요한 자금도 부족했다. 왕실은 여전히 친자 대접을 받지 못하는 브라질에 비용이 많이 드는 선단을 구성할 정도로 충분한 중요성을 부여하지 않고 있었다. 그랬기 때문에 프랑스인들은 충분한 시간을 가지고 지속적으로 요새를 강화하고 참호에서 경계를 강화할 수 있었다. 1557년 바이아에 새로운 총독, 멩 드 사Mem de Sá가 파견되고 서야 겨우 침입자들에게 조치를 취할 준비를 시작한다. 멩 드 사는 노브레가를 무한히 신임하면서 그의 정신적 권위에 완전히 의지한다. 프랑스인들에게 적절한 조치를 취하도록 요구한 사람 역시 또 열정적 에너지를 가진 노브레가였다. 예수회 선교사들은 그 나라를 가장 잘 알고 있었고, 오로지 향신료 장사라는 단기적 이익에 따라 영토의 가치를 매기는 리스본의 장사꾼들보다는 그 나라의 미래에 대해 더 걱정하고 있었다. 만약 그 프랑스 위그노들이 브라질 해안에 완전히 뿌리를 내리게 된다면 브라질의 단일성뿐만 아니라 종교적 단일성도 영원히 깨어질 것이라는 점을 예수회 선교사들은 알고 있었다. 총독과 노브레가는 번갈아 가면서 포르투갈에 편지를 보내 "불쌍한 브라질을 도와 달라!"고 요청했다. 하지만 ─ 제2의 아틀

라스 같은 — 포르투갈은 자신의 나약한 어깨에 온 세상을 감당해야 하는 상황이었다. 그렇게 2년이 더 흘러 마침내 1559년 몇 척의 배가 포르투갈에서 도착한다. 멩 드 사는 침입자들에 대한 군사적 행동을 생각할 수 있게 되었다.

그 원정대의 진정한 대장은 노브레가였다. 노브레가는 앙시에따와 함께 가능한 한 많은 개종자들을 징집해서 변변치 않은 포르투갈 군대를 강화했다. 1560년 2월 18일 노브레가는 총독과 함께 리우에 나타났다. 3월 15일 서웅비셍치로부터 급조된 지원부대들이 도착하자 곧바로 빌르게뇽의 요새에 대한 공격이 시작되었다. 사실 중요했던 그 군사 행위는 오늘날의 관점에서 보면 두꺼비와 쥐 사이의 전쟁처럼 보인다. 120명의 포르투갈인과 140명의 원주민들이 콜리니 요새에 공격을 감행했다. 그 요새는 74명의 프랑스인과 몇 명의 노예들이 방어하고 있었다. 프랑스인들은 저항할 수 없었고, 다행히 원주민 친구들과 함께 육지로 도망쳐 구릉지로 숨어들었다. 콜리니 요새를 차지했으니 포르투갈인들에게 그것은 하나의 승리였다. 프랑스인들을 추격하거나 제거하지 않고, 바이아와 서웅비셍치로 돌아갔다.

하지만 절반의 승리에 지나지 않았다. 프랑스인들이 그 나라에 여전히 남아 있었기 때문이다. 따지고 보면, 프랑스인들은 대략 1킬로미터, 오늘날 자동차로는 몇 분이면 도달하는 지역으로 밀려난 것에 불과했다. 그들은 예전처럼 여전히 제재를 받지 않고 항구에 머무르면서 장사를 했고, 자기들 배에 짐을 싣고 내리며, 모후다글로리아Morro da Gloria에 예전의 요새를 대체할 새로운 요새를 건설했다. 게다가 자신들에게 우호적인 따모이우Tamoio 족을 부추겨 포르투갈인들에게 적대감을 갖게 했다. 그 부족 사람들에 의한 첫 번째 상파울루 공격은 아마도 프랑스인들에 의해 조직되었을 것이다. 하지만 멩 드 사는 그 침입자들을 몰아낼 힘이 없었다. 브라질에서는, 처음부터 오늘날까지 늘 그랬듯, 문제는 언제나 동일했다. 사람이 없다는 것이다. 멩 드 사는 바이아에서 벗어날 수가 없었다. 그랬다가는 브라질 경제의 주된 요소인 설탕 생산이 정체할 것이기 때문이다. 게다가 치명적인 전염병으로 인구의 대부분이 죽었기 때문이다. 포르투갈의 지원 없이는 새로운 상황에 놓인 프랑스인들을 몰아낼 수가 없었다. 도움을 무한정 기다릴 수밖에 없었다. 빌르게 농의 식민지 개척자들은 그렇게 해서 제재 받지 않은 채 5년을 더 브라질에 머무르게 된다. 만약 포르투갈 대신 프랑스가 지원군을 보내게 되면 포르투갈 왕실은 결정적으로 리우 만灣을 잃게 되고, 이어서 브라질을 잃게 될 것이라고 끊임없이 주장하고 경고한 사람 또한 노브레가였다. 마침내 여왕은 노브레가의 다급한 간청을 받아들여 적을 공격하기 위해 예수회 사람들로 구성된 지원군과 함께 에스따시우 드 사Estacio de Sá를 파견한다. 다시 난쟁이 나라 규모의 전쟁이 시작된다. 1565년 3월 19일 에스따시우 드 사는 함대를 이끌고 과나바라 만에 진입해 오늘날 우르까Urca 구역인 뼈웅지아수까르Pão de Açúcar 발치에 캠프를 설치한다. 하지만 — 우리의 근대적인 개념으로는 받아들일 수 없는 일이지만 — 모후다글로리아에 대한 공격을 수행하는 데까지 22개월이라는 세월이 흐른다. 오늘날 뼈웅지아수까르에서는 정확히 10분 거리에 있는데도 말이다. 1567년

1월 20일이 되어서야 에스따시우 드 사는 병력을 이끌고 공격에 나선다. 불과 몇 시간 지속된 전투에서 이삼십 명의 병력이 손실되는 가운데 역사적으로 중요한 일이 결정되었다. 앞으로 그 도시가 리우데자네이루로 불릴 것인지, 아니면 앙리빌로 불릴 것인지, 그리고 브라질이 포르투갈어를 쓰는 나라가 될 것인지, 아니면 프랑스어를 사용하는 나라가 될 것인지가 결정되는 순간이었다. 인도에서처럼 아메리카에서 수세기에 걸쳐 대륙의 형태와 운명을 결정지을 전투가 병사 이삼십 명 정도의 규모 안에서 벌어지고 있었던 것이다. 에스따시우 드 사는 화살을 맞고 자기 목숨으로 승리의 대가를 치렀다. 프랑스인들은 네 척의 배를 타고 브라질에서 도망치면서 담배의 존재에 대한 소식만을 프랑스로 가져간다. 프랑스의 밀사였던 장 니콧Jean Nicot을 기리는 뜻으로 담배에다 그의 이름을 붙였다. 모후다글로리아에 있던 프랑스 요새의 폐허 위에 주교는 미래 브라질 수도의 교회를 봉납한다. 리우데자네이루 도시가 등장하는 순간이었다.

* * *

소인국 전투 같았다. 하지만 브라질이 단일성을 유지할 수 있게 한 전투였다. 브라질은 브라질 사람들 것이 되었다. 이제 식민지를 개발할 필요성이 대두되었다. 50년 가까운 완벽한 평화의 시기가 그 목적을 달성하는 데 도움이 되었다. 브라질의 경계는 조금씩 히우그랑지두노르치Rio Grande do Norte 방향으로 확장되어 가고 있었고, 내륙으로는 상파울루에 있는 예수회의 거주지들이 풍요로운 발전을 시작했으며, 해안의 플랜테이션들이 많은 수익을 내고 있었다. 갈수록 성장하는 설탕, 담배 사업과는 별도로 더 검은 사업이 활기를 띠고 있었다. 바로 "검은 상아"의 수입이었다. 달이 갈수록 더 큰 규모로 기니와 세네갈의 흑인 노예들이 실려 왔고, 항해하는 동안 더럽고 좁디좁은 배안에서 죽지 않고 살아남은 불쌍한 자들은 바이아의 큰 시장에서 거래되었다. 포르투갈인에 의해서 태어난 '마멜루꾸'라고 불리는 온갖 빛깔의 흑인 혼혈의 숫자와 흑인 숫자가 놀라울 정도로 많아진 나머지, 이는 문명화의 동력인 유럽의 영향이 사라지게 할 정도로 한동안 위협적이었다. 해안의 도시들마다 무한정으로 부를 축적해 가는 사업가들은 한 줌에 지나지 않는데 검은 노예들은 무수히 많았다. 유럽이 이 문제에 대해서는 아주 무관심했기 때문에 균형을 잡아가는 예수회의 노력이 없었다면 브라질은 아마 아프리카 국가로 변했을 것이다. 예수회는 내륙 어디에나 대농장을 만들고, 원주민들을 교육해 정착 생활로 유도하고, 토착민의 말살을 저지해 왔다. 그리고 편견이 없었던 터라 혼혈을 장려했던 것이다. 하지만 유럽은 수많은 전쟁에 휩싸여 있었으며, 새로운 식민지 개척자들을 내보낼 수 없었다. 게다가 유럽에서 브라질의 가치를 제대로 이해할 수 있는 통찰력을 가진 이들은 소수에 불과했다. 1587년에 가브리엘 소아리스 드 소우자Gabriel Soares de Sousa는 자신의 『항해일지』Roteiro에 다음과 같은 예언적 말을 적어 놓았다. "폐하께서 명하신 바대로 이 새로운 왕국은 그에 합당한 모든 주의를 기울여 관리될 것입니다. 그곳에 거대한 제국이 건설될 조건을 갖추고 있기 때문입니다. 적은 비용으로도 이 왕국은 세계에서 가장 완벽한 왕국이 될 수 있을 것입니다."

세상의 반을 지배하던 포르투갈이 누군가를 도와줄 수 있는 여건이 되던 때가 지난 지 이미 오래였다. 자신과 기독교를 위해 세 대륙을 정복하려던 낭만적인 원대한 꿈이 사라졌기 때문이다. 그 작고 용감한 나라는 아프리카의 동서 양쪽 해안을 차지하고, 중국과의 경계를 훨씬 넘어서까지 인도를 상업적으로 독점하는 데 만족하지 않았던 것이다. 영웅적 혈통을 지닌 최후의 왕이자 가장 대범한 왕인 세바스찌옹Sebastião 왕은 이슬람 세력을 한 번에 영원히 쓸어버릴 수 있는 십자군 전쟁을 꿈꾸었다. 자신의 가장 뛰어난 전력과 기사와 병사를 식민지에 적절히 배분하고 배치함으로써 포르투갈 제국을 유지하는 대신, 마치 '최후의 만찬의 성배 기사'처럼 은으로 된 화려한 갑옷을 입고, 자신의 모든 힘을 하나의 군대에 모아 오랜 적인 이슬람 세력을 한 방에 제거하기 위해 아프리카로 이동했다. 하지만 이슬람 세력은 제거하지 못하고 스스로 제거되고 만다. 1578년, 알카사르키비르Alcazarquivir 전투 — 동방에 대한 서방의 때늦은 마지막 십자군 전쟁 — 에서 포르투갈 군은 완전히 패배하고, 세바스찌옹 왕은 사망한다. 지나친 욕심은 잔인하게 보복당했다. 온 세상을 장악하려 했던 조그만 나라 포르투갈은 자신의 독립마저 상실했다. 스페인이 빈 왕좌를 차지했다. 수많은 전쟁으로 피투성이가 된 포르투갈은 저항할 수 없었다. 1578년부터 1640년까지 72년 동안 독립된 국가로서 포르투갈은 역사에서 사라진다. 따라서 그 나라의 모든 식민지도, 브라질까지도 스페인 왕실의 소유로 바뀐다.

그렇게 해서 펠리페 2세는 알렉산더 황제의 제국이나 아우구스투스 황제의 로마제국보다 훨씬 더 큰 제국을 잠시 거느렸다. 이베리아 반도와는 별도로, 플랑드르와 이미 알려진 모든 아메리카와 아프리카의 4분의 3, 그리고 포르투갈 사람들에 의해 정복된 인도제국이 이 합스부르크 황제에게 속하게 되었다. 그런 힘과 위대함에 대한 지각이 이베리아 예술에 반영되었다. 세르반테스, 로페 데 베가Lope de Vega, 칼데론Calderón은 독보적인 작품들을 만들었다. 지상의 모든 풍요는 승리를 거둔 스페인 한 나라로 몰려들었다.

브라질은 그 승리에 별 기여를 못했고 그 덕을 전혀 보지도 못했다. 그때까지 침략을 받아 본 적이 없었던 그 식민지는 원치 않게도 이베리아 제국에 속하게 됨으로써 힘이 증대되기는커녕 스페인의 모든 적들을 상대해야 했다. 영국 해적이 상뚜스를 약탈했고, 서웅비센치를 불질렀다. 프랑스인들은 마라녀웅Maranhão에 일시적으로 머물렀다. 네덜란드인들은 바이아에 침략해 그곳의 배들을 약탈했다. 무적함대의 섬멸로 바다에 대한 지배가 막을 내린 이후 브라질은 얼마나 많은 신흥 세력들이 스페인에 대항하는지를 고통스럽게 느껴야만 했다. 사실 그런 노략질들이 브라질에 깊은 상처를 준 것은 아니었다. 브라질의 빠른 성장에 크게 타격을 주지 않는 작은 피해나 불쾌함에 지나지 않았다. 하지만 네덜란드가 면밀히 검토하고 세운 계획을 실행에 옮겼을 때는 브라질에 위험한 상황이 되었다. 단순히 몇몇 항구만 공격하는 것이 아니라 해트자이커란드Het Zuikerland 전체를 통째로 정복하는 계획이었다. 뛰어난 상인들이었던 그들은 브라질을 해트자이커란드라고 불렀는데, 자신들에게 가장 중요한 상품의 이름을 붙인 것이다.

　네덜란드는 경제 부분에서 모범적으로 잘 조직된 나라인지라 정확하게 브라질의 가치를 알고 있었다. 그리고 깨어 있는 네덜란드 상인들이 『브라질의 위대함에 관한 문답』*Dialogos das grandezas do Brasil*에 나오는 말들을 그냥 지나치기는 어려웠을 것이다. 그 책의 내용에 따르면 브라질은 나라 전체로 보았을 때 인도보다 더 많은 부를 소유하고 있었다. 그래서 인도회사*Compahía das Indias*를 본받아 1621년 암스테르담에 서인도회사를 세운 것은 우연이 아니었다. 전하는 바에 따르면, 서인도회사는 브라질과 남아메리카 전체와 무역을 하기 위해 세워진 것이라고 알려졌지만, 사실 제2의 의도는 네덜란드에 유리하게 그 나라를 장악해서 독점 무역을 하는 것이었다. 그 회사에는 지략가들이 있었고, 이들은 그 원대한 목표를 성취하기 위해서는 엄청난 재원이 동원되어야 한다는 것을 이해하고 있었다. 브라질을 장악한 뒤에 지속적으로 보유하는 것이 가장 중요한 일인데, 그렇게 하기 위해서는 프랑스인들이 했듯이 유럽에 싫증난 지주나 급하게 동원된 선원들을 배 두세 척에 태워 가서는 될 수 없는 일이고, 진정한 함대를 구성하고 훈련된 군대를 태워 가야 한다는 점을 알고 있었다. 이 새로운 공격이 어떤 방식으로 준비되었는지를 보면 그 당시 50년간 브라질이 어떻게 발전해 왔고, 세계인의 눈에 얼마나 중요하게 비쳐졌는지 명백하게 알 수 있다. 프랑스의 빌르게뇽은 '남극의 프랑스'를 세우기 위해 배 서너 척으로 접근해서, 70~100명 사이의 급조된 병사들로 전투를 벌인 반면, 네덜란드의 서인도회사는 우선 26척의 배를 준비해서 병사 1천7백 명과 선원

1천6백 명을 태웠다.

제1차 공격은 수도를 향했다. 1624년 5월 9일, 바이아는 거의 아무런 저항도 못하고 함락되었다. 네덜란드인들은 헤아릴 수 없는 전리품을 가져갔다. 스페인은 그제야 정신을 차린다. 1만1천 명의 인원을 태운 50척의 배를 보냈고, 뻬르낭부꾸서 온 현지 지원부대의 도움을 받아, 34척으로 구성된 제2차 네덜란드 함대가 도착하기 전에 바이아를 탈환했다. 식민지의 가치가 재확인되면서 "설탕의 나라"에 대한 소유를 확실히 하기 위한 노력이 수백 배 증가했다. 네덜란드 회사는 바이아에서 물러날 수밖에 없게 되자 보강된 전력으로 새로운 공격을 준비해 성공을 거두었다. 1635년, 헤시피Recife 를 점령했고, 이어 몇 년 동안에 바이아를 제외한 모든 북부 해안을 점령했다. 그때부터 23년 동안 브라질 북부는 네덜란드가 독립적으로 관리했다.

* * *

이 23년 동안 네덜란드인들이 벌인 식민화 노력은 진정 놀라운 것이었다. 많은 면에 있어 그 전 1백 년 동안 브라질인들이 한 것을 능가한다. 네덜란드인들은 어떻게 조직을 해야 하는지 명백하고도 입증된 아이디어를 가지고 있었다. 이주와 관리의 문제를 무질서하고 계획성 없는 사람들에게 맡기지 않았다. 자기 나라에서 쓰레기 같은 사람들을 보내는 것이 아니라 가장 나은 사람, 엄밀하게 선정된 사람들을 보냈다. 이 새로운 나라를 통치하는 총독인 모리츠 반

나사우Maurits van Nassau는 왕실 혈통일 뿐만 아니라 다양한 능력의 소유자였고, 정신적인 면에서도 고결하고 관대하며 인내심 있는 인물이었다. 그는 브라질을 개발하고 식민화하며 유럽화하기 위해 전문가, 기술자, 생물학자, 천문학자, 석학들로 구성된 완벽한 참모진을 데리고 갔다. 프랑스인, 네덜란드인들과 비교했을 때 포르투갈 사람들이 브라질에 기여한 문화적 요소가 열악했다는 사실을 무엇보다 단적으로 알려 주는 상황은, 예수회의 편지글 모음 말고는 포르투갈인이 쓴 젊은 브라질의 형성 초기를 묘사한 진정한 문학적 가치가 있는 글이 하나도 없다는 것이다. 반면 프랑스인들은 몇 년이 지나지 않아 이미 '남극의 프랑스'에 대한 작품을 세상에 내놓았고, 나사우는 바르렌스Barlens에게 판화와 지도들이 실려 있는, 화려하고 본보기기 될 만한 작품을 만들도록 지시해 자신의 영광과 집념을 영원히 남겼다.

　나사우는 브라질 역사에서 좋은 인물로 기록되었다. 인본주의자로서 관용 정신을 발휘해 모든 종교 활동의 자유를 허용했고, 모든 예술이 풍요로운 발전을 이룰 수 있도록 지원했다. 그는 폭력적 통치를 하지 않았기에 먼저 와있던 식민지 정착자들조차 어떤 불평도 하지 않았다. 그를 기리기 위해 모리츠슈타트Mauritzstadt 혹은 마우리세아Mauricea라고 불렸던 헤시피에는 궁전과 석조 주택, 깨끗한 거리가 조성되었고, 주변 지역은 지리학자들에 의해 탐사되었다. 설탕 산업을 위해 새로운 저수지가 만들어지고, 포르투갈에서 도망친 장사꾼도 상업에 종사할 수 있도록 해주었다. 모든 공적인 삶이 안정과 진보를 향해 나아가고 있었다. 포르투갈인에게도 그들의 권리를 보장해 주었고, 원주민에게는 자유를 보장해 주었다. 말하자면, 나사우는 인본주의적 의미에서 어느 정도 평화적 식민화의 이상을 실현했다. 그것은 예수회 사제들이 종교적 토대 위에서 추구해 왔던 것이다.

하지만 브라질의 운명은 브라질에서 결정되지 않고 유럽에서 결정되었다. 1640년, 포르투갈은 스페인으로부터 다시 독립하게 되었고, 주어웅 4세가 왕좌를 탈환했다. 그로 인해 네덜란드에 의한 브라질 점령은 이제 합법적 근거를 상실했다. 양쪽 진영은 정전협정을 통해 휴식기를 갖고자 했다. 그러다가 새로운 해양 강국이었던 네덜란드가 자신보다 더 최근에 부상하고 있던 영국과 충돌하게 됨에 따라, 브라질 독립을 위한 투쟁이 다시 시작될 수 있었다. 그리고 이번에는 브라질의 민족 세력이 처음으로 독립 투쟁을 선도하게 되었다. 포르투갈은 이번에는 브라질의 단일성과 독립을 위해 식민지 브라질만큼 투쟁하지 않았다. 그리고 다시 가톨릭교회 세력이 지휘를 맡게 되었다. 왜냐하면 그들은 새로운 나라에 프로테스탄트 세력이 스며들지 못하게 하는 것이 얼마나 중요한지를 잘 인식하고 있었기 때문이다. 프로테스탄트 세력이 브라질에 들어오게 되면 유럽에서 벌어졌던 살인적 종교전쟁이 브라질로 옮겨 올 수 있기 때문이었다. 1649년, 당시 가장 천재적인 외교관이었던 앙또니우 비에이라 신부는 네덜란드 서인도회사의 역할에 맞서기 위해 유사한 '대브라질무역회사'Companhia geral do comercio para o Brasil를 리스본에 설립했다. 그 회사는 자발적으로 함대를 구성했다. 그리고 동시에 브라질에서는 자신들의 대농장과 제당소를 되찾고 싶어

하는 토착 기업들의 협조하에 일종의 국민군을 전격적으로 창설했다. 그렇게 되자 놀라운 일이 벌어졌다. 포르투갈이 여전히 네덜란드와 협상을 벌이면서 해안의 어떤 부분이 자신들에게 권리가 있는지 논의하는 동안, 브라질 사람들은 자발적으로 앞장서서 행동으로 옮겼다. 조금씩 네덜란드인들을 몰아냈고, 나사우는 브라질을 떠났다. 1654년 1월 20일 네덜란드의 마지막 보루였던 헤시피가 함락되었고, 네덜란드인들은 완전히 철수했다. 포르투갈이 융성하던 시기에 순식간에 만들어졌던 루지아다스Lusiadas[옛날 포르투갈인들을 일컫는 말] 유토피아 왕국이 그렇게 또 순식간에 사라지는 가운데, 브라질은 온전한 모습으로 자신을 지켜 내게 되었다.

전체적으로 네덜란드와 관련된 사건들은 브라질 역사에서 (좋은 결과를 초래한) 행운의 돌발 사건이었다. 네덜란드의 행정 모델은 우수하고 문명화된 조직을 통해 이 나라에서 성취할 수 있는 것이 무엇인지를 보여 주기에 충분한 시간 동안 지속되었다. 반면, 포르투갈의 언어와 관습의 단일성을 제거할 수 있을 정도로 오래 지속되지는 못했다. 오히려 바로 그 외국 정부의 위협이 브라질 국민감정을 만들어 내고 조장했다. 북쪽에서부터 남쪽까지 이 식민지는 이제 유일한 하나의 국가를 구성하고 있다는 느낌을 가지게 되었다. 자신의 삶에 대한 외국의 모든 무력 개입은 무력을 통해서 자신의 영토에서 물리친다는 각오를 모두가 하나같이 갖고 있었다. 그 이후부터는 모든 이국적인 것은, 만약 지속적으로 브라질에 남고자 할 경우, 브라질적인 것과 혼합되어야만 했다. 겉보기에는 이 전쟁을 통해 브라질이 포르투갈에 다시 귀속되었지만, 사실은 브라질 자신을 위해 재탈환된 것이었다.

* * *

포르투갈과 네덜란드 사이의 그 전쟁에서 처음으로 새로운 요소가 등장했는데, 그 힘과 특성은 아직 잘 인식되지 않고 있었다. 바로 '브라질 사람'이라는 것이다.

그 존재는 천천히 형성되기 시작했다. 우선은 대립적인 형태로 진행되었다. 브라질의 해안과 내륙은 완전히 다른 모습을 띠었다. 해안의 도시들에는 이민자, 상인, 선원과 노예 등 새로운 피가 지속적으로 흘러들었다. 반면 내륙의 촌락들에는 늘 동일한 피가 보존되었다. 해안 사람은 상인이나 초기 산업가였다. 그들의 진정한 조국은 바다였고, 자신들의 상품이나 계획으로 인해 무의식적으로 늘 유럽을 바라보았다. 반대로, 식민지 정착민들의 진정한 조국은 대지였고, 오로지 대지만이 오롯한 일체감을 만들어 냈다.

가장 강력한 활력은 내륙 사람들에게 있었다. 그들은 안전이 보장되지 않은 가운데 살면서 위험에 익숙해져 있었다. 그 위험을 사랑하기 시작했다. 특히, 상파울루에서 아주 독특한 존재가 형성되기 시작했다. 파울리스타Paulista였다. 포르투갈인이거나 그 자손인 이들은 핏속에 한편으론 옛 인디오의 유랑 기질을 지녔고, 다른 한편으로는 유럽 조상들의 모험적 취향을 지니고 있었다. 이 새로운 세대는 자기 손으로 직접 토지를 일구는 것을 좋아하지 않았다. 그들을 위해 노예들이 그 힘든 일을 맡아 한 지도 이미 상당한 시간이

지났다. 게다가 성질이 급한 그들은 천천히 부를 축적하는 방식에도 질색을 했다. 농업과 목축업은 1백여 명의 노예를 동원해 대규모로 하지 않는 이상 부를 축적할 수 없었다. 그래서 그들은 정복자처럼 자신의 목숨이 위험할지라도 단번에 부자가 되길 원했다. 그래서 상파울루에 살던 사람들은 1년에 여러 차례 상당한 규모의 집단으로 모여, 방데이랑치bandeirante라는 이름으로 깃발을 앞세우고, 한 무리의 하인과 노예를 끌고서 마치 과거의 도적떼처럼 말을 타고 전국을 누비고 다녔다. 물론 출발하기 전 교회에서 엄숙하게 자신들의 깃발에 축복을 기원하는 것도 빠뜨리지 않았다. 때로는 그런 '내륙 원정'을 위해 남자들이 2천 명까지 모이곤 했다. 그래서 여러 달 동안 도시와 마을에는 남자들이 없었다. 그들 자신조차도 무엇이 그들을 추동하는지 말할 수 없었을 것이다. 일부는 모험 그 자체이고, 일부는 그 광대하고 개발되지 않은 나라에서 무언가 예상치 못한 것을 발견할 수 있다는 희망이었는지도 모른다. 페루의 보물과 포토시Potosí의 은광이 발견된 날부터 전설적인 황금향Eldorado에 대한 소문은 잦아들지 않았다. 혹시 브라질에 숨어 있지 않을까? 그래서 파울리스타들은 강줄기를 거슬러 오르고, 산을 오르내리고, 그들 앞에서 바람에 나부끼는 깃발이 가리키는 방향을 따라 매번 새로운 험로를 이어갔다. 어디에선가 전설적인 광산을 발견할지도 모른다는 희망에 항상 고무되어 있었다. 귀금속이 발견되지 않을 경우, 세르떠웅Sertão의 헤라클레스인 페르너웅디아스Fernão Dias처럼 에메랄드를 발견하지 못하는 경우, 그들은 적어도 다른 전리품을 가지고 왔다. 살아 있는 인간들을 잡아 왔다. 그런 내륙 원정은 사실 잔인하고 야만적인 노예사냥에 지나지 않았다. 파울리스타들은 말을 타고 개를 데리고 원주민을 마치 토끼처럼 사냥했다. 그것은 바이아의 시장에서 흑인을 구매하는 것보다 더 편하고, 재미있고, 흥분되는 일이었다. 하지만 마침내 그들은, 사냥개를 데리고 밀림 깊숙한 곳까지 겁에 질린 자들을 추격하는 것보다 식민 정착지에서 노예로 쓸 인간들을 끌어내는 일이 더 수월하다는 것을 깨달았다. 식민 정착지에서는 예수회 선교사들이 원주민들을 엄격한 질서 속에 정착시켜서 일하는 것까지 가르쳤기 때문이다.

물론 그 날강도 같은 기마 집단은 전적으로 불법 집단이었다. 왕은 명백하게 원주민의 자유를 확약했기 때문이다. 앙시에따는 절망적으로 한탄했다. "이런 종류의 인간들에게는 검이나 쇠몽둥이보다 더 좋은 설교는 없다." 단지 탐욕 때문에 그 무리들은 오랜 세월에 걸쳐서 어렵사리 이룩한 정착 사업을 파괴했다. 정착지에서 사람들을 몰아내고, 평화가 정착된 머나먼 지역에까지 공포를 확산시키고, 무방비 상태에 놓인 자들뿐만 아니라 이미 문명화된 사람과 기독교도가 된 사람까지도 노예로 만들고 탈취했다. 하지만 파울리스타는 메스띠수들로 인해 그 숫자가 급격히 증가한 덕분에 법이나 계율로 겁주기에는 너무 강력한 집단이 되었다. 그런 내륙 무장 원정을 금지하는 교황의 교서도 내륙의 거친 황야인 세르떠웅과 처녀지 밀림에서는 효력이 없었다. 인간 사냥은 갈수록 잔혹해졌다. 점점 더 내륙 깊숙한 곳으로 들어갔다. 19세기 초, 장-밥티스트 드브레Jean-Baptiste Debret의 작품 〈브라질 그림 여행〉에서도 여전히 그런 끔찍한 그림이 발견된다. 남자와 여자, 아이들이 벌거벗긴 채 긴 막

대기에 묶여 잔인한 노예 사냥꾼들에 의해 마치 짐승처럼 끌려가는 모습을 보여 준다.

그럼에도 그 야만스런 인간 사냥꾼들은 자신들의 뜻과는 상관없이 브라질 역사에 커다란 보탬이 되었을 수도 있다. 물질적 탐욕은 ― 그 자체로는 비난받아 마땅하나 ― 항상 인간을 먼 곳으로까지 나아가게 하는 가장 커다란 동력 가운데 하나가 되어 왔다. 탐욕으로 인해 페니키아의 배들이 바다를 항해했고, 미지의 대륙으로 정복자들이 왔다. 탐욕은 인간의 본능 가운데 가장 나쁜 것임에도 인류를 채찍질해 정체와 안이함을 버리도록 했다. 그런 식으로, 훔치고 강탈하는 것만 일삼던 인간 사냥꾼들은 역설적인 방식으로 브라질을 조직하는 문명화 사업을 보조하게 되었다. 예정된 목표도 없이 야만스럽게 내륙으로 침입함으로써 브라질의 지리적 발견을 촉진했던 것이다. 바이아에서부터 서웅프랑시스꾸 강을 거슬러 올라가고, 상파울루에서부터 빠라나 강과 파라과이 강을 따라 내려가고, 미나스 방향으로 처녀지 밀림을 가로질러 마뚜그로수와 고이아스까지 산맥을 오르면서 미지의 땅으로 가는 최초의 길들을 탐험하고 개척했다. 그 과정에서 마을들을 없애기도 하고 만들기도 했다. 그들 가운데 일부는 어떤 장소에 정착을 했고, 그렇게 해서 새로운 마을 거점이 생겨나고, 그것을 중심으로 새로운 신경과 핏줄이 그때까지 인간이 밟지 않은 지역까지 퍼져나갔다. 그들은 예수회 선교사들이 인내심을 가지고 추진하는 정착촌 건립 사업에 맞서 가장 잔인하게 행동하면서, 내륙의 알려지지 않은 땅을 향해 안달하듯 깊숙이 파고들었다. "그 에너지는 항상 악을 원했는데도 일부는 선을 창조해 냈다"고 괴테가 말하듯, 방데이랑치들은 브라질을 만드는 작업에서 상당한 역할을 했다.

* * *

그리고 어느 한 내륙 원정에서 파울리스타들은 미나스제라이스 산맥에 있는 전혀 사람이 살지 않은 계곡으로 들어가게 되었고, 벨랴스Velhas 강에서 처음으로 금을 발견했다. 방데이랑치 중 한 명이 그 소식을 바이아로 가져갔고, 다른 사람은 리우데자네이루로 가져 갔다. 즉시 그 두 도시 외에도 많은 곳에서 그 열악한 곳으로 이민 물결이 일어났다. 플랜테이션의 주인들은 자기 노예들을 데리고 떠났고, 사탕수수 농장들은 방치되었다. 탈영한 병사들도 많았다. 몇 년 지나는 동안 금이 나는 지역에서는 빌라히까Vila Rica, 빌라헤아우Vila Real, 빌라알부께르끼Vila Albuquerque 같은 인구 10만 명 정도의 작은 도시가 여러 개 생겨났다. 게다가 얼마 지나지 않아 다이아몬드가 발견된다. 갑자기 브라질은 세계에서 가장 금이 많이 나는 곳이 되었고, 포르투갈 왕실의 가장 소중한 영토가 되었다. 브라질은 일찍이 전 세계에서 발견된 금과 24캐럿 이상의 다이아몬드 생산량의 5분의 1을 차지했다.

그 새로운 주州는 처음엔 완전히 무질서한 모습을 보여 주었다. 식민화의 초기 시절처럼 멀리 떨어진 그 산악의 계곡에서는 국가의 통제가 미치지 못했기 때문에, 그곳에 밀려든 사람들은 자신들이 모든 법과 의무와는 관계가 없다고 여겼다. 주지사로 임명된 자가

— 과거 예수회 사제들처럼 — 질서와 규율을 정착시키려 하자 완강한 저항에 부딪혔다. 파울리스타는 해안 지역에서 온 난입자들인 엥보아부스Emboabos를 배척했고, 처절한 싸움이 벌어졌다. 그 싸움에서 최후의 승자는 왕실이 되었다. 결론적으로, 탐욕 때문에 초기에 황금을 찾아 나선 사람들이 하나의 집단이 되었고, 바로 그 탐욕 때문에 그들은 뜻하지 않게 발견한 재물을 누구와도 나누고 싶지 않았던 것이다. 하지만 그들의 이기적인 거부 반응 뒤에는 무의식적으로 국민적 감정이 고차원적 의지의 형태로 이미 작동하고 있었다. 파울리스타들이 초기에 포르투갈 당국에 이렇게 반기를 든 것은 순전히 본능적인 것이었고, 브라질 땅의 모든 자원은 브라질에 속한다는 주장을 아직 공식화하지는 않았다. 이들은 자신들이 — 정확히 말하자면, 노예들이 — 발견한 금이 바다 건너 수만 리 떨어진 나라, 자신들이 평생 볼 일도 없는 나라에 거대한 궁전과 수도원을 세우기 위해 쓰인다는 것은 터무니없는 일임을 알았다. 비록 황금을 찾아 나선 사람들이 포르투갈 당국에 대항해 일으킨 첫 반란은 바로 진압되기는 했지만, 그것은 어떤 의미에서 독립을 향한 위대한 투쟁의 첫 서곡이었다. 반세기 이후 독립운동은 그 갇혀 있던 에너지를 같은 도시, 같은 곳에서 새롭게 분출하게 된다. 가장 시각적으로 가치가 드러나고, 쉽게 돈으로 바꿀 수 있는 금을 통해 브라질은 처음으로 자신의 부에 대한 느낌과 의식을 가지게 되었다. 금이 발견되고 난 이후부터 브라질은 본국에 부채를 지고 있다거나 감사해야 할 의무가 있다는 생각을 갖지 않게 되었고, 과거에 본국에 진 빚을 이미 수백 배 갚은 자유로운 주체라고 여겼다.

그 황금 열풍은 전체적으로 50년을 가지 못했고, 부의 원천은 바닥나 버렸다. 포르투갈에게는 재앙이었다. 하지만 브라질 역사에서 그런 특이한 현상은 지속적으로 반복되었다. 말하자면, 포르투갈 본국에는 재앙이 식민지에는 득이 되었던 것이다. 송금이 중단되자 포르투갈은 심각한 경제 위기에 직면하게 된다. 총리였던 뽕바우 Pombal 후작도 해결하지 못했고, 경제 위기가 지속되면서 결국은 예수회의 추방과 총리 자신의 몰락을 초래했다. 반대로 브라질은 그로 인해 오히려 안정되었다. 황금의 발견은 또 한 번 정체된 상태에 변화를 주었고, 브라질 인구가 골고루 분산되면서 새로운 균형은 더 견고해졌다. 다시 한 번 대규모 인구가, 당시까지 인구가 희박했던 내륙으로 이동했다. 강마다 사금이 바닥났을 때에도 황금을 찾아 나섰던 사람들은 해안으로 돌아가지 않고 미나스제라이스의 저지대에 있는 비옥한 대지인 마따Matta에 거처를 정했다. 비록 그곳엔 가정도 없었고, 조국은 그 어디에도 존재하지 않았지만 말이다. 이런 식으로 — 예전에 상파울루에서 그랬던 것처럼 — 하나의 주에 새로 사람들이 살게 되었다. 그리고 그 당시까지 활용되지 못했던 서웅프랑시스꾸 강은 활발한 소통의 통로가 되었다. 브라질은 단순한 해안 국가에서 점점 더 진정한 국가로 변해 갔다.

하지만 브라질에 있어 캐낸 모든 금보다 더 중요한 것은 자신의 가치에 대한 생각이 확고해졌다는 것이다. 북쪽에서부터 마라녀웅을 향해 나아가는 프랑스인들에 맞서 싸우면서 브라질 주민들은 알려지지 않은 지역으로 과감하게 들어가 서부 지역을 점진적으로 식민화했고, 자신들의 힘으로 아마존 유역, 마뚜그로수, 고이아스, 히우그랑지두술Rio Grande do Sul과 더 많은 주들을 차지해 갔다. 그 주들의 각 면적은 초강대국인 유럽 국가들, 프랑스, 스페인, 독일 같은 나라만큼 크거나 더 넓었다. 오늘날 브라질의 면적과 같은 미국의 영토가 현재의 6분의 1정도 크기만 했던 시대에 브라질은 이미 거의 오늘날의 국경까지 확장되었다. 본국을 잣대로 브라질의 크기를 말하기는 오래전부터 어려워졌다. 포르투갈을 브라질의 광활한 영토 경계 안에 그려 놓으면 마치 거대한 천에 찍힌 잉크 자국처럼 보였기 때문이다. 1750년 마드리드조약을 통해 스페인 점령지와 브라질의 국경을 결정하려고 했을 때, 스페인은 새로운 국가 브라질의 국경을 과거 토르데시야스조약이 정했던 경계선으로 한정하는 것이 이미 오래전부터 불가능해졌다는 사실이 내키지 않았지만 인정하지 않을 수 없었다. 그리고 브라질이 이주 사업을 통해 가장 강력한 권리를 얻게 됨으로써 종이에 쓰인 모든 조항들이 효력을 상실해 버렸다. 18세기가 끝날 무렵, 겉으론 커다란 사고도 없었던 그 시기 동안 브라질이 조용하고 인내심 있게 지내 온 덕분에 얼마나 커지고, 강해지고, 단결되었는지를 유럽과 브라질 자신은 서서히 깨닫기 시작했다. 유년기에서 벗어날수록, 경제적 독립을 하면 할수록, 브라질은 포르투갈이 거칠고 무례한 보호 감독을 통해 치사한 방식으로 자신의 자유로운 발전을 방해하는 것이 부당하다는 것을 점점 더 절실히 느끼게 되었다.

포르투갈 왕실은 식민지로부터 가능하면 많은 이익을 뽑아내기 위해 브라질을 조밀한 법망으로 포위했으며, 이를 통해 젊고 혈기 왕성한 나라를 국제무역으로부터 고립시켰다. 예를 들자면, 포르투갈 정부는 면화가 넘치는 브라질에 천 생산을 금지함으로써 브라질이 리스본에 직조된 천을 주문하도록 강요했다. 그런 종류의 금지들은 제멋대로였고 어처구니없을 정도로 늘어났다. 1775년 제정된 법을 통해서 비누의 제조가 금지되었고, 주류 생산이 금지되었다. 소비자들이 포르투갈 포도주를 가능한 한 많이 마시게 할 목적이었다. 총독은 포르투갈 천으로 만든 옷을 입지 않은 사람은 궁정에서 맞이하지 않았다. 이미 인구가 250만 명인 나라에서 쌀 경작이 금지되었고, 계몽철학과 백과전서의 시대에 시민들이 신문과 책을 인쇄하지 못하도록 했다. 브라질 사람은 그 누구도 외지 선박을 구입할 수 없었고, 어떤 외국인도 리우에 거주할 수 없었다. 리우까지 들어갈 허가를 얻기도 힘들었다. 브라질은 포르투갈 왕의 개인 정원처럼 울타리가 쳐져 있었다. 19세기에 훔볼트가 브라질을 세계에 진정하게 알린 그 위대한 책을 쓰기 위해 그 나라를 돌아다니려 했을 때조차도 브라질 당국은 은밀한 지침을 받았다. "훔볼트라는 어떤 남작"이 나타날 경우 그를 가능한 한 불편하게 하라는 뜻이었다.

그래서 브라질 사람들이 미국의 독립 투쟁에 뜨거운 관심을 보였던 것을 쉽게 이해할 수 있다. 미국은 훨씬 온건하고 신중한 보호 감독을 받았지만 무력을 통해 해방을 성취했던 것이다. 초기에 브라질 식 삶의 틀을 짜고 가르쳤던 예수회는 그 조직이 점점 더 상업적, 경제적으로 변하고, 본국에서 온 이주자들과 지역에서 경쟁하게 되면서 더욱 평판이 나빠졌고, 포르투갈의 뽕바우 후작의 명령으로 브라질을 떠나야 했다. 그렇다고 브라질 사람들이 자신의 운명을 결정할 수 있는 능력과 권력을 하룻밤 사이에 확보했다는 것은 결코 아니었다. 부왕들은 오로지 포르투갈의 이익을 위해 브라질을 통치했고, 브라질의 독립적인 발전에는 거의 관심이 없었다. 브라질에 동등한 권리와 세계무역에 참여할 수 있는 권리를 부여해야 한다는 데 동의하는 부류가 포르투갈에서 서서히, 하지만 거역할 수 없이 형성되고 있었다. 브라질 사람은 천성적으로 급진적이거나 혁명적이지 않았다. 그래서 온건하면서도 능숙한 방식으로 브라질을 지배하는 것은 쉬운 일이었다. 하지만 리스본에서는 브라질의 욕구에 대한 이해가 없었다. 비록 효과는 없었지만 포르투갈을 좀 더 투명하고 동의할 수 있는 관점으로 이끌어 보려고 노력했던 뽕바우조차도, 브라질이 비록 경제가 부분적으로 나아졌는데도 브라질의 능력을 조직적으로 온전히 펼칠 수 있도록 노력하지 않았다. 예수회의 추방은 예수회를 추종하는 주민들의 완강한 저항에도 불구하고 진정 효과를 위해 단행되었지만 브라질에는 도덕적 도움도, 물질적 이득도 결코 되지 못했다. 오히려 식민지 이주자들은 그때까지 그 종교적-상업적 단체의 조직원들에게 보였던 적의를 이제는 뚜렷하게 본국을 향해 드러냈다. 이미 예전에도 미나스제라이스, 바이아, 뻬르낭부꾸에서 포르투갈 재무 관료들에게 대항하는 반란의 시도가 산발적으로 있어 왔다. 하지만 응집력이 부족해 무력으로 진압당했다. 대부분의 경우 새로운 과징금이나 제약에 반대한 지역적인 반란이었다. 조직되지 않은 대중에 의해 충동적으로 일어난 반란이었기에 포르투갈 당국에는 진정한 위협이 되지 않았다. 18세기 말에야 자신들의 목적을 완전히 의식하면서 이상주의를 추구한 전국 규모의 운동이 시작되었다. 그 운동의 주인공들은 '미나스의 변절'Inconfidencia Mineira을 고취한 사람들이었다.

'미나스의 변절'은 젊은 사람들의 반란 음모였기에 흥분된 연설과 과장된 시가 있는 낭만적 운동이었고, 능숙하게 조직되지 못한 운동이었다. 그렇지만 시대의 바람에 고무되어 내린 결단이었다. 1788년, 몽펠리에Montpellier 대학의 일부 브라질 학생들은 민족 해방의 필요성에 대해 격렬하게 토론을 벌였다. 그리고 파리에 있던 미국의 토머스 제퍼슨 장관과의 접촉도 시도했다. 자신들의 대의를 위해 미국의 도움을 얻으려는 것이었다. 실질적인 행동에 이르지는 못했지만 그 사상은 지속되었고, 일부 학생들이 오우루쁘레뚜Ouro Preto ─ 당시 영적 삶이 가장 활발했던 도시 ─ 로 돌아가자마자 혁명에 뜻을 둔 한 모임이 형성되었다. 그 모임은 꼬잉브라에서 막 돌아온 조제 알바리스 마시에우José Alvares Maciel와 조제 조아낑 다 시우바José Joaquin da Silva가 이끌었다. 다 시우바는 나중에 치라뎅치스Tiradentes라는 이름으로 브라질의 완전한 해방을 위한 첫 번째 운동에서 아주 유명한 영웅이 되었다. 그런 비밀 집회에 모였던 사람들은 자유 전문직, 의사, 문필가, 변호사, 판사 등 같은 시기에 프랑스에서 혁명을 주도하던 부상하는 부르주아 계층 구성원들이었다. 그들은 토론을 좋아했고, 독서와 새로운 사상에 열광했다. 그들은 원래 말하기를 좋아했지만 이번 경우엔 지나치게 말을 많이 했다. 음모자들은 고무된 나머지 음모가 제대로 기획되고 조직되기 훨씬 이전에 이미 목표에 도달한 것처럼 믿었고, 성급하게 확신을 가지고 자기 계획을 따를 사람들을 찾았지만 그 계획은 아직 단순한 이론에 불과했다. 그래서 총독은 음모자들 사이에 섞여 있던 스파이들로부터 지속적으로 정보를 입수해 그들이 행동에 옮기기도 전에 타격을 줄 수 있었다. 그 젊은이들의 반 이상이 아프리카로 추방되었다. 시인 끌라우지오 마누에우 다 꼬스따Cláudio Manuel da Costa는 감옥에서 자살하고, 다 시우바(치라뎅치스) 혼자만 재판정에서 자기 신념에 대해 솔직하고도 영웅적인 변론을 했다. 그래서 1789년 4월 21일, 리우데자네이루에서 잔인하게 처형되었고, 순교한 그의 육신 조각들은 "사람들에게 끔찍한 징벌"을 보여 주기 위해 미나스의 어느 거리 입구에 못 박혔다. 하지만 그렇게 짓밟혔어도 해방운동의 불꽃은 결코 꺼지지 않았고, 잿 속에서 지속적으로 타고 있었다. 18세기가 기울어 갈 무렵 브라질은 — 아르헨티나에서 베네수엘라에 이르기까지 모든 남미 이웃 나라들처럼 — 내부적으로는 유럽으로부터 독립할 각오가 되어 있었기에 적절한 시기만 기다리고 있었다.

* * *

그 적절한 시기는 우연한 사건 때문에 20년 뒤에 오게 된다. 나폴레옹전쟁 시기 동안 포르투갈은 하나의 전쟁이 가져올 수 있는 최악의 상황에 직면하게 된다. 포르투갈은 작은 나라로서 당연히 나폴레옹과 영국이라는 두 거인들 사이의 총력전으로부터 벗어나 중립을 지키고 싶었을 것이다. 하지만 그 폭력이 한 세기를 난무하는 동안 평화롭게 살 수 있는 공간은 남아 있지 않았다. 포르투갈 항구들을 탐내는 프랑스나, 대륙 봉쇄를 위해 포르투갈 항구가 필요한 영국이나 결단을 촉구했다. 그 결정은 주어웅 6세에게는 엄청난 책임이 따르는 것이었다. 나폴레옹은 대륙을 장악하고 있고, 영국은 바다를 장악하고 있었다. 만약 왕이 나폴레옹의 요구에 저항한다면 나폴레옹은 포르투갈로 진입하게 되고, 왕은 포르투갈을 잃게 될 것이다. 만약 영국에 저항한다면 영국은 해로를 봉쇄할 것이고, 왕은 브라질을 잃게 될 참이었다. 지상에서 나폴레옹으로부터 포격을 받을 것인가, 아니면 해상에서 영국으로부터 포격을 받을 것인가, 그 사이에서 준엄한 선택을 해야 하는 상황에서 포르투갈 궁정에서는 두 개의 당파가 형성되었다. 친영국파와 친프랑스파였다. 주어웅 6세 왕은 결정을 내리지 못했고, 그렇게 망설이던 순간에 당시까지 3세기를 이어온 브라질의 위상을 이해하게 되었다. 왕실의 가장 소중한 재산이자, 이미 오래전부터 단순한 식민지가 아니었음을 이해하게 되었던 것이다. 미래에는 브라질이 자기 소유라고 밝히는 것이 포르투갈의 주인이라고 밝히는 것보다 이 세계에서 더 많은 권력과 부, 더 큰 위상을 의미하리라고 예감했다. 처음으로 브라질이 포르투갈과 같은 비중을 갖게 되었다.

1807년, 자기편이 될 건지 맞설 건지 결정하라고 나폴레옹이 최후의 통첩을 보냈을 때 브라강자Braganza 왕가는 결정을 내렸다. 리스본을 희생하고 포르투갈을 모두 잃더라도 브라질을 선택했던 것이다. 앙도슈 쥐노Andoche Junot 장군이 강행군을 하여 포르투갈의 문 앞에 도달했을 때, 왕실 가족은 황급히 1만5천 명의 사람들과 모든 귀족, 교직자, 성직자들과 함께 — 마지막이지만 만만치 않은 — 2백만 끄루자두cruzado●를 가지고 영국 함대의 보호 아래 대서양을 가로질렀다. 세계적인 재난이 있었기에 3세기 만에 처음으로 브라강자 왕가의 한 구성원이, 그것도 바로 왕 자신이 몸소 브라질 땅을 밟게 된 것이다.

총독과 의전 대신은 어찌할 바를 몰랐다. 리우데자네이루는 왕궁도 없었고, 그 많은 숙박인들과 왕의 수행원들을 맞이할 방과 침대가 없었던 것이다. 하지만 민중들은 환호성과 함께 왕에게 인사했고 그를 "브라질의 황제"처럼 맞이했다. 브라질에 피신 온 왕이라면 앞으로는 브라질을 마치 예속된 식민지처럼 취급하지 못할 것이라는 점을 직감했다. 실지로 왕이 도착하자 곧 규제들이 철폐되었다. 우선적으로 항구들은 해외무역을 위해 개방되었고, 산업 제품들에 대한 거래 자유가 무조건적으로 허용되었다. 독자적인 브라질은행이 설립되었고, 정부 장관직들이 신설되었고, 왕실 인쇄소와 브라질에서 당시까지 통제되었던 신문이 처음 등장했다. 학술 기관, 박물관, 식물원 등 여러 기관이 설립되어 리우데자네이루는 진정한 수도로 탈바꿈했다. 하지만 1815년에 이르러서야 마침내 포르투갈과 브라질 두 연방 왕국은 정치적 권리에서 완전한 평등을 확립한다. 과거에는 주인과 하인이었지만 이제는 형제가 된 것이다. 10년 전만 해도 꿈도 꾸지 못한 것을, 정치 지도자들의 지혜로는 수세기가 지난다 해도 기대할 수 없었던 것을, 세상을 바꾼 나폴레옹이라는 한 인물이 순식간에 우격다짐으로 이루어 냈다. 북아메리카를 수년 동안 황폐하게 만들었고 남미 국가들에게는 엄청난 피의 대가

● 포르투갈 은화.

88

를 치르게 했던 독립 전쟁이 그 당시로선 특권을 부여받은 브라질을 존중하듯 피해 간 것은 이 행복한 사건 덕분이었다. 포르투갈의 재앙들은, 자주 있었던 것은 아니지만, 항상 브라질에는 행운이었다. 브라질은 더도 덜도 말고 유럽의 불안정한 시기를 자신의 국경을 점진적으로 공고히 하는 데 활용했다. 이미 오래전에 ― 1750년 ― 토르데시야스조약의 옛 규정들은 무효이고, 효력을 상실했다는 것을 선언했다. 새 왕조는 서쪽으로 아마존 강줄기를 따라 멀리 진출했다. 남쪽으로는 히우그랑지두술을 포함시켰다. 오랫동안 분쟁이 있었던 북쪽 국경은 기아나Guayana까지 옮겼다. 유럽이 회담에 몰두해 있는 절호의 기회를 잡아 주어웅 6세는 한 방에 몬테비데오를 차지하고 ― 비록 짧은 기간이었지만 ― 우루과이를 합병해 시스쁠라치나Cisplatina 지방이라고 이름 붙였다. 19세기에 브라질의 모습은 거의 확정되었다.

왕실이 옮겨 와있던 그 기간 동안 정치적인 혜택과는 별개로 도덕적으로 엄청난 혜택을 보았다. 뽕바우 후작 시기에 예수회가 추방된 이래 처음으로 포르투갈의 문화계 인사, 석학, 연구자들이 수도에 거주하게 되었다. 게다가 왕은 큰 아량으로 프랑스와 오스트리아의 석학과 화가를 불러 새로운 단체를 만들거나 기존 단체를 확대시켰다. 오로지 그 시기부터 진정 가치가 있는 리우의 그림과 판화, 과학적 연구와 읽을 가치가 있는 기록들이 등장하게 되었다. 이미 브라질은 과거 시대처럼 '유배의 땅'이 아니었다. 왕이 '피난한 땅'으로 변하면서부터 몇 년 지나지 않아 유럽 문명의 대척점이 되었고, 훌륭하고 존경받는 왕실의 본거지가 되었다. 이 새로운 나라의 세계적 중요성을 가장 공공연하게 보여 주는 사례로, 당시 나폴레옹 패망 이후 유럽에서 가장 막강한 권력자였던 오스트리아의 황제가 브라질을 과소평가하지 않았기 때문에 자기 딸 레오폴디나 Leopoldina(마리아 루이사Maria Luisa의 자매)를 브라질의 세자인 동 뻬드루Don Pedro에게 시집보냈고, 리우는 그녀를 아주 장엄하게 맞이한 일이 있다. 만약 주어웅 6세 왕이 자기 마음이 끌리는 대로 할 수만 있었더라면 남은 일생을 브라질에 머물렀을 것이다. 자신뿐만 아니라 그 가족도 브라질의 아름다움과 미래 가치에 대해 곧바로 인지했기 때문이다. 하지만 이미 나폴레옹이 불모의 섬 세인트헬레나에 있으면서 유럽을 못살게 굴 수는 없는 상황이었기 때문에, 포르투갈은 정통성을 지닌 왕의 귀환을 질투하듯 요구했다. 갈수록 더 압력이 세지는 가운데, 요구를 따르지 않을 경우 주어웅은 자기 선조들이 이어 온 왕위를 상실할 위험에 처할 수 있었다. 오랫동안 출발을 미루어 왔지만 더는 미룰 수 없었다. 1821년, 주어웅 6세는 왕권 후계자 동 뻬드루를 브라질의 왕 대리인으로 지명한 뒤 리스본으로 돌아갔다.

* * *

　주어웅 6세 왕은 브라질에 12년간 거주했다. 이 기간은 19세기에 브라질이 얼마나 힘 있고, 의욕적이며, 민족의식이 강해졌는지를 확인하기에 충분한 시간이었다. 주어웅 6세 왕은 내면 아주 깊숙한 곳에서, 대양을 사이에 두고 3천 마일 떨어진 두 나라가 왕 개인을 매개로 한 결합을 오랫동안 유지하지 못할 거라는 불안한 예감으로부터 벗어날 수 없었다. 이런 이유로 '영원한 브라질 지킴이'로 내세운 자기 아들 동 뻬드루에게, 누군가 예상치 못한 자가 브라질의 왕관을 찬탈하기 전에 필요하다면 스스로 왕위에 오르라고 조언했다. 사실, 왕이 브라질을 떠나자 독립을 요구하는 전국적 운동이 일어났다. 그리고 왕권 계승자는 그 운동을 제재하기보다는 조장한다. 표면적으로 한 번 거절한 뒤, 1822년 9월 7일, 근면한 젊은 왕자는 뛰어난 재상 조제 보니파시우 지 앙드라다 이 시우바José Bonifacio de Andrada e Silva의 권고에 따라 브라질의 독립을 선언한다. 앙드라다 이 시우바는 탁월한 정신력을 지닌 브라질의 진정한 첫 번째 지도자로서, 자신의 애국적인 목표들을 위해 왕권 후계자의 야망을 활용할 줄 알았다. 1822년 10월 12일, 그때까지 '영원한 지킴이'였던 왕자는 전제군주가 아니라 입헌군주로서 나라를 통치할 것이라는 의미에서 선서를 한 뒤, 뻬드루 1세라는 이름 아래 브라질 황제임을 선언한다. 한편으론 본국에 대한 충성을 유지하려는 포르투갈 군인들에 맞서, 한편으론 혁명운동 세력에 맞서 짧은 기간 싸우고 난 후에 표면적으로 평화가 정착되었다. 하지만 내적인 평화를 성취하는 것은 더욱 어려운 일이었다. 의외로 신속하게 독립을 성취한 것에 도취된 브라질인들은 좀 더 가시적인 승리를 갈망하게 되었다. 그들은 첫 황제를 정말 브라질을 대표하는 진정하고 적합한 군주로 받아들이지 않았다. 백성은 자기 군주가 포르투갈인으로 태어났다는 사실을 수용하지 않았다. 군주의 아버지가 죽고 나면 두 나라를 다시 합치려 할지도 모른다는 의심을 숨기지 않았다. 뻬드루 1세도 현실주의자라기보다는 낭만주의자였고, 대담한 데다 개인적인 연애로 너무 바쁜 나머지, 그리고 자기 연인이었던 상뚜스Santos 후작 부인의 변덕에 궁정이 휘둘리게 방치함으로써 백성의 마음을 얻지 못했다.

결정타를 날린 것은 아르헨티나와의 참혹한 전쟁이었다. 그 전쟁에서 브라질은 시스쁠라치나 지방을 잃는다. 역사적 관점에서 보면 그 전쟁의 결과는 부정적이었지만 사실은 정치적 이득을 의미했다. 독립된 나라 우루과이가 탄생함으로써 브라질과 아르헨티나라는 거대한 두 형제 국가들끼리의 분쟁 가능성은 일거에 멀어지고 지속적인 우호 관계가 가능해졌던 것이다. 하지만 1828년 당시만 해도 브라질인들은 단기적인 관점에서 라쁠라타 강 하구를 아르헨티나에 넘겨준 것만을 생각했다. 이 지역은 오래전부터 브라질이 갈망하던 곳이었다. 황제는 국민의 불만을 인식해야만 했다. 1830년, 주어웅 6세가 죽자 브라질 황제는 자신의 권리이던 포르투갈 왕권을 포기했다. 의심의 여지 없이 브라질 편에 선 것이었다. 하지만 소용없었다. 그는 여전히 브라질에서 외국인이었고, 민족주의적 요소들은 점점 더 강화되어 그에게 불리하게 작용했다. 프랑스의 7월 혁명이 그의 나머지 인기마저 싹 쓸어 갔다. 프랑스와 관련된 모든 것은 브라질 의원들에게 자극으로 작동했다. 이들은 연설과 입법 활동, 토론에서 프랑스의 모델을 모방하는 데 익숙해 있었다. 모방이 너무나 심했던지라 두 명의 주요 정치인은 자신들을 라파예트Lafayette와 벵자맹 콩스탕Benjamin Constant이라고 불렀다. 오로지 인기 없는 황제가 시의적절하게 퇴위한 덕분에 맹렬한 공화주의자들에 맞서 그나마 왕좌를 지킬 수 있었다. 1831년 뻬드루 1세는 자기 아들에게 왕위를 물려준다. "내 아들은 브라질인이라는 점에서 나보다 낫다"라고 적확하게 인정했다. 이 양위의 경우에도 역시 브라질의 전통이 다행히도 유지되었다. 모든 정치적 혼란은 가능한 한 유혈 사태 없이 타협의 방식을 통해 종결되는 것이 전통이었다. 브라질의 첫 번째 황제는 증오와 원한으로 박해받지 않고 조용히 그 나라를 떠났다.

* * *

새로운 군주, 뻬드루 2세 혹은 '아기 황제'는 자신의 혈통으로 보면 합스부르크 왕가이자 동시에 브라강자 왕가였는데, 자기 아버지가 양위해 줄 당시 다섯 살이었다. 앙드라다 이 시우바가 새 군주를 대신에 섭정을 하게 되었고, 무대 전면에서나 뒤에서나 정쟁과 음모가 난무하기 시작했다. 브라질은 3세기 동안 독립성과 언론 자유란 것을 모르고 지내 왔던지라, 입법권과 언론 자유는 너무나 새로운 것들이어서 모두가 그것에 도취해 있었다. 논쟁은 끊임없이 이어졌다. 단지 재미 삼아 논쟁하고 정치를 했기 때문에, 사실 겉으로 드러난 타당한 이유도 없이 고조된 긴장 속에서 정치적 과열 상태가 지속되었다. 한 정파는 공화제를 정착시키기 위해 애썼고, 다른 정파는 뻬드루 2세가 조속히 직접 통치권을 장악하도록 노력했다. 그 두 흐름 사이에서 사적인 음모들이 뒤엉켜 있었다. 어떤 정파도 어떤 정부도 안정적으로 보이지 않았다. 7년 동안 네 명의 섭정이 이어졌고, 마침내 1840년 보수 정파는 정쟁을 진정시키기 위해 뻬드루 2세가 성인이 되었음을 서둘러 선언했다. 1841년 7월 18일, 당시 '아기 황제'는 15세의 나이에 브라질의 황제로 엄숙하게 즉위했다.

남미 정치인들은 끊임없이 논쟁하고 싸움을 했기 때문에 세계적으로 믿음을 상실했다. 그 사실은 황제가 즉위하고 난 뒤 바로 젊은 황제를 위해 왕족 혈통의 아내를 물색하러 유럽으로 파견한 밀사를 유럽이 냉대한 것에서 드러났다. 밀사는 우선 황제의 가장 가까운 친척들인 합스부르크 사람들을 찾아 빈Wien으로 향했다. 전에는 오스트리아 왕가의 수많은 왕녀들 중 하나가 쉽게 그의 아버지 뻬드루 1세와 결혼하겠다고 했는데, 이번에는 전권을 쥐고 있던 재상 메테르니히Metternich가 냉담한 반응을 보이면서 관망하기만 했다. 남미 국가들은 정부가 불안정하고, 야심찬 장군들과 격정적인 정치인들이 지속적으로 반란을 일으켰기 때문에 유럽에서 상당 부분 신용을 잃었다. 오스트리아 왕가의 왕녀를 불안한 대양을 건너서 대양보다 더 불안한 나라로 보낸다는 것은 1841년 당시로서는 생각조차 할 수 없는 일이었다. 그리고 위상이 더 낮은 공주들 사이에서도 그 바다 건너 있는 제국의 왕위에 끌리는 사람은 아무도 없었다. 중매쟁이 밀사는 빈에서 꼬박 1년을 기다린 뒤 나폴리의 공주를 젊은 군주에게 데려가는 데 만족해야만 했다. 그녀는 미모도 돈도 없었지만, 미래의 신랑보다 나이는 많았다.

하지만 이번에는, 흔히 있는 일이지만, 직업 정치인들의 예상이 빗나갔다. 그 젊은 군주는 거의 반세기 동안 평화롭게 통치했고, 자기 자리를 지켜 내는 것만도 어려운 일인데, 위엄도 지니고 대체로 존경도 받았다. 뻬드루 2세는 사색을 즐기는 성격을 가지고 있었다. 정치인이나 군인이라기보다는 석학이나 총명한 사서가 왕위에 오른 것 같았다. 진정한 인문주의자이자 고상한 성품의 소유자로, 군대의 사열을 받으면서 거들먹거리거나 승리를 쟁취하는 것보다 알레산드로 만초니나 빅토르 위고, 혹은 루이 파스퇴르 같은 사람들에게서 편지를 한 통 받는 것이 그에게는 더 기분 좋은 일이었다. 그의 외모는 멋진 수염과 근엄한 태도로 아주 인상적이었지만, 가능한 한 2선에 머물렀다. 그에게 가장 행복한 시간은 뻬뜨로뽈리스Petrópolis에서 꽃과 함께 지내거나, 유럽에서 책에 둘러싸여 있거나, 박물관을 돌아다닐 때였다. 그는 개인적으로 타협적인 성향이었으므로 자기 나라의 정신과 아주 잘 맞아떨어졌다. 그래서 긴 재임 기간 동안 어쩔 수 없이 이끌어야 했던 유일한 전쟁은 파라과이의 도전적인 군사 독재자 프란시스코 솔라노 로페스Francisco Solano López와의 전쟁이었다. 하지만 전쟁에서 승리한 뒤에도 파라과이와 완전히 화해했다. 군사적 전과를 이웃 나라에 기꺼이 되돌려 주기까지 했다. 외모는 인상적이지만 내면적으로는 신중하게 색깔을 감추는 황제의 이런 태도 덕분에, 모든 국경 문제를 국제적 중재와 합의를 통해 해결할 줄 아는 자국 지도자들의 우월한 정치력 덕분에, 눈에 띄게 성장하는 자국의 부유함 덕분에, 국경을 넓히기보다는 내부 단합을 추구한 덕분에 브라질은 뻬드루 2세의 50년 집권기 동안 세계에서 존중받는 완전히 새로운 나라로 거듭났다.

하지만 그 기간 동안 해결되지 않은 채 남겨진 갈등이 하나 있었는데, 왜냐하면 국가의 사활이 걸린 문제였기 때문이다. 그래서 너무 급진적인 조치를 할 경우 헤아릴 수 없을 정도의 국력과 인명의 피해를 초래할 것이기 때문이다. 바로 노예제도 문제였다. 애초부터 브라질의 모든 농업과 산업 생산은 노예노동에 기반하고 있었다. 브라질은 아직 그 수백만 흑인 노예를 대체할 수 있을 만큼 기계나 자유노동자가 충분하지 못했다. 하지만 다른 한편 — 특히 미국 남북전쟁 이후 — 노예 문제는 사회적, 도덕적 문제로 변했다. 그것을 인정하든 않든 간에 전 국민의 양심을 짓누르고 있었다. 공식적으로는 1831년부터 새로운 노예 수입과 거래는 금지되어 있었다. 엄격히 말해, 영국과의 조약에 따른다면 이미 1810년부터 금지되어 있었다. 1871년에는 '태아 자유법'이라는 다른 법령에 의해 노예 보호법이 보완되었다. 그 법에 따르면 노예 여성의 모든 아이는 모태에서부터 자유를 보장받는다. 그 두 법에 따르면, 노예 문제는 이제 실질적으로 시간문제일 뿐 원칙의 문제는 아니었다. 노예의 증가가 금지된 이상, 그리고 살아 있는 '자원'들이 죽어 감에 따라 브라질은 자유인밖에 남지 않게 될 것이기 때문이다. 그러나 현실적으로 노예 수입상이나 격리된 플랜테이션 주인들은 그런 법들에 대해 조금도 개의치 않았다.

노예무역이 금지된 지 15년이 지난 1846년에도 여전히 5만 명의 노예가 수입되었고, 1847년에는 적어도 5만7천 명이, 1848년에는 6만 명까지 수입되었다. 흑인 노예를 취급하는 거대 상인들은 모든 국제적 협약을 조롱했기 때문에 영국 정부는 무력을 동원해서라도 범죄 대상물을 운반하는 선박을 나포할 필요성을 느꼈다. 노예 문제는 해가 갈수록 논의의 중심이 되었고, 자유 진영에게는 '검은 수치심'을 일거에 해소해야 한다는 압박감을 주었다. 하지만 마찬가지로, 어쩌면 더 심각하게, 농업 생산을 보호해야 한다는 압력도 증가했다. 너무 갑작스런 조치의 결과로 국가적 재앙을 두려워했던 것은 나름 이유가 있었다. 브라질 경제의 9퍼센트가 노예노동에 기반하고 있었기 때문이다. 이 문제가 황제에게는 개인적 갈등이 되었다. 합스부르크 왕가의 냉정함이 완전히 없는 것은 아니지만, 지식인이자 자유주의자로서, 그리고 민주주의자로서, 적어도 정서적으로 노예제도는 그에게 끔찍하고 혐오스런 것임에 틀림없었다. 그는 그 사악한 무역에 관여하는 모든 사람들에게 적대적인 태도를 명백히 드러낸다. 노예무역을 통해 가장 부자가 된 사람에게 귀족 작위나 훈장을 수여하는 것을 강력히 거부하기도 했다. 만약 그가 유럽으로 여행을 갔을 때 교분을 나누고 싶었던 파스퇴르나 샤르코, 라마르틴, 위고, 와그너, 니체 같은 인류의 위대한 스승들이 그를, 아직도 채찍과 낙인을 용인하고 있는 유일한 제국의 책임자라고 여긴다면 그에겐 엄청나게 고통스런 일일 것이었다. 그러나 자신이 가장 높이 평가하는 지도자이자 석학인 히우 브랑꾸 자작의 충고에 따라 황제는 오랫동안 개인적인 반감을 억누르고 모든 간섭을 자제했다. 이 신하는 죽어 가는 침상에서도 "세속적인 일에 간섭하지 마십시오"라고 충고했다. 그는 그렇게 해서 노예 문제에 대해서도 브라질식의 해결을 원했던 것이다. 다시 말해, 급진적이지 않은 해결을 원했던 것이다. 무엇보다도 경제적 손실이 헤아릴 수 없을 정도이고, 노예 해방주의자들과 노예 주인들 사이의 격렬한 대립이 화해할 수 없을 지경이었기에, 그 신하가 권했듯이 황제는 오로지 두 진영 사이에서 중립을 취할 수밖에 없었다. 만약 한편으로 기운다면 그것은 바로 실권失權을 의미했을 것이다. 그래서 황제는 가능한 한 1884년까지 40년 이상 자신의 의사를 드러내지 않았다. 황제의 의견은 너무나 잘 알려진 것이었다. 하지만 치욕으로부터 벗어나고 싶은 조바심은 조금씩 커져만 갔다. 1886년, 60세가 넘은 모든 노예들의 해방을 규정하는 임시법이 제정되었다. 그것은 또 한 걸음 중요한 진전이었다. 하지만 브라질에 마지막까지 남아 있는 모든 노예들을 해방으로 인도할 길은 이미 늙고 병든 노예를 해방시키는 과정보다 더 먼 길이었다. 늙은 노예들도 모든 노예가 해방되는 그 순간이 오길 간절히 원했을 것이다. 그래서 뻬드루 2세는 황실 후계자인 딸 이사벨과 합의하에 노예해방을 주장하는 정파를 갈수록 눈에 띄게 지지했다. 마침내 1888년 5월 13일, 브라질의 모든 노예를 즉각 해방하도록 명백하게 규정하는, 그렇게 고대하던 법령이 의결된다. 조금만 늦었더라도 황제는 자신의 열망이 실현된 것을 영원히 모를 뻔했다. 그 소식으로 브라질의 거리마다 환호성이 가득 차 있을 때, 뻬드루 황제는 밀라노의 한 호텔에서 심하게 앓아누웠다. 평소처럼 배움에 대한 열망으로 4월에 이탈리아의 미술관과 예술가들을 방문했다. 폼페이와 카프리를, 피렌체와 볼로냐를 방문했다. 베네치아의 아카데미아에서는 그림 한 점 한 점을 꼼꼼히 감상했다. 그리고 밤에는 극장에서 엘레오노라 두세 Eleonora Duse의 노래를 들었고, 브라질 작곡가인 까를루스 고미스 Carlos Gomes를 맞이했다. 그 뒤 흉막염으로 쓰러져 병상에 눕게 된 것이다. 파리에서 온 샤르코와 다른 세 명의 의사가 정성스레 간병을 하지만 황제의 병세는 너무 악화되었고, 결국 종유성사까지 하게 되었다. 노예제 폐지 소식은 어떤 약보다 어떤 처방보다 더 좋은 효과를 냈다. 그 소식을 전하는 전보는 그에게 새로운 기력을 불어넣었다. 그 뒤 엑스레뱅과 칸느에서 조금씩 회복되었고, 몇 달 뒤에는 고국으로 돌아가는 것도 생각해 볼 수 있을 정도가 되었다.

리우는 수염이 허연 늙은 군주를 열렬히 맞이했다. 그는 50년 동안 평화롭게, 위엄 있게 나라를 다스렸다. 하지만 단지 어느 거리 하나에서 들리는 소리가 전체 백성들의 의사를 대변하지 못하는 법이다. 사실 노예 문제의 해결은 과거 정파 싸움보다 더 큰 혼란을 초래했고, 가장 신중한 사람들이 예견했던 것보다 더 심각한 위기를 초래했다. 해방된 노예들 중 많은 사람이 농촌에서 도시로 이주했다. 졸지에 노동력을 상실한 농업 기업은 온갖 고난을 겪어야 했고, 과거 노예 주인은 자기 재산인 '검은 상아'를 상실한 것에 대해 아예 보상을 받지 못하거나 충분한 보상을 받지 못해 박탈감을 느꼈다. 어려움을 예견한 정치인들은 안절부절했다. 어느 편에 서야할지 몰랐기 때문이다. 브라질에서 공화주의 세력은 항상 잿더미 속에서 불타고 있었는데, 북미가 독립한 날 이후로 오랜만에 그 긴박한 상황 때문에 예상하지 못했던 활력을 얻게 되었다. 공화파 운동은 사실 황제 개인에게 대항하는 것이 아니었다. 황제의 선의와 엄정함과 진정한 민주적 태도는 인정해야만 했고, 가장 원칙에 충실한 공화주의자라도 존경하지 않을 수 없었다. 그러나 황제에게는 한 왕조를 보존하기 위해 가장 중요한 한 가지 조건이 결여되어 있었다. 66세의 나이에도 황제는 아들이 없었다. 왕권을 이을 후계자 아들이 없었던 것이다. 그의 두 아들은 어린 나이에 죽었고, 후계자 공주는 오를레앙가의 왕자 으Comte d'Eu와 결혼한 상태였다. 브라질의 민족주의적 정서는 이미 너무 강해지고 예민해진 나머지 여왕의 부군이 외국 혈통이라는 것을 받아들이려 하지 않았다. 진정한 쿠데타는 군부에서 시작되었다. 아주 소수였기에 강력하게 저지했더라면 분명 쉽게 진압되었을 것이다. 하지만 황제 자신은 이미 늙고 병들고 통치에 지친 나머지 뻬뜨로뽈리스에서 그 소식을 듣고는 뚜렷한 저항 의지를 보이지 않았다. 타협을 추구하는 그의 기질에 내란보다 더 증오스런 것은 없었을 것이다. 황제와 그의 사위가 즉각적인 결정을 내리지 않자 군주제 옹호파는 흐지부지 하룻밤 사이에 사라지고 말았다. 왕권은 소리도 없이 땅바닥으로 굴러떨어졌다. 과거 왕권을 얻었을 때나 이제 잃게 되었을 때나 피를 묻히지 않았다. 다시 한 번 더 승자는 브라질의 타협 정신이었다. 조금도 증오의 감정 없이 새로운 정부는 50년 동안 그 나라의 선한 지배자였던 그 늙은이에게 조용히 물러나 유럽에서 여생을 보내라고 제안했다. 품위 있고 조용하게, 한마디 비난도 없이 동 뻬드루는 1889년 11월 17일, 마치 과거에 자기 아버지와 할아버지가 그랬듯, 아메리카 대륙을 떠났다. 이제 그곳에는 어떤 왕도 머물 곳이 없었다.

* * *

그때부터 "브라질 합중국"은 연방공화국을 구성했고, 지금도 계속되고 있다. 하지만 제국에서 공화국으로의 이 전환은 내부적 충격 없이 이루어졌다. 지난날 왕국에서 제국으로의 전환이나, 오늘날 제뚤리우 바르가스Getulio Vargas의 대통령직 취임도 정확히 그러했다. 한 국민의 영혼과 태도를 결정하는 것은 국가의 외형이 아니라 그 국가의 천부적 성격이다. 최종적 순간에는 그 성격이 역사에 각인된다. 브라질은 다양한 형태를 띠어 오면서 결코 자신의 본질을 바꾼 적은 없었다. 단지 국민성이라는 측면에서 점점 더 자신을 표현하고 자각해 왔다고 할 수 있다. 국내 정책에서나 대외 정책에서나 브라질은 변함없이 같은 방식을 보였다. 모든 갈등을 상호 타협을 통해 평화적으로 해결해 온 것이다. 왜냐하면 수백만, 수천만 명의 영혼을 반영했기 때문이다. 브라질은 자신을 건설해 오면서 결코 세계의 질서에 혼란을 주지 않았고, 오히려 항상 도움을 주었다. 1백 년 훨씬 이전부터 자국의 국경을 확장한 적이 없고, 모든 이웃 국가들과 좋은 관계를 유지하고 있다. 항상 자신의 점증하는 에너지를 내부로 돌렸고, 지속적으로 인구를 늘리고, 특히 최근 10년 동안은 더욱더 엄격한 조직화를 통해 삶의 기준을 국제적 수준에 맞추었다. 넓은 땅과 그 속의 무한한 지하자원을 통해 자연으로부터 엄청난 혜택을 받고, 상상이 허락하는 모든 잠재력과 함께 아름다움을 부여받은 브라질은 여전히 초기부터 지녔던 오래된 임무 앞에 서있다. 고갈되지 않을 자신의 대지에 인구과잉 지역으로부터 온 사람들을 정착시키는 것, 옛것과 새것을 합치는 것, 또 다른 하나의 문명을 만드는 것이 그 임무다. 440년이 지난 브라질의 발전은 아직 태동기의 박동 아래 놓여 있다. 브라질이 다음 세대에 이 세계에서 어떤 의미를 지니게 될 것인지를 상상하기란 쉽지 않다. 브라질의 현실을 묘사한다는 사람은 누구든지 무의식적으로 이미 브라질의 지난날을 묘사하고 있는 것이다. 브라질의 미래를 동시에 고려하는 사람만이 브라질의 진정한 의미를 인식하는 것이다.

경제

　브라질은 면적으로 보면 남미에서 비교할 대상이 없을 정도로 가장 큰 나라이고, 미국보다도 더 크다. 오늘날 지구의 미래를 위해 가장 잠재력이 큰 나라라고는 단언할 수 없더라도, 잠재력이 큰 나라들 중 하나임은 사실이다. 비옥하면서도 아직 경작의 손길과 쟁기질이 닿지 않은 대지도 엄청나게 많고, 그 대지 아래 있는 금속과 광물 등 풍부한 지하자원은 아직 활용되지 않았으며, 전체적으로 발견조차 되지 않은 것도 많다. 브라질에는 아직도 정착 가능한 지역이 많은데, 그 넓이는 일상적인 통계자료를 취급하는 사람보다는 공상가들이 더 잘 맞힐 수 있다. 이 같은 일상적이지 않은 예측에 따르면, 브라질에는 오늘날 대략 5천만 명의 인구가 살고 있는데, 5억이나 7억 혹은 9억의 인구를 수용하더라도 그 밀도가 일반적인 수준을 넘지 않을 것이라고 한다. 브라질이 1세기 이내에, 어쩌면 10년 내에 세계에서 어떤 의미를 가질지에 대해서 예견할 수 있는 근거를 전문가들이 제공해 주고 있다. (미국에 대해 말했던) 제임스 브라이스James Bryce의 간단한 표현은 재미있게도 브라질에 해당되는 말이다. "유럽 인종에 속하는 대국 중에서 어떤 나라도 인간의 삶과 산업 발전을 위해 그처럼 풍요로운 대지를 가진 나라는 없다."

거대한 하프 모양으로, 기이하게도 그 국경선들이 그리는 윤곽이 라틴아메리카 전체의 모양을 닮은 이 나라는 산맥, 해안, 팜파, 밀림, 강 유역으로 모든 지역이 비옥하다. 기후는 열대에서 아열대, 온대기후까지 다양하게 펼쳐진다. 어느 곳은 공기가 습하고 어느 곳은 건조하고, 일부는 대양성 기후이고 일부는 고산 기후다. 강수량이 적은 지역 옆에 강수량이 풍부한 지역이 있다. 그래서 가장 다양한 식생이 가능하다. 브라질은 아마존과 라플라타라는 세계에서 가장 큰 강들을 가지고 있다. 산들은 여러 면에서 알프스를 닮았고, 가장 높은 산인 이따치아이아Itatiaia는 3천 미터에 달해, 만년 빙하지역이다. 이구아수와 세치께다스Sete Quedas 폭포는 가장 유명한 나이아가라 폭포보다 규모가 훨씬 크고, 세계에서 가장 큰 수력발전 댐들 중에 속한다. 리우데자네이루와 상파울루 같은 도시는 놀라운 발전을 통해서 오늘날 유럽 도시의 화려함과 아름다움에 견줄만하다. 온갖 형태의 풍경은 보는 사람을 계속 황홀경에 빠뜨리며 바뀌어 가고, 동식물의 다양성은 수세기 전부터 연구자들에게 늘 새로운 경이로움을 제공했다. 새 종류만 나열해도 카탈로그가 여러 권이 되고, 새로운 조사를 나갈 때마다 새로운 종을 수백 가지 발견했다. 아직 지하에서 발견되지 않고 있는 광물과 금속은 잠재적 가능성으로 미래에 발견될 것이다. 한 가지 확실한 것은 세계에서 가장 큰 철 광맥이 아직 손대지도 않은 채 브라질에 있다는 것이고, 수세기 동안 전 세계에 공급하기에 충분하다는 것이다. 지질학적 측면에서 이 광활한 제국에는 금속이든 돌이든 식물이든 한 가지 종류라도 부족한 것을 찾아보기 힘들다는 것도 잘 알려져 있다. 최근 몇 년 동안 어떤 순서를 정하고 전체적인 비전을 만든다는 의미에서 많은 성과가 있었지만, 진정한 확인과 평가는 아직 초기 단계에 있거나 아니면 제대로 시작조차 되지 않았다. 재차 반복해 말하지 않을 수 없는데, 이 거대한 나라는 인간의 손길이 닿지 않았고 또 광활하기 때문에, 일정 부분 이미 지치고 탈진한 우리 세계에게는 가장 큰 희망 중 하나다. 그리고 어쩌면 우리 현실에서 가장 타당한 희망일 것이다.

이 나라에서 처음 받는 인상은, 어리둥절할 정도로 풍부하다는 것이다. 이 나라에서는 모든 것이 격렬하다. 태양도, 빛도, 색깔도 그러하다. 창공의 푸르름은 더욱 도발적이다. 초록색은 검고 진하다. 땅은 단단하고 붉다. 새들의 깃털이나 나비의 날개에 있는 색깔들보다 더 불타오르고, 눈부시고, 무지개처럼 빛나는 색조를 자신의 팔레트에서 찾을 수 있는 화가는 없을 것이다. 자연은 항상 극한의 경지에 있다. 굉음을 내는 천둥과 함께 창공을 가르는 번개, 폭포처럼 쏟아지는 비, 몇 달 만에 여러 곱절이 되고 푸른 숲으로 변해 버리는 식물, 수세기 수천 년 동안 손길이 닿지 않은 채 최대의 개발해 본 적도 없는 대지 …… 모든 것들은 모든 자극에 믿을 수 없는 에너지로 응답한다. 유럽에서는 정원이나 들판에서 꽃이나 과일을 산출하기 위해 노력과 고통, 숙련된 기술과 집요함이 필요하지만, 반대로 브라질에서는 지나치게 무성해지거나 빨리 자라지 않도록 자연을 제어하는 것이 필요하다. 여기에서는 성장을 촉진해서는 안 되고 제어해야 한다. 인간이 재배하는 식물이 야생적으로 지나치게 성장하지 않도록 말이다. 나무와 관목들은 보살피지 않아도 저절로 자라서 대부분의 사람들에겐 손만 뻗으면 얻을 수 있는 식량이 된다. 바나나, 망고, 만디오까, 파인애플 같은 것들이다. 다른 대륙에서 들여오는 식물이나 과일은 그 처녀지에 바로 적응하고 익숙해진다.

브라질은 자국 내에서 실시되는 모든 실험에 관대하다고 말할 수 있을 정도로 쉽사리 맹렬하게 호응해 왔는데, 이것이 역설적으로 그 나라의 경제사에서는 위험 요인이 된 경우도 여러 차례 있었다. 모든 것이 너무 빨리 성장하기 때문에 과잉생산 위기가 거의 규칙적으로 발생했다. 브라질에서는 뭔가 생산되기 시작하면 — 20세기에 커피가 담긴 자루들을 바다에 버린 것이 마지막 사례가 된다 — 지나치게 생산되지 않도록 통제해야만 했다. 이런 이유로 브라질 경제사는 놀라운 우여곡절로 가득하다. 어쩌면 정치사보다 더 극적인지도 모른다. 일반적으로 한 나라 경제의 성격은 어김없이 시작부터 결정된다. 말하자면, 각국은 고유 악기만을 유일하게 연주한다. 그 리듬은 근본적으로 수세기가 흘러도 쉽게 바뀌지 않는다. 어떤 나라는 농업국이고, 어떤 나라는 목재와 금속으로 부를 창출하고, 어떤 나라는 목축업으로 산다. 생산 라인은 흔들릴 수 있고, 상승과 하강이 있을 수 있다. 하지만 일반적으로 진로는 변하지 않는다. 반면 브라질은 지속적으로 변형되고 급격하게 재구성되는 나라다. 한 세기마다 하나의 경제적 특징을 만들어 냈고, 그 드라마틱한 전개 과정에서 각 장章마다 고유한 이름이 있다. 황금, 설탕, 커피, 고무, 목재가 그 이름들이다. 각 세기마다, 아니 반세기마다 브라질은 새롭고 이질적인 풍요로 사람들을 놀라게 한다.

아득한 건국 초기인 16세기에 브라질에 경제적 특징을 부여하고 국가의 이름까지 결정한 것은 브라질나무 빠우-브라지우Pau-Brasil 였다. 처음 선박들이 그 해안에 닿았을 때 유럽인들은 매우 실망했다. 훔치거나 가져갈 것이 아무것도 없었기 때문이다. 브라질에는 유럽인들이 원하는 것은 아무것도 없었다. 오로지 무성하고, 때묻지 않고, 무질서하고, 아직 인간에게 예속되지 않은 자연뿐이었다. '금도 없고, 은도 없었다.'Nem ouro nem prata. 첫 보고서에 나오는 이 간단한 표현은 브라질의 상업적 가치를 처음에는 제로로 축소시키기에 충분했다. 원주민에게는 빼앗아 올 것이 아무것도 없었다. 그들은 피부와 머리카락 외에는 아무것도 걸친 것이 없었기에 옷을 입은 낯선 백인들을 놀란 표정으로 바라보기만 했다. 그곳에는 페루나 멕시코에서처럼 백인이 도착하기 이전에 국가적 규모의 문명이 존재하지 않았다. 실로 천을 짜거나 땅속으로부터 금속을 파내 망치질을 해서 장식이나 무기를 만드는 문명이 없었다. '상따끄루스 땅'의 나체 식인종들은 문명의 제1단계에도 이르지 못한 상태였다. 땅을 경작할 줄도, 가축을 기를 줄도, 오두막집을 세울 줄도 몰랐다. 단지 나무에서, 물에서 찾을 수 있는 것들을 주워서 정신없이 먹을 뿐이었다. 한 지역에서 먹을 수 있는 것을 다 먹어 치우면 곧바로 다른 지역으로 계속 나아갔다. 하지만 아무것도 가진 것이 없는 자에게는 뺏을 것도 없는 법이다. 실망한 선원들은 자기 배로 돌아갔다. 그곳에 사는 인간들조차 쓸모없는, 아무것도 가져갈 것 없는 그 나라를 떠났다. 원주민들을 노예로 만들기 위해 잡아서 강제로 일을 시켰더니 몇 주도 지나지 않아 채찍 아래서 탈진을 했고, 쓰러져 죽어 갔다.

처음으로 왔던 배들이 돌아갈 때 유일하게 가져간 것은 부산한 원숭이 몇 마리와 황홀할 정도로 알록달록한 색깔의 앵무새들이었다. 유럽의 지체 높은 귀부인들은 앵무새를 고급스런 동물로 여기며 새장에 넣어 기르기를 좋아했고, 그 앵무새 때문에 브라질을 '앵무새의 나라'로 부르기도 했다. 아무튼 두 번째 여행에서야 그 머나먼 지역과 무역할 만한 가치가 있는 물건을 발견했다. 브라질 목재였다. 그 목재는 "브라지우"Brasil ● 라고 불렀는데, 왜냐하면 잘린 단면이 숯불처럼 붉게 빛났기 때문이다. 그 나무는 사실 목재로 활용되기보다는 염료로 활용되었다. 대체 가능한 물건들을 몰랐기 때문에 여타 모든 이국적인 물건과 마찬가지로 무역에서 수요가 많았던 것이다.

포르투갈 정부는 브라질 목재의 수출을 전반적으로 직접 담당하기에는 너무 바빴다. 그 목재를 독점하는 것은 별 의미 없는 사업이었다. 게다가 인도의 왕족들에게서 보물을 탈취하기 위해 자신의

───────────────

● braso는 불타다는 뜻.

모든 해군력과 군사력을 동원하는 정부에게 목재 수출은 노동력이 지나치게 많이 드는 일이었다. 그럼에도 목재 수출은 수입이 좋았다. 이 염료 나무 1백 파운드는 모든 수용비용과 위험비용을 계산했을 때 리스본에서는 반 두까두ducado(16세기 화폐인 금화)였는데, 프랑스나 네덜란드 시장에서는 2.5두까두에서 3두까두까지 나갔다. 하지만 황실에서는 장엄하고 규모가 큰 사업들을 하기 위해 빠른 이익이 필요했다. 따라서 목재 독점권을 현금을 받고 가장 부유한 "새로운 기독교도"들(최근에 개종한 유대인들) 중 한 명인 페르낭 두 지 노로냐에게 빌려주는 것을 선택했다. 노로냐는 브라질로 함께 도피한 같은 교인들과 함께 뻬르낭부꾸에서 그 사업체를 조직했다. 하지만 그가 지휘했는데도 사업은 규모가 작았다. 일반적인 거주지가 생겨나고 거대한 공장들이 들어설 정도의 사업으로 보이지 않았다. 단순한 염료는 그 나라 주민을 자극하기에 충분하지 않았다. 주민들은 그 염료에 대해서 별 관심을 보이지 않았다. 만약 브라질이 세계시장을 대상으로 생산적 부분에서 좀 더 발전하려면 우선 새로운 판매 상품을 찾아내야 했다. 브라질 목재의 시대는 더 빠르게 유통되는 중요한 상품으로 대체되어야 했다.

브라질이 모습을 드러내던 당시에 브라질에서는, 다시 말해, 당시까지 탐사된 해안의 좁고 긴 지역에서는 그런 대체물이 없었다. 그 나라가 유럽의 필요를 위해 생산력이 높아지기 위해서는 먼저 유럽에 의해 비옥해져야 했다. 모든 식물들을, 그 풍요로운 땅에서 자라고 성장해 가야 하는 모든 품목들을 우선 그 나라로 들여와 적응시켜야 했고, 그와는 별도로 특별한 거름이 필요했다. 바로 사람이었다. 브라질이 존재하기 시작한 시각부터 인간은, 즉 식민지 이주자들은 활력소이자 거름으로서 브라질에게는 가장 필수 불가결한 요소가 되었다. 브라질이 생산해야 할 모든 것은 유럽에서 가져가야 했고, 유럽이 가르쳐 주어야 했다. 하지만 유럽이 빌려주는 식물과 인력에 대해 새로운 대지는 몇 배의 이자로 구대륙에 되돌려 주었다. 동양의 나라들은 그곳에 쌓여 있는 보물을 빼내고, 훔치고, 차지할 수 있는 나라로서 포르투갈에게는 정복의 문제였고, 브라질은 아직 전적으로 조직되지 않은 나라로서 처음부터 식민화와 투자의 문제였다.

브라질이 원산지가 아닌 물건으로, 이식과 재배를 시도하기 위해 처음으로 포르투갈 사람들은 까부베르지에서 사탕수수를 가져왔다. 이 첫 실험은 최상의 결과를 낳았다. 브라질에서 자연은 그에게 요청된 과제를 과다할 정도로 실현해 냈다. 사탕수수는 아직 조직화되지 않은 나라에 있어 완전히 이상적인 생산물이었다. 왜냐하면 심고 수확하는 데 최소한의 일손만 필요로 하고, 사전 지식은 필요 없기 때문이다. 사탕수수는 땅에 묻히자마자 자라기 시작하고, 별로 돌보지 않아도 줄기가 2인치 이상으로 굵어진다. 그것도 1년에 1회 이상 가능하다. 아주 간단하고 손쉬운 과정을 통해서 귀한 즙이 추출된다. 사탕수수를 두 개의 목재 롤러 사이에 밀어 넣으면 된다. 두 명의 노예 — 황소는 너무 비용이 많이 드니까 — 가 같은 원을 따라 빠른 걸음으로 수평축을 돌린다. 노예가 끊임없이 돌리면 두 개의 실린더가 맞물려 사탕수수의 수액을 마지막 한 방울까지 짜낸다. 다음, 이 허옇고 끈끈한 수액을 끓이고, 덩어리나 빵 모양으로 만든다. 즙을 짜낸 수숫대 역시 쓸모가 있는데, 태운 잎과 함께 거름으로 사용된다. 이 첫 번째 원시적인 생산방식은 수많은 시도를 통해서 완벽해진다. 곧바로 제당 시설인 작은 공장들이 인력 대신 수력을 이용할 수 있도록 강가에 세워진다. 그러나 어떤 형태이든 설탕 생산은 극단적으로 단순하면서도 가장 수익이 많은 과정이다. 검은 노예들에 의해 갈색 사탕수수에서 생산되는 하얀 설탕은 놀라울 정도로 신속하게 묵직한 황금으로 바뀌었다. 유럽은, 십자군 전쟁을 통해 세련되고 문명화된 동양과 처음 접촉했을 때 맵고 자극적인 향신료에 대한 열망을 주체할 수 없었다. 또 한편으로는 과자나 단 것에 대한 열망이 있었다. 사업이 번창해 부유해지자 유럽은 간소하고, 단순하고, 보잘것없는 자신들의 음식에 만족하지 않았다. 그 당시까지 오로지 꿀을 재료로 만들었던 단 것으로는 만족하지 못했다. 처음 설탕이라는 새로운 단 물질을 맛보고부터는 어린아이처럼 고집스럽게 이 단 식품을 점점 더 많이 요구했다. 유럽이 ― 대륙 봉쇄 시기에 ― 토착 식물인 사탕무에서 설탕을 추출하기까지는 3세기가 더 흘러야 했기에 당장 이국으로부터 이 사치품을 가져와야 했다. 그리고 상인들은 고객이 점점 늘어나고 있었기 때문에 그 새로운 상품을 위해 어떤 가격이라도 지불했다. 브라질은 갑자기 세계시장에서 중요해졌다. 원시적 생산에 따르는 비용은 거의 제로에 가까웠다. 토지와 모종, 노예 비용이 거의 들지 않았기 때문이다. 노예들은 사탕수수 농장에서 가장 경제적인 노동용 가축이었다. 그래서 수익은 급속히 증가했다. 그리고 브라질이 ― 더 정확하게 말해서, 포르투갈이 ― 그런 시설로부터 얻는 수익은 헤아릴 수 없을 정도였다. 생산은 확장되었고, 한 주가 다르게 증가했다. 설탕 자원에 있어 브라질의 특권적 여건과 독점 상황은 3세기 동안 확고부동했다. 오랜 세월 동안 브라질의 설탕 수출은 판매가격으로 3백만 파운드로, 영국의 전체 수출액을 합친 것보다 많았다. 이 한 가지 예만 봐도 설탕 수출 규모가 얼마나 엄청났는지 잘 알 수 있다. 다만 18세기 말에 이르러서 수익은 줄어들기 시작하는데, 브라질 스스로 과잉생산을 해서 자신이 "식물성 황금"의 판매가격을 제대로 받지 못했기 때문이었다. 후추, 차, 고무를 비롯해 희소성 때문에 귀한 것이 된 식민지의 모든 상품들처럼 설탕도 과잉생산으로 평범하고 천한 것이 되고 말았다. 사탕무에서 추출되는 설탕의 등장은 브라질에 주어진 엄청난 기회에 최후의 일격을 가한다. 하지만 설탕의 시대는 브라질 경제사에서 자신에게 주어진 임무를 눈부시게 수행해 냈다. 주요 상품이 쇠락했지만 국가 경제는 이미 다른 품목에 기반하고 있었기 때문에 브라질이 위험에 빠지지는 않았다. 초기에 선박들이 구세계로부터 가져온 보잘것없는 사탕수수에 기대어 브라질은 3세기를 잘 견디어 왔고, 이제 그 도움 없이도 자신의 길을 갈 수 있을 정도로 충분히 굳건해졌다.

그 후 얼마 지나지 않아 두 번째 수출품이 추가되었다. 어떤 의미에서 첫 번째 품목과 유사한 것인데, 왜냐하면 유럽인들의 악습을 조장하는 것이기 때문이다. 바로 담배다. 예전에 콜럼버스는 처음 마주한 원주민들이 담배를 피우는 것을 봤으며, 다른 선원들은 그 이상한 습관을 본국으로 가져간 적이 있었다. 유럽인들은 처음에 그 갈색 잎을 씹고, 피우고, 냄새 맡는 것을 야만적으로 여겼다. 굵은 덩어리를 씹고 더러운 갈색 침을 뱉는 선원들을 조롱하고 비웃었다. 진흙으로 된 파이프로 공기를 더럽히는 소수의 애연가를 비웃거나 미친놈이라고 불렀다. 게다가 상류사회 내에서, 특히 궁중에서는 엄격하게 금지했다. 유럽이 담배에 갑자기 익숙해진 것은 쾌락이나 모방 혹은 유행 때문이 아니라, 공포 때문이었다. 대역병이 순식간에 유럽의 여러 도시를 연이어 공격해 대량 살상을 하던 공포의 시기에 많은 이들은 ― 아직 미생물을 몰랐을 때 ― 담배를 계속 피우면 감염을 예방할 수 있고, 하나의 독을 통해 다른 독에 면역력을 가질 수 있으리라 믿었다. 하지만 역병이 지나가고 공포가 사라졌어도 사람들은 계속 담배를 피운 덕에 이미 담배에 습관이 되어 있었고, ― 꼬냑도 마찬가지인데, 예전에는 약처럼 조금씩 주었다 ― 이제 담배를 끊으려 하지 않았다. 먹고 마시는 일을 포기하지 못하는 것처럼 말이다. 해가 갈수록 유럽에서 더 많은 수요가 생겼고, 이번에도 역시 브라질은 대량 공급자로 자리 잡았다. 왜냐하면 브라질에서 담배는 야생으로 자랐고, 그 잎은 가장 좋은 품질로 인정받았기 때문이다. 형제라 할 수 있는 설탕과 마찬가지로, 담배도 특별한 관심이나 손길이 필요하지 않았다. 저절로 자라는 줄기에서 잎을 따기만 하면 되고, 건조한 뒤 둥글게 말기만 하면 되었다. 산지에서는 거의 가치가 없는 것이 선적할 때면 가치 있는 상품이 되었다.

설탕과 담배에 이어, 규모는 작지만 카카오가 유럽인의 혀에 새로운 즐거움을 주는 세 번째 귀한 물건이 되었다. 이 상품들은 18세기까지 브라질 경제를 떠받치는 주요한 세 개의 기둥이 되었다. 거기에다 네 번째 형제 상품으로 목화가 추가된다. 목화에서 실을 만드는 것을 유럽이 알게 된 직후다. 목화는 애초부터 브라질에 존재했고, 아마존 밀림과 다른 지방에서 야생으로 자라고 있었다. 하지만 아스테카인이나 페루인과는 달리 브라질 원주민은 목화로 실을 만들 줄 몰랐다. 전쟁할 때 면화 송이를 화살 끝에 매달아 적의 마을을 불지를 때 사용할 뿐이다. 마라녀웅 지역에서는 기이하게도 유통수단으로까지 사용되기도 했다. 유럽도 처음에는 면화로 무엇을 할지 몰랐다. 콜럼버스가 처음으로 흰 양털 같은 면화 몇 송이를 스페인에 가져갔을 때도 아무도 천의 재료로서의 가치를 알아채지 못했다. 반면, 브라질에서는 예수회 성직자들이 아마도 멕시코로부터 정보를 통해 이미 1549년에 면화의 유용성을 인지하고 예수회 마을의 원주민에게 실 잣는 방법을 알려 준다. 하지만 방적기계의 발명(1770~73년) 덕분에 비로소 면화는 중요한 무역 상품이 된다. 다른 한편, 그런 기계들로 인해 이른바 "산업혁명"이 시작된다. 18세기 말부터, 이미 영국에는 1백만 명의 직공이 있었고, 생산 규모가 세계적이었으므로 항상 더 많은 면화를 필요로 했고, 매번 더 좋은 가격을 지불했다. 그렇게 해서 과거에는 숲에서 야생으로 자라던 목화가 이제 브라질에서 체계적으로 재배되기 시작했다. 19세기 초 면화 수출은 브라질 전체 수출의 절반을 차지했다. 그 덕분에 무역수지를 맞출 수 있었다. 설탕 가격의 급락은 다행히도 엄청난 양의 면화 수출로 보완되었다. 그런 일은 즐겁고도 신속한 구조조정을 통해 가능했는데, 브라질 경제사에서 아주 전형적인 구조조정이었다.

설탕, 담배, 카카오, 면화 등 모든 원자재들은 브라질에서 가공되지 않은 채 원료 그대로 공급되었다. 브라질이 충분히 자유롭고 성숙한 사회가 되어 가공 산업이 잘 조직되고 기계화될 수 있으려면 오랜 발전이 필요했다. 브라질의 노력은 이른바 "해외 제품"을 심고, 수확하고, 선적하는 일로 제한되어 있었다. 다시 말해, 오직 손만이 필요한 원시적 과정에 한정되어 있었다. 그러나 사실 저렴하고 풍부한 일손이 필요했다. 그런 이유 때문에 모든 자연 상품이 풍요로운 그 나라가 점점 더 많은 양을 수입해야 했던, 가장 필요한 원자재는 인간들이었다. 브라질이 항상 매 시기마다 가장 필요한 원동력이 부족해서 그것을 수입해야 — 19세기 이전에는 인력, 19세기에는 석탄, 20세기에는 석유 — 했다는 사실은 어쩌면 브라질 경제사의 가장 독특한 특성이 될 것이다. 각 시대의 초기마다 그 원동력 중 가장 저렴한 것을 획득하려 했던 것은 자연스런 일이었다. 처음에 식민지 정착자들은 토착민을 노예로 만들려 했다. 하지만 원주민이 신체가 나약해서 능률을 올리지 못했고, 게다가 예수회 사제가 지속적으로 왕령을 존중하라고 주장했기 때문에 1549년에 "검은 상아" 수입이 본격적으로 이루어진다. 매월, 곧이어 매주, 그 살아 있는 원자재 화물이 '시체 운반선'tumbeiros이라고 불리는 끔찍한 배에 실려 운송되었다. 쇠사슬에 묶여 짐짝처럼 실려 오는 흑인들이 대양을 건너면서 반 이상 죽는 것은 보통이었기 때문에 '시체 운반선'이라고 불렸던 것이다. 3세기 동안 약탈당하고 황폐해진 아프리카에서 신세계로 끌려온 1천만 명의 흑인 중에 적어도 3백만 명을 브라질이 수입했다. 그러나 불행히도 정확한 숫자는 알 수 없다(수입된 흑인을 450만 명으로 추산하는 사람도 있다). 왜냐하면 1830년 후이 바르보자Rui Barbosa가 고상한 목적을 핑계 삼아 문서고에 보관된 노예 수입과 관련된 모든 서류를 소각시키라고 명령했기 때문이다. 젊은 공화국을 그 치욕스런 행위로부터 구제하기 위함이었다.

오랜 세월 동안 브라질에서 노예무역은 비록 명예롭지는 못하지만 가장 수익이 좋은 사업으로 여겨졌다. 런던이나 리스본으로부터 금융 지원을 받았고, 수요가 증가하고 있었기에 운송업자나 판매업자나 수익이 보장되었다. 처음에 흑인 노예는 바이아 시장에서 5만에서 30만 헤이스reis 사이 가격으로 거래되었기에 원주민 노예에 비해 상당히 비싸 보였다. 원주민 노예는 4천, 비싸야 7만 헤이스였다. 하지만 세네갈이나 기네아에서 오는, 뼈가 앙상한 노예의 구매 가격에는 운송 비용, 문제가 생겨 바다에 던져진 "상품"에 대한 보상비, 노예 사냥꾼과 판매인, 선장의 엄청난 수익, 게다가 수입관세 등을 포함해야만 했다. 세관을 통관하는 모든 노예마다 3천 내지 3천5백 헤이스씩 징수하는 수입관세는 독실한 기독교 신자인 포르투갈 왕이 명한 것이었다. 그렇게 포르투갈 왕도 검은 사업에 개입했던 것이다. 그렇게 높은 가격에도 대농장주에게 노예 구매는 삽이나 쟁기를 구매하는 것처럼 여전히 필수 불가결한 일이었다. 힘센 흑인은 가끔씩 호되게 매질만 하면 어떤 보상도 받지 않고 하루에 12시간씩 일을 했다. 게다가 사용된 돈은 비용이 아니라 이자까지 붙는 투자였다. 왜냐하면 흑인 노예는 얼마 되지 않는 휴식 시간에도 아이를 출산함으로써 주인의 재산을 늘려 주었기 때문이다. 그 아이는 당연히 공짜로 주인 소유의 새로운 노예가 된다. 16세의 나이에 구매한 흑인 부부 한 쌍은 2, 3세기가 지나면 주인 집안에 노예 한 집안 전체를 제공해 주었다. 이 노예들은 거대한 대농장을 이끌어 가는 원동력을 의미했다. 그 거대한 나라에서 토지는 거의 가치가 없었기 때문에 농장주의 부는 노예 숫자로 측정되었다. 마치 봉건 러시아에서 농장 주인의 재산이 토지의 면적으로 계산되지 않고 그가 소유한 "영혼"의 숫자로 계산되었던 것처럼 말이다. 19세기가 아주 많이 진행될 때까지도 흑인은 갈수록 더 경제의 진정한 기둥이었다. 흑인들의 어깨는 식민지의 모든 생산 부담을 지고 있었고, 포르투갈인들은 관료로, 감독으로, 기업인으로서, 수백만 흑인 노동력으로 움직이는 노동 메커니즘이 끊임없이 작동하는지 단지 지도하고 감시만 할 뿐이었다.

이처럼 백인과 흑인, 주인과 노예 사이의 지나치게 엄격한 구분은 애초부터 위험스런 상황이었다. 국가 내륙에서 시작된 정착 사업의 보완적 노력이 없었다면 브라질의 단합에 지속적인 위험이 되었을 것이다. 초기에 그 거대한 나라는 이미 정태적 균형이 결여되어 있었다. 첫 세기와 두 번째 세기가 상당히 진행되었을 때까지도 모든 활기와 그 활기를 찾아가는 모든 인종과 사람들이 북부 지방으로 집중되었기 때문이다. 당시로서는 열대 지역이 ― 오늘날의 쇠락과는 대조적으로 ― 브라질의 진정한 보물에 해당되었다. 그곳에 모든 경제활동이 집중되었고, 유럽의 가장 시급한 욕망들이 식민지 상품들로 충족되었다. 바이아, 헤시피, 올링다Olinda 등 통과 지점에 불과했던 곳들이 진정한 도시로 변해 갔다. 내륙에서는 단지 보잘것없는 오두막과 목재로 된 예배당이 세워질 시기에, 도시에서는 성당과 궁전이 건설되었다. 이곳에서 유럽의 배들은 쉬지 않고 하역과 선적을 했고, 흑인들이 만들어 낸 원자재가 쉬지 않고 그곳으로 몰려들었다. 그곳에서 대양을 건너 유럽으로 갈 상품의 90퍼센트가 짐으로 꾸려졌고, 첫 사무실들이 들어섰다. 그리고 열대의 정열로 성장하는 그 도시들 주위에는 운송의 편리함 때문에 가장 효율이 좋은 농장과 시설들이 들어섰다. 1600년이나 1650년에, 더 엄밀하게 말해서 1700년까지 유럽에서 브라질이라는 이름을 언급하는 사람은 실재로 브라질의 북부 지방을 암시한 것이었다. 그리고 더 정확히는 이미 세계적으로 알려진 항구들과 설탕, 카카오, 담배와 함께 무역과 사업이 활발한 북부 지방의 해안가를 암시했던 것이다. 브라질 내륙에는 높은 산맥이 있었기에 항해자와 상인의 관심에서 멀어져 있었다. 하지만 그 보이지 않는 곳에서 상업적으로는 별 이득이 되지 않지만 비교할 수 없을 정도로 건전한 발전이 시작되고 있었다는 사실을 유럽에서 아무도 의식하지 못하고 있었다. 포르투갈의 왕조차 그러했다. 정착 사업은 토착적인 요소들을 가지고 체계적으로 끈기 있게 진행되었는데, 브라질을 위해 예수회 사제가 만들어 가는 위대한 사업이었다. 예수회 사제들은 수세기 앞을 내다보고 있었다. 빨리 현금으로 바꿀 수 있는 것만을 수익이라고 생각하는 재정 관료나 중개인의 시야보다는 훨씬 길게 내다보는 통찰력을 가지고 있었다. 한 백성의 경제적 토대가 연관성 없는 몇 가지 독점 상품들의 불안정한 집합이나 구입한 흑인 노예의 노동으로 이루어질 수는 없다는 사실을 인식했다. 한 나라를 만족스럽게 만들려면 우선 토지를 경작하고 그 토지가 자기 것이라고 느낄 수 있어야 한다. 예수회 사업의 위대함은 두 가지 관점을 생각하지 않고는 제대로 이해될 수 없다. 우선 브라질이 무에서 탄생했다는 것이고, 당시 세계 앞에 확고하고 명백한 결과를 보여 주고 있었다는 점이다. 건전한 국가 경제는 오로지 수천 년을 이어 온 영원한 원형인 농업과 목축업에 기반을 두어야만 발전할 수 있었다. 이 필수 불가결한 과제를 그때까지 떠돌이 생활을 하던 원주민 부족에게 가르친 것이 도덕적 차원에서는 브라질이라는 국가의 진정한 시작이었다.

그런 과제는 영zero에서 시작되었다. 노브레가와 앙시에따가 그 나라에 도착했을 때 땅을 경작하는 사람은 아무도 없었고 원주민들은 어떻게 경작할 줄도 몰랐다는 사실 외에도, 뭉치고 서로 결합할 수 있는 것들이 없었다. 쓸 만한 것이 아무것도 없었다. 그래서 온갖 가축들, 암소, 수소, 돼지, 망치, 톱, 못, 쟁기, 갈퀴 등 모든 것을 바다를 통해 가져와야 했다. 식물과 씨앗도 가져와야 했다. 그러고는 벌거벗은 아이와 같은 그 인간들에게 힘들게 조금씩 가르쳐야 했다. 어떻게 땅을 갈고, 수확하고, 축사를 짓고 가축을 다루어야 하는지 가르쳐야 했다. 예수회 사제는 원주민에게 어떻게 기독교인이 되는지를 제대로 가르치기 전에 다양한 일을 가르쳐야 했고, 우선 일에 대한 의욕을 심어 주어야 했다. 신앙의 기본적인 개념을 주입시키는 것은 그다음 일이었다. 옛날에는 예수회 사제의 주된 일이 대규모의 영혼 사업이었는데, 이제는 사제들을 지치게 만드는 사소하고 세밀한 일이 주된 일로 바뀌어 버렸다. 그 일은 오직 일생을 한 가지 사상에 바쳐 온 사람들의 훈련된 정신력만이 완수할 수 있는 일이었다. 바로 토지의 경작을 통한 인간의 문명화 사업이었다. 그 첫 번째 스승들이, 그 열두 명의 스승이 가져간 책, 약품, 연장, 식물, 동물 등 그 모든 것들보다도 실질적으로 그 일의 진전에 원기와 활기를 준 것은 그들의 끈기 있고 열정적인 에너지였다. 막 생겨난 첫 번째 마을들은 — 브라질의 모든 것처럼 — 신속하게 성장하고 발전해 갔다. 그래서 예수회 사제들이 편지를 통해 대지와 인간의 협력이, 새롭고 활기찬 세대를 형성해 가는 백인과 원주민의 혼혈이 얼마나 잘 이루어지고 있는지를 자부심을 가지고 보고한 것은 당연한 일이었다. 이미 신부들은 자신의 일이 성공을 거두었다고 믿고 있었다. 상파울루 — 일차적으로 그 도시, 다음에는 그 지방 — 는 점점 거주민이 늘어 갔고, 점점 내륙에도 마을이 하나씩 둘씩 생겨 갔다. 그러나 브라질의 진정한 정복은 그들이 예상했던 대로 조용하고, 평화적이고, 질서정연하게 이루어지지 않고 매우 다른 방식으로 진행되었다. 역사는 하나의 구상을 실현해 갈 때 인간이 그리는 설계에서 벗어나 자기 스스로의 길을 가길 항상 원한다. 이 경우에도 마찬가지였다. 예수회 사제들은 그 땅을 일구기 위해 젊은 세대를 정착시켰다. 하지만 "마멜루꾸"라 불리는 메스띠수의 신세대는 신앙심이 돈독한 신부님들이 그들에게 정해 준 경계를 조급하게 넘어섰다. 그들의 핏속에는 원주민 조상의 불안정한 유랑 생활에 대한 취향이 존속하고 있었고, 다른 한편으론 초기 식민지 이주자의 억제되지 않은 잔인함이 존속하고 있었다. 무엇 때문에 노예들을 시키지 않고 자기 손으로 땅을 경작하는가? 피부가 약간 어두운 메스띠수들은 곧바로 원주민의 자식인 유색인에게 잔인한 적이 되었고, 가장 잔인한 노예 중개상이 되었다. 원주민의 부모들은 그나마 예수회 사제에 의해 노예 신세에서 벗어날 수 있었지만 말이다. 특히 예수회 사제들이 순수한 도덕과 하나가 된 영혼의 중심지로 만들려고 꿈꾸어 왔던 상파울루에서 새로운 정복자 세대가 등장했다. 파울리스타라고 불리던 이들은 얼마 지나지 않아 예수회와 예수회의 정착 노력에 앙숙이 되었다. 무력 집단을 이룬 이 방데이랑치들은(이상하게도 이들은 아프리카의 노예 사냥꾼과 유사했다) 내륙을 돌아다니면서 마을을 파괴하고, 노예를 훔쳤다. 그들은 인간의 발길이 닿지 않는 밀림만 약탈한 것이 아니라 인간이 경작한 토지도 약탈했다. 그럼에도 그들은 예수회의 한 가지 원칙, 즉 부채 모양으로 내륙으로 진출하는 원칙만은 따랐던 것이다. 하지만 예수회보다 더 신속하고 잔인하고 폭력적이었다. 파울리스타가 돌아올 때는 수천 명의 노예와 함께 왔다. 그런 파괴적인 출정이 있을 때마다 어떤 파울리스타는 기로에 남게 되었고, 그렇게 해서 강도 부대의 후미에 마을들이, 나아가 도시까지 건설되었다. 비옥한 남부 지방은 인간과 가축에 의해 점령되었다. 무디고 더딘 해안가 사람들과는 달리 바께이루라는 유형이 형성되었다. 그들은 목축업자이자 가우슈이고, 내륙 지방 사람이고, 진정한 고향이 있는 사람이다. 내륙으로의 대량 이주 가운데 균형과 복속의 효과를 낸 일차 이주는 일부분 예수회의 계획 덕분에, 일부분은 파울리스타의 탐욕 때문에 시작되었다. 선과 악이 공동의 사업에 협력한 것인데, 겉으로는 대립적으로 진행되었다. 하지만 실질적으로는 내적인 연결 고리에 꿰여 있었다. 17세기에 내륙의 농업과 목축업은 북부 열대지방에 대해 유익한 균형추 역할을 하고 있었다. 북부 지방은 급속히 성장했으나 또한 급속히 쇠락해졌고, 항상 국제시장의 변동에 종속되어 있었다. 브라질은 단순한 해외 상품의 공급자에서 스스로 유지되는 나라로 변화되고자 하는 의지를 가지고 있었기에, 그리고 식민지 본국의 단순한 새싹이 되는 대신 자신의 고유한 법칙에 따라 발전할 수 있는 유기체로 변하고자 하는 의지를 가지고 있었기에 자신의 목적을 점점 더 의식하게 되었다.

* * *

18세기가 시작될 무렵, 브라질은 이미 경제적인 면에서 생산성이 높은 식민지임이 드러났고, 포르투갈 왕가에게는 그 중요성이 더욱 커져 갔다. 포르투갈은 아프리카와 아시아에 있던 과거 제국의 식민지들을 네덜란드와 영국인들에게 하나씩 빼앗기고 있었기 때문이다. 리스본의 황금시대는 지나갔다. 연대기 작가에 따르면, 그때는 인도와의 무역에서 발생하는 세관 수입금을 세고 기록하기에도 하루가 짧았던 시대였다. 17세기에 브라질은 포르투갈에게 이미 수동적인 대상을 의미하지 않았다. 초기의 어려운 상황은 잊힌 지 오래되었다. 초기에는 총독이 금화 한 닢이라도 본국에 간청을 해야 했고, 노브레가는 최근 개종시킨 사람들에게 주기 위해 입던 옷이라도 리스본에서 구걸하곤 했다. 하지만 이제 브라질 사람들은 좋은 공급자였고, 값나가는 상품을 포르투갈 선박에 가득 실어 주었으며, 자신들의 수입으로 포르투갈 관리들을 먹여 살리고 있었다. 그리고 세관의 세리들은 포르투갈 왕실 재무국에 상당한 수입을 보내 주었다. 게다가 브라질 사람들은 훌륭한 구매자이자 고객이었다. 수많은 설탕왕들은 자기 군주보다도 더 많은 돈과 신용을 가지고 있었고, 포르투갈산 포도주와 옷감, 책에 대해서 포르투갈 식민지들 가운데 브라질보다 더 좋은 시장은 없었다. 아주 조용하게 브라질은 거대하고 지속적으로 번창하는 식민지로 바뀌었다. 그럼에도 여전히 포르투갈은 브라질에서 별 희생 없이 최소한의 비용만 들이고, 최소한의 투자만 했다. 리우, 바이아, 뻬르낭부꾸에서 질서를 유지하기 위해 대규모 군대가 필요하지 않았다. 해가 갈수록 인구는 끊임없이 늘었고, 별로 중요하지 않은 소요 사태를 제외하면 심각한 반란이 시도된 적도 없었다. 인도나 아프리카에서처럼 비용이 많이 드는 요새를 건설할 필요도 없었고, 공식적인 투자를 위해 자금을 보낼 필요도 없었다. 이미 오래전부터 브라질은 스스로 방어하고 유지해 나갈 수 있었다.

브라질보다 더 편한 식민지는 상상할 수 없었다. 서서히 조용하게 성장하고, 나머지 세계의 눈에 거의 띄지도 않고 겸손하게 — 벙어리처럼 말없이 — 발전하는 브라질이었기 때문이다. 브라질은 내부에서 조용히 쉬지 않고 성장하고 있었고, 외부적으로는 단지 설탕을 생산하고 커다란 담배 짐짝을 화물 창고로 보낼 뿐이었기에, 그 나라에는 환상을 자극할 만한 것이 아무것도 없었다. 유럽인들은 브라질에 대한 호기심마저 없었다. 멕시코 정복, 페루의 황금, 포토시의 은광산, 인도양의 진주, 북미의 농장주와 인디언 원주민의 싸움, 카리브 해 해적과의 전투 등은 연대기 작가와 시인들에게 낭만적인 이야기의 영감을 불어넣고, 항상 모험을 갈망하는 젊은이의 호기심 많은 영혼을 사로잡았다. 반면, 브라질은 수십 년, 아니 실재로는 2세기 동안 세계의 관심을 받지 못하고 있었다. 그처럼 오랫동안 숨겨져 있었다는 사실이 결국은 브라질에게 큰 행운이었다. 쉽게 돈으로 바꿀 수 있는 그 나라의 보물들, 즉 금과 다이아몬드가 18세기 초까지 발견되지 않은 채 땅속에 있었던 그 상황이 브라질이 서서히 유기적으로 발전하는 데 가장 많은 기여를 했다. 만약 금과 다이아몬드가 16세기나 17세기에 발견되었더라면 열강들이 그것을 차지하고자 앞다투어 맹렬하게 달려들었을 것이다. 정복자들은 페루, 베네수엘라, 칠레로부터 제어가 불가능할 정도로 몰려들었을 것이고, 브라질은 모든 사악한 본능의 싸움터로 변해 파괴되고, 혼돈에 빠지고, 상처 입었을 것이다. 하지만 1700년, 뜻밖에도 브라질이 당시 세계에서 가장 금이 많은 나라로 밝혀졌을 때는 이미 빌르게농, 월터 롤리, 코르테스, 피사로 같은 모험가와 정복자의 시대가 지나가 버린 상태였다. 그 만용의 시대는 다시 반복될 수 없었다. 과단성 있는 몇 명의 모험가들이 네댓 척의 배를 이끌고 기백 명의 용병으로 나라들을 완전히 정복하던 시대는 이미 지나간 상황이었다. 1700년, 브라질은 이미 통일성을 갖추고 있었고, 이미 도시와 요새, 항구들을 가진 하나의 큰 세력이었다. 그리고 — 이 모든 것보다 더 중요한 것은 — 이미 보이지 않는 군대를 보유한 국가적 규모의 공동체를 형성하고 있었다는 것이다. 그 보이지 않는 군대는 어떤 침략자에 대해서라도 최후의 일인까지 희생하면서 나라를 지켜 냈을 것이다. 그리고 그 공동체는 식민지 본국을 인정하는 것이 아니라 마지못해 관세 수익과 세금을 통한 공물을 인정해 주었던 것이다. 단지 두 가지만 부족했다. 더 많은 세월과 더 많은 사람이 필요했다. 결국에는 말없이 인내하는 자가 가장 강력한 자가 될 수밖에 없었다.

* * *

미나스제라이스 지방에서 금을 발견한 것은 브라질과 포르투갈에게 국가적으로 의미 있는 사건 그 이상이었다. 그것은 세계적인 사건으로, 당시의 경제 질서에 결정적인 영향을 주었다. 베르너 좀바르트Werner Sombart가 단언하듯, 18세기 말 유럽의 자본주의와 산업 발전은 브라질의 금이 엄청난 양으로 유입되어 유럽 경제의 동맥을 자극하지 않았더라면 불가능했을 것이다. 유럽 경제는 곧바로 더 빨리 고동치기 시작했다. 당시까지 알려지지 않았던 브라질이 갑자기 시장에 쏟아 내는 금의 양은 그 당시로서는 상상할 수 없는 규모였다. 호베르뚜 시몽셍Roberto Simonsen의 확실히 믿을 만한 평가에 의하면, 오로지 미나스제라이스 산악 지방의 계곡 한 군데에서 반세기 동안 캐낸 금의 양이 1852년 캘리포니아에서 금광이 발견될 때까지 전 아메리카에서 캐낸 양보다 많다는 것이다. 페루와 멕시코에서 가져간 전리품은 16세기를 광기의 절정으로 몰아갔고, 갑자기 모든 사물의 금전적 가치를 두 배로 만들었다(몽테스키외가 자신의 그 유명한 수필『스페인의 부』에서 경이롭게 기술한 바에 따르면 그렇다). 그런데 그 전리품의 가치는 그렇게 오랫동안 경시되어 온 식민지 브라질이 본국에 보낸 금의 5분의 1이나 10분의 1밖에 되지 않았다. 그 금 덕분에 포르투갈은 파괴된 리스본을 재건할 수 있었다. 거대한 마프라Mafra 수도원도 법으로 왕에게 바쳐야 하는 '킨토'* (2퍼센트 세금)로 지어졌다. 영국 산업의 급작스런 번영도 그 노란색 거름으로 이루어질 수 있었다. 유럽의 무역과 왕래는 갑작스런 금의 유입으로 더욱 활기를 띠었다. 우주적 시간으로는 1시간이라고도 할 수 있는, 50년이라는 짧은 세월 만에 브라질은 구세계의 자금줄이 되었고, 유럽의 어느 한 국가가 소유할 수 있는 가장 수익성 높고 샘나는 식민지가 되었다. 잠시 정복자들의 꿈이 실현된 것처럼 보였고, 전설적인 엘도라도El dorado가 발견되었다고 말할 수 있었을 것이다.

* * *

그 황금 에피소드는 ─ 브라질 역사에서 하나의 에피소드에 지나지 않을 테니까 ─ 그 도래와 전개 과정, 종국이 어느 정도 극적이었기 때문에 가장 적절하게 묘사하기 위해서는 서로 다른 막과 장면이 있는 연극 작품의 형식을 빌리는 것이 가장 좋을 듯하다.

제1막은 1700년 조금 전에 미나스제라이스의 한 계곡에서 시작되었다. 미나스제라이스는 그 당시 아직 주를 형성하지 못한 상태로, 도시도 길도 없는 무인 지대였다. 파울리스타들의 작은 거점인

---

* 킨토레알(Quinto Real): 스페인어로 '왕실의 5분의 1세'라는 뜻.

따바우치Tabaute에서 어느 날 몇 사람이 말과 노새를 타고 작은 벨랴스 강이 수없이 굽이쳐 돌아가는 산악 지방을 향해 떠났다. 그들 이전에 떠난 수천 명의 사람들처럼 정처 없이 길도 모른 채, 사실 특정한 목적 없이 길을 나섰다. 그들이 유일하게 원한 것은 노예든 가축이든 혹은 귀금속이든 뭔가 발견해서 집으로 가져가는 것이었다. 그때 예기치 못한 발견을 하게 된 것이다. 그들 중 한 사람이 — 비밀 정보에 근거했는지, 아니면 단순히 우연이었는지 알려지지 않았다 — 모래 속에서 처음으로 몇 알의 금을 발견하고는 병 속에 넣어 리우데자네이루로 가져갔다. 항상 그렇듯, 신비하게도 그 색깔은 시샘의 색깔인지라 그 금속을 처음 보는 것만으로도 광란의 이주가 시작되기에 충분했다. 바이아, 리우데자네이루, 상파울루에서부터 사람들은 말과 노새, 당나귀를 타거나, 걷거나, 작은 배를 타고 서웅프랑시스꾸 강을 거슬러 황급히 그곳으로 달려갔다. 선원들은 — 이 시점에서 감독은 대중들에 의해서 재현된 장면들을 동원해야 한다 — 자기 배를 버리고, 군인들은 부대를 이탈한다. 무역상들은 자기 사업을 포기하고, 신부들은 설교대를 떠난다. 노예들은 검은 가축 떼처럼 그 황야로 이끌려 간다. 처음 겉으로 드러난 풍요는 전국적인 대재앙으로 변해 가는 듯했다. 사탕수수 농장과 담배 농장의 일도 중단되었다. 감독관들이 노예들을 데리고 떠나 버렸기 때문이다. 인내심이 필요한 체계적인 일로는 1년 동안 벌어야 할 돈을, 그곳으로 가서 일주일, 어쩌면 하루 만에 벌기 위해서였다. 배에 화물을 선적할 사람도 없었고, 배를 운항할 사람도 없었다. 모든 것이 중지되고 중단되었다. 정부는 생산 인력이 내륙으로 이탈하는 것을 특별 칙령을 통해 제한해야만 했다. 해안의 도시들이 갑작스런 인구 감소로 대재앙의 위협을 받고 있을 때, 반대로 황금 지구에서는 예상치 못한 인구과잉으로 마이다스 왕의 영원한 숙명의 위협, 즉 황금 접시 앞의 빈곤이라는 숙명의 위협을 받고 있었다. 모래와 금 쪼가리는 널려 있었지만, 빵과 옥수수, 치즈가 부족했다. 식량도 없이 황무지로 간 수만 명 어쩌면 수십만 명을 먹일 수 있는 우유와 고기, 가축과 과일이 없었다. 다행히도 다섯 배, 열배 값을 받을 수 있고 물건 값으로 순금을 받을 수 있다는 기대에 장사꾼들은 몇 배 더 노력했다. 갈수록 점점 더 많은 양의 식량과 팽이, 삽, 채 같은 물건들을 육로로, 강으로 그 황량한 곳까지 운송했다. 길들이 뚫리고, 서웅프랑시스꾸 강은 이제 활기찬 교통로로 변해 버렸다. 예전에는 조용히 푸른 강물이 졸린 듯 흘러가고 있었고 몇 달에 한 번 돛단배를 볼 수 있을 뿐이었다. 노예들이 배를 끌며 강을 오르내렸고, 그다음에는 황소들이 달구지를 끌었다. 돌아올 때는 꿈에 그리던 황금을 날 알갱이 상태나 반쯤 주조된 상태로 작은 가죽 주머니들에 담아 오는 것이었다. 사람들이 거의 조는 듯 일하던, 그렇게 조용하던 풍경은 갑자기 황금 열병을 앓는 사람들의 활기로 넘쳐났다.

항상 그러하듯 황금 열병은 사악한 열병이었다. 신경을 흥분시키고, 피를 뜨겁게 하며, 눈을 욕망으로 이글거리게 하고, 감각을 혼란스럽게 했다. 다툼이 생기는 데는 오랜 시간이 걸리지 않았다. 처음 발견한 사람들인 파울리스타는 나중에 도착한 엥보아바Emboaba 들을 배척하고 자기 것을 지키려 했다. 누군가 힘들게 일해서 모은 것을 다른 자가 칼부림으로 강탈했다. 어처구니없는 일이 비극적인 것과 기괴하게도 뒤섞였다. 어제만 해도 거지였던 자들이 우스꽝스럽게도 화려한 옷을 자랑하면서 거드름을 피웠다. 노름판에서 탈영병과 막일꾼들이 주사위 놀이로 전 재산을 날렸다. 1막은 오페라의 한 장면으로도 손색없이 끝이 난다. 그렇게 수천 지점에서 미친 듯이 땅을 파재끼는 과정의 끝에 디아망치나Diamantina 근처에서 금보다 더 귀중한 것이 발견되었다. 바로 다이아몬드였다.

2막에서는 새로운 주인공이 등장한다. 왕실의 권리를 지키려고 포르투갈에서 온 총감독이었다. 그는 새로운 지방을 감독하기 위해 도착했다. 무엇보다도 법적으로 군주에게 해당되는 2퍼센트 세금을 확실하게 받기 위해서였다. 질서를 확립하기 위해 총감독 뒤에는 병사들이 행진했고, 말을 탄 용기병龍騎兵들이 그 뒤를 따랐다. 화폐 주조소가 설립되었고, 발견된 금은 모두 그곳에 넘겨서 용해하도록 했다. 정확한 통제를 위해서였다. 하지만 거친 군중은 그 어떤 통제도 원하지 않았다. 반란이 일어났고 무자비하게 진압되었다. 그렇게 해서 구속받지 않던 모험은 서서히 통상적인 산업으로 변하고, 왕권의 엄격한 감시를 받게 된다. 금이 나는 한정된 지역에는 빌라히까, 빌라헤아우, 빌라알부께르끼 같은 대도시가 점차적으로 형성된다. 수십만 명의 사람들이 그 도시에 모여 급하게 흙으로 지어진 오두막이나 가옥에서 살았다. 뉴욕을 비롯해, 그 당시 아메리카의 다른 어떤 도시보다 인구가 많았다. 그러나 오늘날 그 도시

● 금광을 차지하려는 외지인들이라는 뜻으로 부정적인 의미를 지니고 있다.

들에 대해서 아는 사람은 거의 없다. 그리고 오늘날 세계는 그 도시들에 대해 아주 애매한 지식만 가지고 있다. 포르투갈은 보물을 지키고 싶었고, 다른 어떤 나라에게도 단 1시간 동안일지라도 그 황금 샘에 접근하는 것을 허락할 생각이 없었다. 전 지역에 철망 울타리가 쳐지고, 모든 교차로마다 차단 시설이 설치되고, 군인들은 밤낮으로 어디든 순찰했다. 어떤 여행자도 그 지역에 들어갈 수 없었다. 금을 캐던 사람들도 그 지역을 떠날 때면 엄밀한 수색을 받아야만 했다. 혹시 화폐 주조소나 재무국 창고에서 불법적으로 금가루라도 훔쳐 가지 않는지 확인하기 위해서였다. 관련된 조치를 위반하는 어떤 시도라도 하는 자에게는 끔찍한 처벌이 가해졌다. 브라질과 그 나라의 보물에 대해 정보를 전하는 것을 금지했고, 어떤 편지도 밖으로 나갈 수 없었다. 이탈리아인 예수회 사제 안또닐Antonil (조반니 안또니오 안드레오니Giovanni Antonio Andreoni의 가명)의 책 『브라질의 부』는 검열로 금서가 되었다. 포르투갈은 브라질이 지닌 가치에 대해 깨닫자마자 다른 나라들의 위험한 시기와 탐욕으로부터 벗어나기 위해 온갖 기발한 감시 수단을 동원했다. 어느 지점에서 금이 나오고 어떤 지점에서 다이아몬드가 나오는지, 어떤 곳들이 왕실이 참여한 광산인지는 단지 재무국의 관리들만 알고 있어야 했다. 사실, 그 시기에 얻은 이익에 대해 오늘날 아무도 정확한 규모를 알 수 없다. 하지만 그 수익이 엄청났다는 것은 의심의 여지가 없다. 언급된 2퍼센트 세금 외에도 22캐럿 이상의 다이아몬드들이 모두 오래전부터 비어 있던 금고로 들어갔다. 그 다이아몬드들은 아무 보상도 받지 못하고 국가에 바쳐야 했다. 게다가 하룻밤 사이에 부자가 된 식민지가 수입해 가는 상품을 통해 얻는 수익과, 노예들에 대한 관세 개념의 세금도 가장 큰 수익으로 추가되었다. 노예들은 광산 개발을 가속화하기 위해 두 배로 수입되어야 했다. 포르투갈은 인도와 아프리카에서 소유지를 상실한 뒤였지만 자신들의 "해외 지역" 중에 가장 가치 있는 지역이 남았다는 사실을 이제야 깨달았다. 그곳은 포르투갈 사람들이 별로 관심도 없던 나라였다. 그리고 브라질은 포르투갈에서 가장 가난했던 자식들과 추방된 자들에 의해 식민지화된 나라였다. 바로 그런 브라질이 가장 가치 있는 지역이 되었던 것이다.

황금 희비극의 제3막은 70년 정도 뒤에 일어나는데, 비극적 전환을 보여 준다. 첫 장면은 이미 모습이 완전히 바뀐 빌라히까와 빌라헤아우에서 전개된다. 어두운 녹색의 헐벗은 산, 좁은 계곡을 거칠게 달려가는 강 등 풍경은 바뀌지 않았다. 하지만 반대로 도시들은 변해 있었다. 내부가 그림과 조각으로 화려하게 장식된 밝은색의 교회는 산등성이 위에 위압적으로 서 있었다. 총감독의 궁전 주변에는 우아한 집들이 모여 있었다. 그 안에는 귀족과 돈 많은 사람들이 살고 있었다. 하지만 이제는 과거나 옛날처럼 흥청망청 즐기지 않았다. 거리와 술집과 사업장마다 활기를 불어넣던 무언가가 사라져 버렸다. 사람들의 눈동자를 빛나게 하고, 사람들을 더욱 여유롭고 의욕적으로 만들던 무언가가, 그 지역 분위기를 들뜨게 하고 열정적으로 만들던 무언가가 사라져 버렸다. 그 무엇은 바로 금이었다. 강은 여전히 거품을 일으키며 흘러갔고, 모래처럼 된 돌가루를 강가로 쉬지 않고 날라 왔다. 하지만 체로 아무리 치고, 아무리 씻어도 쓸데없는 모래만 남았다. 이젠 지난날처럼 번쩍이는 무거운 알갱이는 찾을 수 없었다. 노예를 50명에서 1백 명 정도 데려다 놓고 모래를 큰 나무 대야에 넣고 계속 휘저으라는 명령만 내리면 순도 높은 금 알갱이가 몇 온스씩이나 나와 부자가 되던 시절은 지나가 버렸다. 벨랴스 강의 금은 지표에 충적된 금이었는데, 이제 다 사라진 것이다. 금을 산속에서 캐내기 위해서는 기술적이고 고된 작업이 필요했는데, 그 시대도 그 나라도 그 일을 해낼 수 있는 상황은 아니었다. 이로 말미암아 변화가 일어났다. 빌라히까°는 가난한 마을로 변했다. 어제 금을 씻던 사람들은 가난뱅이가 되어 씁쓸하게 나귀와 노새, 노예와 보잘것없는 세간을 챙겨 떠나 버렸다. 산등성이마다 수천 채씩 흩어져 있던 노예들의 흙집들은 비에 깎여 가거나 허물어져 버렸다. 이제 더는 감시할 금도 없었기에 용기병도 떠났고, 화폐 주조소는 녹일 것도 없었으며, 총감독은 관리할 대상도 없었다. 주변 사람들에게 훔치거나 사취할 것도 없었기에 감옥마저 비게 되었다. 황금시대는 종말을 맞았다.

제4막은 두 개의 장면으로 나뉘어 동시에 진행된다. 한 장면은 포르투갈에서, 다른 하나는 브라질에서다. 첫 번째 장면은 리스본에 있는 왕궁에서 일어난다. 왕실 자문회의가 소집되었고, 재무국의 보고서가 낭독되었다. 끔찍한 내용이었다. 브라질에서 보내오는 황금은 계속 줄어들고 있었고, 부채는 계속 증가하고 있었다. 뽕바우 후작이 세운 공장들은 자금 공급이 끊어져 파산 직전이었다. 활

° 부유한 마을이라는 뜻.

기차게 시작되었던 리스본 재건은 중단되어 있었다. 어디서 자금을 끌어올 것인가? 브라질에서 금이 들어오지 않는데, 어떻게 대체할 것인가? 예수회를 추방하고 그 재산을 몰수했지만 아무 소용없었다. 포르투갈인들이 꿈꿔 온 첫 번째 제국이 사라진 이후 이제 영원한 엘도라도마저 사라져 버린 것이다. 항상 그러했듯, 황금은 행복을 약속하고는 그것을 지키지 않았다. 포르투갈은 처음 상태로 돌아가는 것에 순응할 수밖에 없었다. 작고 조용한 나라, 그 조용한 아름다움 때문에 사랑을 받을 만한 나라로 돌아갈 수밖에 없었다.

두 번째 장면은 동시에 미나스제라이스에서 전개되는데, 완전한 대조를 보여 준다. 노새, 나귀, 노예와 가져갈 수 있는 모든 재산을 가지고 황량한 산악 지역을 떠난 사람들은 비옥한 평야를 발견했다. 그곳에 정착하게 되고, 마을과 도시가 생겨났다. 배들은 서웅프랑시스꾸 강을 오갔다. 통행량은 증가했고, 사람도 살지 않고 농사도 짓지 않던 곳이 활기 넘치는 새로운 지방으로 변해 갔다. 포르투갈에게는 손실이 브라질에게는 이득이 되었다. 금이 사라진 대신한없이 더 가치 있는 재산을 발견했다. 활기찬 생산 활동에 적합한 새로운 대지를 발견한 것이다.

* * *

사실 인구학적 관점에서 보면, 미나스제라이스의 황금을 찾아 나선 행렬은 내륙으로의 첫 번째 대규모 이주였고, 브라질의 민족적, 경제적 발전에 결정적 역할을 했다. 그와 같은 빈번한 내부 이주가 없었다면 그렇게 엄청난 규모의 국가가 어느 정도 민족적 단일성을 유지해 왔다는 사실이 설명될 수 없을 것이다. 빠라나Paraná에서 아마조나스Amazonas까지, 대서양에서부터 도달할 수 없을 정도로 멀리 떨어진 고이아스까지 언어가 동일하다는 사실이, 다양한 방언의 뉘앙스조차도 없이 동일하다는 사실이 설명될 수 없을 것이다. 그리고 기후와 직업적 차이에도 어디에서나 동일한 관습이 지배하고, 대중적인 양식이 동질성을 유지해 왔다는 사실이 설명될 수 없을 것이다. 국토의 면적이 넓은 모든 나라에서는 공통적으로 일어난 현상이지만, 브라질에서도 이주자들은 유럽의 농부들보다 토지에 대한 애착이 덜했다. 유럽에서는 소유지가 좁게 한정되어 있기 때문에 농부는 자기의 집과 토지에 전적으로 매달려 있었다. 브라질에서는 내륙의 모든 토지가 주인이 없었기 때문에, 그리고 어디든지 원하는 곳의 땅을 마음 내키는 대로 차지할 수 있었기 때문에 사람들은 진취적이었고, 유랑 생활에 젖어 있었다. 그래서 유럽의 농부보다 전통에 덜 집착하는 식민 개척자는 쉽게 거주지를 옮기고, 무엇이든 새로운 기회가 주어지면 즉시 쫓아가는 것이 자연스러웠다. 그래서 브라질 경제의 대변화, 한 독점 상품에서 다른 상품으로의 이동, 이른바 시대별 생산물의 변동은 이주와 정착의 균형 이동으로 나타나기도 했다. 그래서 어떤 의미에서 그 시대들은 생산한 대상에 의거해 명칭을 붙일 수도 있고, 그 시대에 생겨난 도시나 지역에 따라 명칭을 붙일 수도 있을 것이다. 목재의 시대, 설탕의 시대, 면화의 시대는 북부에 사람들이 살도록 했다. 바이아, 헤시피, 올링다, 세아라Ceará, 마라녀웅이 만들어졌다. 미나스제라이스에는 금 때문에 사람들이 살게 되었다. 리우데자네이루는 왕과 궁정이 옮겨왔기 때문에 커졌다. 상파울루의 환상적인 발전은 커피 제국 덕분이었다. 마찬가지로 마나우스Manaus와 벨렝Belém의 갑작스런 번창은 짧은 고무의 시대 덕분이었다. 그리고 다음에 이어질 변화로서 금속 채굴과 산업화에 따라 어떤 도시들이 생겨날지 우린 아직 모른다.

그렇게 균형을 잡아가는 과정은 현재 순간까지 지속되고 있는데, 브라질 사람이 특히 동적인 성격을 가지고 있기 때문이다. 그리고 피부색과 관련된 유산 때문에 그 과정은 끊임없이 조장되었다. 아프리카 이민이 쉬지 않고 유입되었고, 그 후에는 유럽 이민이 추가되어 유기체적 확장 과정이 완전히 멈추는 것을 허락하지 않았다. 너무나 활기가 넘친 나머지 사회적 분리를 피했고, 개인적 감정보다는 국민적 감정에 비중을 더 두었다. 가끔씩 '아무개는 바이아 출신이고, 아무개는 뽀르뚜알레그리Porto Alegre 출신이다'라는 말을 듣게 된다. 하지만 더 깊이 들어가 보면 그들의 아버지와 어머니는 또 각각 다른 지역 출신들이라는 사실이 항상 드러나고야 만다. 그런 끊임없는 수혈과 이식 덕분에 브라질식 동질성은 기적같이 오늘날까지 존속되었다. 오늘날은 라디오와 신문의 결합력 덕분에 소통 가능성이 증가했기에 국민적 결합이 훨씬 더 자연스러워졌다. 스페인계 남아메리카 제국이 면적에서나 인구에서 포르투갈의 식민지였던 브라질보다 우세하지도 못하지만, 지역별로 서로 다른 정부들로 나뉘면서 사투리, 관습, 습성 등에서 아르헨티나, 칠레, 페루, 베네수엘라의 특징들이 선명하게 드러났다. 한편 중앙집권적 브라질 정부는 처음부터 범국가적으로 효율적이고 절대적인 단일한 형태를 준비했다. 그 형태는 일찍부터 국민들의 영혼에 유기적으로 뿌리 내리고 있었기 때문에 브라질은 경제적 측면에서도 무너뜨릴 수 없는 나라가 되었다.

* * *

20세기 시작 시점에서 식민지 브라질과 본국인 포르투갈 사이의 대차대조표를 만들어 본다면, 완전히 그림이 바뀐다. 1500년부터 1600년까지 브라질은 받는 쪽이었고 포르투갈은 주는 쪽이었다. 포르투갈은 선박과 상품, 군인과 상인과 식민지 개척자를 보내야 했고, 포르투갈의 백인 인구는 새로운 식민지의 열 배 이상이었다. 1700년경, 다시 말해 18세기 초 무렵, 저울은 어느 정도 균형이 잡혀 있었거나, 어쨌든 브라질에 유리한 쪽으로 조금 기울어져 있었다. 1900년경, 비율은 놀라울 정도로 바뀌어 있었다. 포르투갈은 9만1천 평방킬로미터의 면적으로 850만 평방킬로미터의 브라질과 비교하면 아주 작았다. 브라질은 흑인 노예 숫자만 해도 포르투갈 전체 인구보다 많았다. 경제력에 있어 아메리카의 제국인 브라질은 이미 가난해진 유럽의 본국, 갈수록 재정적으로 쇠약해져 가는 본국과는 비교할 수조차 없었다. 많든 적든 금이 나왔고, 다이아몬드, 설탕, 면화, 담배, 목축, 광물, 게다가 매년 증가하는 노동력까지 있어 브라질은 이미 오래전에 그 어떤 도움도 필요하지 않게 되었다. 이제 엄마가 아이를 돌보는 것이 아니라, 아이가 엄마를 돌보게 되었다. 리스본에 지진이 일어났을 때, 브라질은 적어도 3백만 끄루자두를 선물로 보내 도시 재건에 쓰도록 했다. 이미 포르투갈에서는 브라질에 재산이 있거나 브라질 항구나 도시와 사업을 하지 않으면 부자 축에 끼지 못했다. "포르투갈이라는 작은 집"에 비하면 브라질은 온 세상처럼 보였다.

그렇지만 브라질이 더 강하고 활기 넘치고 견고해질수록 본국은 그 자식이 너무 발전해 예기치 않은 어느 날 자신의 보호에서 벗어나려 할까 봐 불안해했다. 이미 독립적으로 행동하고, 생각하고, 일을 해내는 그 자식을 보행기에 가두어 두려고 거듭 애를 썼다. 아직 왕실의 보호가 필요한 어린 아이처럼 다루었다. 강제로 브라질의 경제적 독립을 막으려 했다. 미국이 이미 오래전부터 자신의 운명을 자유롭게 결정할 수 있었지만, 브라질은 아직 자신의 원자재 말고는 상품을 생산할 수 있는 권한이 없었다. 브라질에서는 천을 생산하는 것이 금지되어 있었고, 본국을 통해서만 구입할 수 있었다. 스스로 선박을 건조할 수도 없었는데, 포르투갈 선주들에게 이익이 돌아가도록 하기 위함이었다. 지식인, 기술자, 산업가들을 위한 공간이나 영역이 브라질에서는 허락되지 않았다. 브라질에서는 책을 출판할 수 없었고, 일간신문도 간행될 수 없었다. 예수회 사제들을 추방하면서 브라질에서 교육을 펼치던 유일한 사람들이 없어졌다. 그 모든 조치들이 경제적 발전 및 세계시장과의 자유로운 소통을 못하도록 하기 위해서였다. 브라질은 계속 예속화된 나라여야 했다. 가능한 한 덜 독립적이고, 덜 지적이며, 덜 민족적일수록 포르투갈에게 좋았던 것이다. 모든 독립 시도는 폭력으로 진압되었다.

브라질 내륙에 주둔하고 있는 포르투갈 군대는 외부의 적에 맞서 브라질을 보호하는 임무를 맡은 것이 아니라 — 그 일은 브라질이 오래전부터 자신의 힘만으로도 해결할 수 있었다 — 바로 브라질에 맞서 왕실의 경제권을 보호하는 임무를 맡고 있었다.

하지만 역사에서는 같은 현상이 항상 반복된다. 신중함과 무관심으로 수많은 세월 동안 등한시했던 것이 완력에 의해 순식간에 강제로 실현된다. 브라질에 자유를 선사한 것은 — 우스꽝스럽기까지 하다 — 유럽의 폭군, 나폴레옹이었다. 그는 자기 군대를 번개처럼 진격시켜 포르투갈 왕이 리스본의 거처를 버리고 서둘러 도망치지 않을 수 없게 했다. 동시에 수십 년, 수백 년 동안 자기 궁정과 나라의 충직한 보조자였던 브라질이 자기 힘으로 지은 궁궐들을 왕이 직접 눈으로 확인하도록 만들었다. 세리나 헌병대를 대신해 이번에는 처음으로 브라강자 왕가의 일원인 주어웅 6세가 자신의 조정 신하와 귀족, 성직자를 데리고 식민지에 나타났다.

하지만 19세기는 이제 브라질이라고 불리는 식민지를 보지 못하게 될 것이다. 주어웅 왕은 엄숙하게 자기 아들이 성년이 되었음을 선언하지 않을 수 없었다. 피신한 왕이자 불행하게도 패배한 왕인 자신을 이어갈 아들이었다. 연방 왕국이라는 명칭과 함께 브라질은 포르투갈과 동일한 위치가 되었고, 그 고상한 왕국 포르투갈의 수도는 12년 동안 떼주Tejo 강 주변이 아니라 과나바라 만의 주변에 있게 되었다. 갑자기 브라질을 세계무역과 분리시켰던 장벽이 무너졌다. 금지와 허가, 엄격한 칙령의 시대는 지나갔다. 1808년부터 외국의 증기선을 끌어들일 수 있었고, 바다 건너 포르투갈 재무국에 조공을 지불할 필요 없이 상품을 교환할 수 있었다. 이제 브라질은 독립적으로 일하고 생산하고, 말하고 쓰고 생각할 수 있었다. 이렇게 해서 경제적 진보와 동시에, 마침내 그렇게 오랜 세월 동안 억압받았던 문화적 발전을 시작할 수 있었다. 네덜란드에 의한 일시적 점령 사건 이후 처음으로 명망 있는 예술가, 지식인, 기술자들을 브라질로 불러 고유한 문화의 발전을 장려할 수 있게 되었다. 그때까지 전혀 보지 못했던 도서관, 박물관, 대학, 학술원, 기술학교 등이 설립되었다. 그리고 세계의 문화 영역 안에서 브라질의 고유한 개성을 드러내고 입증할 수 있는 완전한 자유가 브라질에 주어졌다.

하지만 자유의 맛을 한번 보고 그 소중함을 알게 된 브라질은 조건 없는 온전한 자유를 쟁취할 때까지 멈추지 않았다. 새로운 왕국과 바다 건너 오래된 왕국을 묶는 약한 매듭마저도 브라질에게는 속박과 억압의 기분이 들게 했다. 그리고 브라질이 1822년 스스로를 제국으로 지정함으로써 진정한 독립이 시작되었다.

* * *

좀 더 적합하게 말한다면, '독립이 시작되었다고 할 수 있다'라고 표현할 수 있을 것이다. 왜냐하면 브라질은 단지 정치적 독립만 성취했지 경제적 의미에서는 그렇지 못했다. 오히려 19세기가 한참 진행된 시점에도 브라질은 영국이나 다른 산업화된 국가들에게 경제적으로 종속적인 상태에 있었다. 과거에 포르투갈에 종속된 것보다 더 심한 상태였다. 브라질은 리스본으로부터 오는 규제들 때문에 제대로 발전할 수 없는 상태에서, 18세기 말에 세계를 근본적으로 변화시키기 시작한 산업혁명을 활용하지 못하고 그냥 지나갔다. 그때까지만 해도 식민지에서 나오는 상품 공급에 있어서는 모든 경쟁에서 이길 수 있었다. 노예제도 덕분에 노동력이 저렴했기 때문이었고, 그래서 경제적 측면에서 아메리카의 모든 식민지 가운데 1위 자리를 유지할 수 있었다. 독립을 선언하는 순간에도 수출에 있어서는 북미에 앞서고 있었다. 어떤 해에는 브라질의 수출이 영국과 맞먹었다. 하지만 새로운 세기가 시작되면서 세계경제에 새로운 요인이 개입했다. 기계였다. 리버풀이나 맨체스터에서 열두 명의 노동자가 운행하는, 증기기관을 이용한 기계 한 대는 같은 시간에 1백 명, 곧이어 1천 명의 노예가 생산하는 것보다 더 많은 것을 생산했다. 그때부터 수공업은 갈수록 기계화, 조직화된 산업에 대항할 수 없었다. 마치 벌거벗은 원주민들이 화살로 기관총이나 대포에 대항할 수 없는 것과 마찬가지였다. 시대 흐름에 뒤처지는 상황은 그 자체로도 치명적이었지만, 또 다른 불운으로 더 심각해졌다. 브라질에서 나는 광물과 금속 종류는 광범위하고 없는 것이 거의 없었지만, 하필 원동력이 되는 에너지자원이 없었다. 그 점이 19세기에는 치명적이었다. 바로 석탄이 나지 않았던 것이다.

수송과 동력 생산에서 이 새로운 에너지 물질을 이용하기 시작했어야 하는 중요한 시점에 브라질은 그 광활한 영토 내에 탄광이 하나도 없었다. 단 1킬로그램의 석탄일지라도 여러 주일에 걸쳐 수송해 와야 했고, 설탕으로 지불하는 석탄 가격은 아주 비쌌다. 더군다나 설탕 가격은 급속히 떨어지고 있었다. 이런 이유로 수송비는 비싸졌고, 게다가 산이 많은 나라인지라 철도 건설은 어쩔 수 없이 수십 년 지체되었다. 그런데다 건설된 철도 길이도 충분하지 못했다. 미국과 유럽에서는 상거래와 교통의 리듬이 해마다 열배, 백배, 아니 천배까지 더 빨라지는 동안, 브라질에서는 석탄이 나오지 않았고, 산들은 장애가 되고, 강들은 구불구불 돌아가면서 마치 새로운 세기에 저항하는 것처럼 보였다. 그런 상황의 결과는 오래지 않아 명백해졌다. 5년이 다르게 브라질은 근대적 발전에 더욱 뒤처지게 되고, 무엇보다 북부는 교통, 통신수단의 부족으로 침체의 늪으로 빠져들었는데, 시간이 갈수록 막을 길이 없었다. 미합중국에서는 철로가 국토의 동서와 남북을 삼중, 사중으로 연결하는 시대에, 미국과 똑같은 면적을 가진 브라질에서는 국토의 10분에 9에 해당되는 지역이 철길에서 수천 마일 떨어져 있었다. 미국의 미시시피, 허드슨, 산로렌주San Lorenzo 강에서는 근대적인 증기선이 끊임없이 오르내리는데, 아마존 강과 서웅프랑시스꾸 강에서는 굴뚝에서 연기를 내뿜는 배를 보기가 매우 어려웠다. 이런 이유로 미국과 유럽에서는 탄광, 제철소, 공장, 상업 중심지, 도시, 항구들이 갈수록 시간 손실을 줄이면서 협력해 대량생산 능력과 효율을 매년 갱신하는데, 브라질에서는 19세기가 많이 진행된 시점에도 무기력하게 18세기, 17세기, 아니 심지어 16세기 방식에서도 벗어나지 못하고 있었다. 언제나 동일한 원자재를 공급했고, 따라서 그 상품이 판매되는 세계시장의 가격 변동에 무방비 상태로 자신을 내맡기고 있었다.

이런 식으로 무역수지는 갈수록 적자가 심해졌고, 브라질은 아메리카에서 중요도가 1열에서 2열, 3열로 처졌다. 19세기 초에는 브라질 경제의 모습이 기형적이기까지 했는데, 다름 아니라, 세계 어느 나라보다 철을 많이 보유했으면서도 기계 한 대, 연장 하나도 모두 외국에서 수입해야만 했기 때문이다. 게다가 그 땅에서 면화를 무한정 생산하면서도 영국으로부터 날염된 직물을 수입해야 했다. 벌목을 하지 않은 밀림이 무한히 펼쳐져 있었지만 종이를 외국에서 구입해야 했다. 전통적인 수공업으로 생산되지 않는 물건, 분업화를 통해 생산되는 물건이라면 마찬가지로 모두 수입해야 했다. 항상 브라질에서 그래 왔듯이, 모든 과정을 재편하기 위한 대규모 투자만이 나라를 구할 수 있었다. 하지만 브라질은 금의 채광이 중단되면서 자본이 부족했다. 그래서 초기의 공장, 철도, 몇 안 되는 대규모 기업은 전적으로 영국, 프랑스, 벨기에 회사에 의해서 만들어졌다. 그 결과 새로운 제국은 익명의 집단에 종속된 식민지가 되어 세계적 착취에 내맡겨진다. 경제활동의 속도와 창조적 에너지로 경제 영역에 활기를 불어넣는 일이 한 나라의 경제 발전을 결정하는 시대에 브라질은 옛날 방식 그대로 작업을 하고, 옛날처럼 느리게 상거래를 하고 있었기에, 완전한 쇠락의 위협을 받았다. 브라질 경제는 다시 가장 보잘것없는 상태로 돌아갔다.

　하지만 무한한 가능성을 가진 이 나라는 전격적인 재적응을 통해서 매번 위기를 극복해 왔다. 가장 중요한 수출 품목이 효력이 다하자마자 더 수익이 나는 다른 것을 발견해 왔던 것이다. 17세기에는 설탕 덕분에, 18세기에는 금과 다이아몬드 덕분에 뜻밖에도 기적을 이루었듯이, 19세기에는 커피를 통해 기적을 이루었다. 백색 황금이라고 할 수 있는 설탕의 시대와 진짜 황금의 시대 이후에, 암갈색 황금이라고 할 수 있는 커피의 시대가 시작되었다. 커피의 시대는 잠시 동안 '액체 황금'이라고 할 수 있는 고무의 시대로 대체되기도 했다. 커피는 비교할 수 없는 승리의 행진이었다. 브라질은 19세기 내내, 그리고 20세기 일부 기간 동안 세계시장을 완전히 독점했다. 다시 한 번 브라질의 오래되고 전형적인 요소들 덕분이었다. 비옥한 토질, 손쉬운 재배, 원시적 생산과정 등이 커피가 브라질에 특히 적합한 품목이 되게 하는 요소들이었다. 커피 열매는 기계로는 심을 수도, 수확할 수도 없었다. 그런 분야에서 노예는 쇠로 된 기계보다 훨씬 더 효율적이었다. 설탕, 카카오, 담배의 경우와 마찬가지로, 커피는 세련된 미각에 호소하는 고급 기호품이었다. 사실, 앞선 제품들의 보완재라 할 수 있는데, 왜냐하면 담배, 설탕, 커피는 좋은 식사를 마무리하는 이상적인 삼위일체였기 때문이다.

항상 브라질을 구해 낸 것은 그 나라의 태양, 토양의 힘과 비옥함이었다. 과거 원산지에서 맛있었던 것이 이 새로운 땅에서는 더욱 맛있게 되었다. 어느 지역에서도 이 아열대 지방에서처럼 커피가 풍성하게 자라고 그렇게 향기가 그윽할 수가 없었다. 이미 몇 세기 전에 사람들은 그 알갱이의 각성 효과를 알았다. 하지만 1730년 커피가 아마존 지역에 이식되고, 1763년 리우데자네이루 지역에 이식되면서 사람들은 그 열매를 이제 고급 제품으로 인식하게 되었다. 그 결과 커피 판매는 국가 경제에 결정적인 것이 되었다. 19세기 초만 해도, 커피는 통계 지표상의 양과 금액 측면에서 면화, 가죽, 카카오, 설탕, 담배보다 훨씬 뒤처져 있다. 설탕, 담배 같은 커피의 형님들의 경우와 똑같이 그 훌륭한 각성제의 소비 습관이 유럽과 미국의 광범위한 계층으로 점점 확산되면서 커피 재배는 더 활기를 띠었다. 19세기 후반에 커피 생산과 판매는 가파른 상승 곡선을 그리며 증가했고, 브라질은 전 세계 커피 공급원이 되었다. 수요에 부응하기 위해서는 점점 더 신속하게 생산을 확대해야 했다. 수십만 명, 수백만 명의 노동자들이 상파울루 지방으로 몰려들었고, 상뚜스 항구의 부두와 창고는 확장되어야 했다. 그 항구에서는 커피를 실은 배를 하루에 30척이나 볼 때도 있었다. 수십 년 동안 브라질은 커피 수출을 통해 경제를 꾸려 갈 수 있었다. 엄청난 숫자들을 보면 그 수출 규모가 어떠했는지 알 수 있다. 1821년에서 1900년까지, 다시 말해 80년 동안 브라질은 커피를 2억7,083만5천 영국 파운드어치를 팔았고, 오늘날까지 총 20억 파운드 이상 팔았다. 이 금액으로는 국가의 총 투자와 수입을 다 감당할 수 있었다. 하지만 다른 한편, 이와 같은 단일 품목 생산은 브라질이 상품 거래소에서 결정되는 가격에 갈수록 더 의존하는 결과를 가져왔다. 그리고 브라질 화폐의 가치도 커피 가격에 묶여 있었다. 커피 가격이 떨어질 때마다 미우 헤이스mil réis●의 가치도 동반 하락했다.

그리고 마침내 커피 값의 하락은 피할 수 없었다. 커피나무를 심는 사람은 판매가 매우 손쉽다는 것에 매력을 느껴 자기 농장을 계속 키워 갔다. 그리고 무계획적인 초과생산에 적절하게 대처할 수 있는 조직적인 경제계획이 없었기 때문에 위기는 자꾸 닥쳐왔다.

● 브라질의 옛 화폐단위.

정부는 그런 재앙을 피하기 위해 여러 차례 개입해야 했다. 때로는 수확물을 구매해 주기도 하고, 때로는 실질적으로 묘목 식수를 금지하는 뜻에서 새로운 커피나무를 심는 데 따른 세금을 부과하기도 했다. 때론 커피 값이 떨어지는 것을 막기 위해 사들인 커피를 바다에 버리기도 했다. 하지만 위기는 계속 잠복해 있었다. 잠시 커피 값이 상승하는가 싶다가 다시 떨어지고, 또 떨어지고 했다. 그리고 가격이 한번 떨어질 때마다 미우 헤이스의 가치도 동반 하락했다. 1925년에 한 포대에 5파운드였던 커피 한 자루 값이 1936년에는 1파운드50센트밖에 되지 않았다. 그에 따라 미우 헤이스의 가치는 더 가파르게 추락했다. 그러나 국가재정의 안정과 국내 산업의 균형을 위해서는 커피의 절대적 지위가 종말을 고하고 한 나라의 안녕과 위기가, 국제 상품거래소에서 우연히 매겨지는 커피 가격에 의해 결정되지 않는 편이 더 나았다. 항상 그랬듯이, 이번 경우에도 경제 위기가 브라질을 위해서는 국가적으로 이익이 되었다. 왜냐하면 생산을 골고루 분산시키도록 유도했고, 카드 하나에 국가의 운명을 거는 도박 같은 위험성을 제때에 알려 주었기 때문이다.

* * *

왕좌를 승계하고픈 강력한 왕자가 정부를 장악하기 위해 브라질 경제의 왕인 커피에 대항해 한동안 반기를 드는 것처럼 보였다. 그 왕자는 바로 고무였다. 사실 고무는 자신의 의도를 정당화할 수 있는 도덕적 권리를 일정 부분 가지고 있었다. 고무는 커피처럼 상당히 뒤늦게 도착한 이민자가 아니라 그 땅에서 태어난 시민이었다. 고무나무는 에베아 브라질리엥시스Hevea Brasiliensis[파라고무나무]로서 아마존 밀림에 원시 상태로 있었다. 수만 년 전부터 3억 그루의 고무나무가, 그 특별한 외양과 아름다운 생기가 유럽인들에게 알려지지 않은 채 그곳에서 자라왔다. 원주민들은 그 나무의 수액을 — 1736년, 라 콩다미느La Condamine가 아마존 강을 따라 여행하던 기회에 처음으로 확인한 바에 따르면 — 배의 돛이나 그릇의 방수를 위해 가끔씩 사용했다. 하지만 그 끈끈한 수액은 너무 높거나 낮은 온도에 견디지 못해 산업적으로 유용성이 없었던바, 19세기 초에는 적은 양만 원시적 제품 형태로 북아메리카에 수출되었다. 1839년, 찰스 굿이어Charles Goodyear가 유황과 혼합함으로써 그 연한 덩어리가 열과 추위에 덜 민감한 것으로 바뀐다는 사실을 발견했을 때 결정적인 전환이 이루어진다. 갑자기 고무는 중요 5대 품목 중 하나가 되었다. 중요성에 있어 석유, 석탄, 목재, 철에 뒤지지 않는, 세상에 아주 필요한 것 가운데 하나가 되었다. 호스, 우화雨靴 외에도 수많은 것들을 만들기 위해서 고무가 필요했고, 자전거와 자동차의 등장으로 그 소비는 엄청난 양으로 증가했다.

19세기가 끝날 때까지 브라질은 그 새로운 원자재 상품에 대한 배타적 독점권을 가지고 있었다. 에베아 브라질리엥시스는 — 비길 데 없는 경제적 우연으로 — 오직 아마존 밀림에서만 발견되었다. 브라질은 가격을 결정할 수 있는 조건을 가지고 있었다. 그 소중한 독점권을 혼자 유지하기 위해서 고무나무는 단 한 그루도 수출하지 못하게 금지했다. 바로 브라질이 어떻게 이웃 나라 프랑스령 기아

나로부터 커피 묘목 몇십 주를 들여와 자신의 가장 위험한 적을 곤경에 빠뜨렸는지 아주 잘 기억나게 하는 조치였다. 그리고 미나스제라이스에서 황금이 발견되었을 때 관찰되었던 현상이 반복되었다. 그때까지 모기와 여러 종류의 벌레만 살던 아마존 밀림으로의 이주 붐이 갑작스레 일었다. 이 '액체 황금' 시대와 함께 그때까지 사람이 살지 않던 지역으로 거대한 국내 이주 현상이 새로이 시작되었던 것이다. 갑작스런 가뭄으로 자신들의 거처를 떠나야 했던 세아라 지역 사람 7천 명을 인력 회사들이 고용해서 보트와 소형 선박을 이용해 벨렝으로 수송했고, 거기서 다시 숲으로 데려갔다. 사실은 그들을 '팔았다'는 말이 더 적합했을 것이다. 왜냐하면 마치 미나스제라이스가 잘나갈 때의 그 황금 계곡에서처럼 모든 법과 감시로부터 벗어나 있는 그 아마존 지역에서는 끔찍한 착취 시스템이 시작되었기 때문이다. 비록 노예는 아니었지만, 이 세링게이루들은 실질적으로 노예 상태에 놓여 있었다. 근로계약 때문만이 아니었다. 기업주들은 고무에서 얻는 이익만으로는 만족하지 못하고, 그 불행한 '녹색 감옥'의 근로자들에게 그들이 필요한 상품과 식량을 네 배, 다섯 배 가격으로 팔았다. 당시의 모든 끔찍한 실상들을 자세히 이해하기 위해서는 페헤이라 지 가스뜨루Ferreira de Castro의 놀라운 소설을 읽어 보는 것이 좋다. 이 소설은 장엄한 사실주의로 그 부끄러운 시기를 묘사한다. 세링게이루의 노동은 처참했다. 밀림 한가운데 초라한 오두막에 기거하면서, 일체의 문명화된 인간성으로부터는 소외된 채 우선 낫으로 덤불숲을 해치면서 고무나무가 있는 곳까지 길을 열어야 했다. 그러고는 나무에 상처를 내고 수액이 흐르게 했다. 하루에도 이런 일을 여러 차례 반복해야 했다. 숨 막히는 더위 아래서 적기에 채취한 생고무를 끓여야 했다. 기력이 쇠약해지고 열병에 시달리면서 몇 달을 일해도 결국은 기업주들에게 채무자로 끝나게 마련이었다. 그것은 범죄적인 계산법 때문이었다. 근로자들에게 양식을 대주면서 착취한 뒤 곧이어 이주 비용을 받았던 것이다. 노예 계약을 가리키는 완곡어법인 '근로계약'으로부터 벗어나려고 만약 그 불행한 근로자가 도망치면 무장한 감시인들이 노예에게 했던 것과 똑같이 그를 추격해 잡아 왔고, 그때부터는 족쇄를 차고 일해야 했다.

하지만 부끄러운 노동 착취 덕분에, 독점 무역 덕분에, 해마다 늘어 가는 세계적 소비 증가 덕분에 수익은 현기증이 날 정도로 증가했고, 환상적인 상황에 도달했다. 18세기의 빌라히까와 빌라헤아우 시절이, 황무지 가운데 사치스럽게 의미 없는 허세를 부리며 황급히 등장했던 황금의 도시들이 다시 19세기에 되돌아온 것처럼 보였다. 벨렝은 다시 번창하고, 해안에서 1천 마일 떨어진 곳에 새로운 도시 마나우스가 형성되었다. 그 화려함과 웅장함에서 리우데자네이루, 상파울루, 바이아를 능가할 태세였다. 처녀림 한가운데에 포장된 대로와 은행, 전깃불이 있는 궁전, 빌딩, 아름다운 상점, 브라질에서 가장 크고 화려한 오페라하우스가 등장했다. 그 공연장은 적어도 1천만 달러 이상이 들었다. 돈이 돈이 아니었다. 당시 2백 달러의 가치가 있었던 1꽁뚜conto를 마치 1페소인 양 마구 써버렸다. 가장 세련된 사치품들이 파리와 런던에서 도착했다. 사치품을 실은 증기선들이 점점 더 자주 아마존 강물을 가르며 다녔다. 모든 사람이 투기를 했고, 온 세상이 고무 장사를 했다. 고무나무가 피를 흘리고, '녹색 감옥'에서는 세링게이루들이 수백, 수천 명씩 죽어 가는 동안 아마존 지역에서는 '액체 황금'으로 거의 모든 사람이 부자가 되었다. 마치 과거에 그들 조상이 미나스제라이스의 금광에서 그랬던 것처럼 말이다. 국가도 수익이 많이 나는 고무 수출을 통해서 큰 이익을 보았다. 무역수지에서 고무는 도약을 거듭해 위험스럽게도 커피에 근접하고 있었던 것도 사실이다. 자동차가 등장하면서 무한한 가능성이 열렸다. 10년 뒤에는 마나우스가 브라질뿐만 아니라 전 세계에서 가장 부유한 도시에 속하게 될 참이었다.

그러나 무지갯빛 풍선은 부풀어 오를 때만큼이나 빨리 터져 버렸다. 오직 한 사람이 은밀하게 풍선에 구멍을 내었다. 한 젊은 영국인이 뇌물을 가지고 교묘하게 고무나무 수출 금지령을 무력화시키면서 고무나무 씨앗을 적어도 7만 개 이상 영국으로 가져갔다. 영국 큐가든에서 첫 묘목들이 심어지고, 이후 세일론Ceilán,• 싱가포르, 수마트라, 자바로 이식되었다. 그것으로 브라질의 독점은 사라졌다. 그리고 브라질의 생산력은 바로 2선으로 밀려났다. 말레이시아 섬에서는 고무나무를 마치 기수들처럼 똑바로 줄지어 심었고, 그 길이가 수마일씩에 이르는 규모에다, 체계적이고 잘 정돈되게 심었기 때문에 채취하기가 훨씬 쉽고 빨랐다. 브라질에서는 고무나무가 밀림 한가운데 있었기 때문에 우선 나무 주위의 덤불을 제거해야

• 현재 스리랑카.

했다. 늘 그랬듯이, 브라질의 즉흥적인 옛날 방식의 생산은 근대적이고 체계화된 더 우수한 생산방식에 희생되었다.

추락은 눈사태처럼 빨리 진행되었다. 1900년에 브라질은 여전히 4만6,750톤의 고무를 생산한 반면 아시아에서는 4톤만 생산되었다. 1910년에는 아시아에서 8,200톤만을 생산할 때 브라질은 아직 4만2천 톤을 생산해서 압도하고 있었다. 그러나 1917년에 브라질은 7만1천 톤을, 아시아는 8만7천 톤을 생산해 이미 뒤지기 시작했다. 그때부터 추락은 갈수록 속도가 빨랐다. 1938년에 브라질은 1만6,400톤을 생산한 반면, 말레이시아 연방에서는 36만5천 톤을, 네덜란드 식민지에서는 30만 톤을, 인도차이나에서는 5만8천 톤을, 세일론에서는 5만2천 톤을 생산했다. 게다가 그 보잘것없는 1만6천 톤도 애초에 받았던 가격의 일부만 받을 수 있었다. 마나우스의 오페라하우스는 과거처럼 유럽의 주요 극단들을 받아들이지 못하고, 재산은 사라지고, '액체 황금'의 꿈은 다시 환상이 되고 말았다. 다시금, 고무의 시대는 신비한 임무를 완수하고 종말을 고했다. 그 임무란, 당시까지 잠자고 있던 어느 한 지방에 생명과 활기를 불어넣고 나라 전체의 상업과 교통망을 긴밀하게 연계시키는 임무였다.

* * *

19세기 말, 다시 한 번 브라질 발전 과정의 가장 은밀한 법칙이 적용되었다. 브라질은 발전 과정에서 한 주요 상품으로 얻는 일시적 이익에 쉽게 유혹되었고, 재편되기 위해서는 항상 하나의 위기가 필요했다. 그래서 그런 주기적인 위기들은, 요컨대 다양한 형태의 전체적인 발전을 위해서는 장애이기보다는 도움이 되었다. 브라질이 피할 수 없었던 마지막 대변혁은 외부 세계시장의 의지로 강요되었다기보다는 스스로의 의지로 노예제도를 결정적으로 금지한 1888년 법령을 통해서 이루어졌다.

처음에 그 조치는 경제에 너무나 큰 충격이었기에 황제의 권좌까지 무너뜨렸다. 처음 맛보는 자유에 도취된 많은 흑인은 농촌을 버리고 도시로 몰려갔다. 오로지 무상 노동력을 통해 이득을 보던 기업은 활동을 멈추었다. 대농장주는 노예해방으로 자기자본의 상당 부분을 잃었다. 마지막으로 농업과 커피 플랜테이션도, 그렇지 않아도 이미 기계를 이용하는 근대적 생산에 맞설 경쟁력이 없었는데, 파산 위기에 몰렸다. 다시 식민지화 초기의 낡은 호소가 반복되었다. "브라질에 노동력을! 품삯이 얼마든 사람을, 일손을!" 그래서 정부는 할 수 없이 이민을 받아들이는 정책을 체계적으로 추진했다. 그때까지도 정부는 이민에 대해 수동적이고 무관심한 태도를 보이는 자유방임 정책을 채택했다. 하지만 이제부터는 유럽과 아시아 이민을 끌어올 필요가 생겼다. 커피의 시대 이전에 브라질은 거친 사람들만 이주했다. 1817년에 이르러 주어웅 왕은 유럽 이민 중개인들을 통해 2천 명의 스위스인 이민자를 계약을 통해 받아들였고, 그들은 노바프리부르구Nova Friburgo라는 이름의 이주지를 건설했다. 이어 1826년에는 독일인 집단이 히우그랑지두술에 자리를 잡았다. 그 이후 브라질 남부에 들어온 12만 명의 독일인들로 인해 순전히 독일인 지구들이 상따까따리나Santa Catarina와 빠라나에 점차 형성되기 시작했다. 하지만 이 모든 이민은 자발적 이민이거나 사설 중개인의 중개 활동을 통한 이민이었다. 수익을 올릴 수 있는 새로운 생산 활동이 중요해졌지만 오히려 노예 노동력이 부족해졌고, 따라서 국가는, 특히 상파울루 주에서는, 과거보다 대규모 이민을 받아들이기로 결정했다. 돈이 없는 사람들에게는 여비까지 대주고, 농촌 일을 하고자 하는 사람들에게는 일정 면적의 토지까지 나누어 주었다. 보조금은 한창 많은 해에는 연간 현금으로 1만 꽁뚜스에 이르기도 했다. 하지만 브라질이 길을 열고 문을 열자 이민자들이 대거 몰려들었다. 노예해방 한 해 뒤인 1890년에는 이민이 6만6천에서 10만7천으로 늘었고, 1891년에는 당시까지 기록된 것 중 가장 많은 숫자인 21만6,760명에 이르렀다. 그 이후에도 변동은 있었지만 항상 높은 수준을 유지했다. 그 수준은 제한 정책을 펼친 마지막 몇 해 동안에는 다시 연간 2만 명까지 감소했다.

최근 50년 동안 4~5백만 명의 백인 이민은 브라질에게는 엄청난 에너지의 증가를 의미했고, 동시에 문화적, 인종적으로 거대한 이익을 가져왔다. 브라질 인종은 3세기에 걸친 흑인 이민의 결과 그 피부색이 점점 더 검어져 아프리카처럼 될까 봐 두려워했다. 그런데 백인 이민으로 눈에 띄게 밝아지고 있었다. 그리고 원시적으로 형성된 문맹자 노예들의 요소와는 대조적으로 유럽적 요소는 문명의 전반적 수준을 향상시켰다. 이탈리아인, 독일인, 슬라브인, 일본인들은 각자 자기 나라로부터 한편으로는 노동에 대한 완전히 확고한 의지와 에너지를 가져왔는가 하면, 다른 한편으로는 더 향상

된 삶의 수준에 대한 열망을 가지고 왔다. 읽고 쓸 줄 알았고, 기술 관련 지식이 있었고, 노예노동에 잘못 길들여지고 기후 때문에 생산능력이 부진한 집단보다는 훨씬 빠른 속도로 일했다. 이민자들은 본능적으로 출신지 기후와 생활 형태가 비슷한 지방을 찾아 나섰다. 그 결과 주로 남쪽 지방인 히우그랑지두술, 상따까따리나 지방이 그 새로운 '살아 있는 황금' 시대로 가장 활기를 띠는 지역이 되었던 것이다. 이민의 시대가 여러 도시와 상파울루, 뽀르뚜알레그리, 상따까따리나 지역에 의미했던 바는 과거에 설탕이 바이아에, 황금이 미나스제라이스에, 커피가 상뚜스에게 의미했던 바와 동일했다. 바로 결정적인 추진력이었다는 것이다. 거기에서 나오는 에너지는 이어서 주택과 일자리, 공장과 가치 있는 문화를 만들어 냈다. 그리고 바로 이 새로운 소재가 세계의 다양한 지역으로부터 — 이탈리아, 독일, 슬라브 족 국가들, 일본, 아르메니아 — 유래했기 때문에, 정말 행복하게도 브라질은 서로 혼합하고 적응하는 자신만의 오래된 예술에 신뢰를 더 쌓을 수 있었다. 브라질의 가장 독특한 동화력 덕분에 여러 요소들은 놀라울 정도로 빨리 서로 적응했고, 다음 세대는 이미 자연스럽게 동일한 권리를 가지고 오래된 초창기의 이상에 기여했다. 그 이상은 바로, 하나의 언어와 하나의 사고방식으로 통일된 하나의 국가였다.

* * *

최근 50년 동안의 이민으로 이루어진 진보는, 사실, 노예해방이라는 도덕적 행위에 대한 대가였다. 세기가 바뀌는 시점에 4~5백만 유럽인의 유입은 브라질에겐 가장 큰 행운 중 하나였다. 이중의 행운이었다. 우선, 활기차고 건강한 인력이 그렇게 대규모로 유입되었다는 것이고, 두 번째로는 그 유입이 정확히 역사적으로 적절한 순간에 시작되었다는 것이다. 만약 그 규모의 이민이, 만약 수백만 명의 이탈리아인과 독일인이 한 세기 전에만 시작되었어도, 그때는 브라질을 덮고 있던 포르투갈의 문화가 아직 얇은 막에 불과했던 때인지라, 다른 외국어에다 자신들만의 고유한 관습을 가진 그 사람들은 다양한 지방을 차지하고 소유했을 것이고, 브라질의 많은 부분이 이탈리아화되고, 독일화되었을 것이다. 그리고 만약 그 주된 이민 물결이 아직 범세계 정신이 있던 시대에 일어나지 않고 오늘날처럼 민족주의가 고양된 우리 시대에 일어났더라면 그 개인들은 새로운 언어에 녹아들 자세가 되어 있지 않았을 것이다. 각자 자기 나라의 이데올로기에 끈덕지게 집착했을 것이고, 그 새로운 나라의 사상을 받아들이지 않았을 것이다. 마치 황금이 브라질 경제를 부흥시키기에 빠르지도 늦지도 않은 시기에 발견되어 국가의 단일성을 위험에 빠뜨리지 않았던 것처럼, 마치 커피의 구원 시대가 정확하게 경제가 대재앙을 맞이하던 순간에 시작했던 것처럼, 유럽인의 대량 이민도 정확히 가장 풍요로운 결과를 낼 수 있는 순간에 진행되었다. 유럽인의 대량 유입은 브라질 안에서 브라질적인 것을 이국화시키는 대신, 브라질적인 것이 더 활기차고, 다양하고, 개성 있는 것으로 바뀌는 데 기여했다.

* * *

20세기에 이른바 브라질의 천부적 법칙이 또 실현되었다. 그 법칙에 따르면, 경제에 더 활기찬 변화를 주기 위해서는 브라질에 위기가 필요했다. 이번에는 다행히도 국내의 위기가 아니라 대양 건너에서 일어난 두 개의 위기였다. 유럽에서 일어난 두 개의 전쟁은 브라질의 경제적 층들이 형성되는 데 결정적인 자극을 주었다. 제1차 세계대전은 브라질에게, 모든 생산 활동이 하나의 수출 품목에만 매달리고 다양한 산업을 육성하지 않은 것의 위험성을 지적해 주었다. 커피 수출이 중단되고, 그로 인해 주요 동맥이 갑자기 장애를 일으켰다. 여러 주들 전체가 생산된 커피를 가지고 어떻게 해야 할지 몰랐다. 그리고 다른 한편, 매일 사용해야 하는 생필품들의 수입이 불가능해졌다. 왜냐하면 항해가 불안정해지고, 전쟁으로 말미암아 유럽 국가들이 져야 하는 부담 때문이었다. 전체 무역수지 균형이 흔들리기 시작했다. 내부의 균형을 생각하지 않고 방심한 채 커피 원두의 판매에만 너무 일방적인 비중을 두었기 때문이다. 이런 이유로 브라질은 태도를 바꾸지 않을 수 없었고, 국내에 있는 몇 개의 산업체에 매달릴 수밖에 없었다. 국내 산업에 자극을 주기 시작하자 강력한 결과로 이어졌다. 유럽이 공포와 전쟁 준비에 발목이 잡혀 있던 여러 해 동안 브라질에서는 그동안 유럽에서 수입해 왔던 공산품과 수공업 제품들이 무수히 생산되었다. 그것으로 어느 정도 자급자족을 준비할 수 있었다. 몇 년 동안 브라질을 떠나 있다가 돌아오는 사람은 과거엔 수입되던 제품들이 이미 국내에서 생산된 제품으로 대체된 것에 놀랐다. 산업의 체계화에 있어서도, 그렇게 짧은 시간 내에 상당한 수준까지 외국 기술자와 관리자들로부터 독립되었다는 것에 놀랐다. 그런 준비 덕분에 제2차 세계대전은 제1차 세계대전만큼 심각하게 브라질 경제에 타격을 주지는 않았다. 제2차 세계대전 때에도 커피와 다른 많은 수출품들의 가격 하락은 피할 수 없었다. 하지만 커피의 호시절이 끝났지만 상파울루의 인구는 줄어들지 않았다. 황금의 고갈로 미나스제라이스의 인구가 줄었고, 고무의 재앙으로 마나우스의 인구가 줄어들었던 경우와는 달랐다. '한 바구니 안에 모든 계란을 담아 가지 않는다'는 오래된 영국 속담의 지혜를 이미 경제는 터득했던 것이다. 유일한 독점적 품목, 세계시장의 모든 변동에 얽매이는 하나의 품목에 의지하던 때와는 달리, 브라질은 이제 훨씬 더 단단한 기반 위에 서있었다. 이제 경제적 균형은 깨어지지 않았다. 한쪽에서 손실을 보면 눈에 띄게 발전한 산업에 의해서 보상받았기 때문이다. 과거에는 독일이나 다른 봉쇄된 나라에서 수입해 와야 했던 많은 것들이 이제 브라질 내에서 브라질 원자재로 점점 더 많이 생산되었다. 나폴레옹전쟁이 간접적으로 브라질의 정치적 독립을 가져왔듯이, 히틀러의 전쟁은 브라질의 산업화를 가져왔다. 브라질이 정치적 독립을 지켜 내는 방법을 알아 왔듯이, 이제 브라질은 몇 세기를 거치면서 경제적 독립을 지켜 내는 방법을 터득하리란 점은 의심의 여지가 없다.

* * *

현재에서 미래를 예견하는 것은 항상 위험이 따르기 마련이다. 5천만 명의 인구와 끝없이 펼쳐진 대지를 가진 브라질은 아직도 개척의 노력을 엄청나게 기울이는 나라 가운데 하나다. 오늘날은 단지 그 개척 과정의 시작 지점에 있다고 할 수 있다. 따라서 최종적인 조직화를 가로막는 많은 어려움들을 극복해야 한다. 지금까지 많은 과업을 이루어 냈는데도 극복해야 할 어려움들이 만만치 않다. 수세기를 지나오면서 기울인 노력을 올바로 평가하기 위해서는 그들 앞에 놓였던, 지금도 계속 존재하는 장애물들을 고려하는 것이 합당하다. 한 개인이나 한 민족이 물리적, 도덕적 과업을 이루기 위해 어떤 어려움들을 극복했는지는 그 의지력을 알 수 있는 더할 나위 없이 좋은 지표다.

브라질로 하여금 자신의 잠재력을 온전히 다 발휘하지 못하게 하는 두 가지 주된 장애 가운데 하나는 뚜렷하게 드러나지만, 다른 하나는 얼른 눈에 띄지 않게 감추어져 있다. 잠재력을 발휘하지 못하게 하는 이 장애는 감추어져 있기에 더 고약한 것으로, 주민들의 건강 상태에 존재하는 것이다. 정부는 문제를 감추지도 않았고, 방치하지도 않았다. 특히나 평화로운 나라 브라질은 내부에 강적을 가지고 있었고, 매년 전쟁 중인 나라처럼 많은 사람들이 목숨을 잃고 활기를 상실했다. 거의 보이지도 않는 수십조의 미물들과 미생물, 모기와 다른 못된 병의 매개체들과 끝없이 싸워야 했다.

오늘날까지 가장 주된 적은 결핵이다. 결핵은 매년 전국적으로 20만 명의 목숨을 앗아간다. 전체 군대 병력과 같은 숫자다. 브라질인은 체질이 약해서 '하얀 흑사병'에 더욱 무방비 상태로 노출되어 있는 것 같다. 게다가 특히 북부에서는 충분하지 못한, 더 적절히 표현하자면, 적합하지 못한 섭생이 추가 원인이 된다. 그것도 식량이 넘쳐나는 나라에서 말이다. 병 자체를 사라지게 하지는 못하더라도 적어도 병을 확산시키는 매개체를 박멸하기 위한 정부 차원의 단호한 조치가 이미 시작되었다. 그리고 해가 갈수록 그 캠페인은 더욱 강화될 것임을 예상할 수 있다. 하지만 만약 수십 년간 찾아왔던 치료법을 근대과학이 찾아내지 못하면 브라질은 오랫동안 계속해서 그 위험한 적을 염두에 두어야 할 것이다. 그렇지만 매독은 수세기에 걸친 홍보 덕분에 기세가 꺾였고, 분명히 에를리히Ehrlich 치료법 덕분에 곧 사라지게 될 것이다.

브라질의 두 번째 적은 말라리아다. 북쪽의 기후 조건 때문에 당연한 것이지만, 아노펠레스 감비아에Anopheles Gambiae 모기가 예기치 않게 들어옴으로써 더 심해졌다. 그 모기는 1930년에 다카르에서부터 오는 비행기를 통해 들어왔는데, 브라질에 잘 적응해 급속히 번식했다. 브라질에서는 모든 과일, 식물, 동물과 인간까지 잘 적응하고 확산되는 되는 것과 같은 식이었다.

질병 가운데 세 번째 적은 나병이다. 이 병은 근본적 치료법이 없는 한 격리를 통해서 차단될 수 있다. 이런 병들은 비록 죽음에 이르게 하지는 않더라도 생산력을 엄청나게 약화시킨다. 주로 북부에서는 원래 기후 때문에도 생산력이 많이 떨어지며, 유럽이나 미국의 평균보다 훨씬 낮은 상태에 머무른다. 인구 통계가 4천만 혹은 5천만 명을 기록하는 가운데 그 인구의 생산력은 미국이나 유럽, 일본의 생산력에 월등히 미치지 못한다. 이 나라들의 생산력은 건강한 인구의 비율이 훨씬 높고 기후 조건도 훨씬 좋은 가운데 이루어지는 것이다. 브라질에서는 엄청난 숫자의 사람들이 생산자나 소비자로의 경제적 삶을 누리지 못하고 있다. 통계에 따르면 일정한 직업이 없는 실업자의 수는 2천5백만에 달한다(시몽스Simons, 『삶의 수준과 국가 경제』). 그들의 삶의 수준은, 특히 적도 지역에서는 너무나 열악해서 노예제 시대보다도 영양 상태가 더 나쁘다. 아마존 지역과 다른 나라와 국경을 맞대고 있는 내륙 깊숙이 사는 사람들을 국가 경제와 국민 보건의 영역으로 끌어들이는 것은 오늘날 정부가 심각하게 고민하는 가장 큰 임무 중 하나가 되고 있다. 완전히 그임무를 해결하기 위해서는 수십 년의 노력이 필요할 것이다.

그래서 브라질에서 생산력으로서의 인간은 전혀 제대로 활용되지 못하고 있다. 지표와 지하에 풍요를 간직한 대지와 마찬가지다. 이 경우에 있어 어려움은 명백하다(질병의 경우와 마찬가지로 숨길 수없다). 면적과 인구 수, 운송 수단 사이의 극복되지 못한 불균형에서오는 어려움이다. 리우데자네이루와 상파울루의 모범적인 체계와근대 문화에 눈이 멀어서는 안 된다. 이곳에서는 주택들이 줄지어있고, 고층 빌딩들이 구름에 닿을 정도로 높고, 도로에는 차들이 영원한 경주를 하듯 이어진다. 해안에서 2시간만 벗어나면 아스팔트도로들은 상당히 불안정한 도로로 바뀐다. 그 도로들은 열대 지역에서 자주 오는 소나기가 내린 뒤에는 며칠 내내 사용할 수 없게 되거나 체인을 구비한 자동차들만 다닐 수 있게 된다. 더 나아가면 미개척지 세르떠웅이 시작되는데, 진정한 문명을 받아들이기에는 아직 요원한 미개 지역이다. 주요 도로를 좌로든 우로든 벗어난 여행은 하나의 모험으로 변한다. 철도는 충분하게 내륙 깊숙이 도달하지 못할뿐더러, 레일 폭이 세 가지로 달라서 서로 호환이 어렵다. 그래서 기차는 느릴 뿐만 아니라 실용적이지 못해, 뽀르뚜알레그리, 벨렝, 바이아에 기차로 가는 것보다 배로 가는 것이 훨씬 빠르다. 한편, 서웅프랑시스꾸나 도시Doce 강 같은 거대 물길들은 충분히 활용되지 못하고 있어, 국토의 많은 중요 지역들은 비행기의 도움을 받을 수 없을 때 개별적인 원정대를 조직하지 않으면 도달할 수 없는 상황이다. 의학 용어를 빌어 말한다면, 브라질이라는 거대한 신체는 순환 장애를 겪고 있는 중이다. 피는 몸 전체를 골고루 순환하지 못하고, 국가의 중요한 부분들이 경제적 의미에서 완전히 위축되어 있다. 그래서 아직도 귀중한 자원들이 땅속에 남은 채 산업에 활용되지 못하고 있다. 오늘날에는 자원들이 어디에 있는지 정확하게 알지만 그것들을 수송할 가능성이 없는 한 캐내는 것은 무의미하다. 광물이 있는 곳에는 석탄을 운반할 철도와 배가 없고, 목축이 쉽게 발전할 수 있는 곳에는 가축을 운반할 수단이 없다. 원인과 결과(더 정확히 말해서 결과의 부족)는 꼬리를 문 뱀처럼 서로 물려 있다. 악순환을 형성하고 있다. 도로가 부족하기 때문에 생산은 적절한 속도로 발전할 수 없다. 그렇지만 도로는 줄줄이 만들어질 수 없다. 왜냐하면 굴곡이 많고 아직 인구가 적은 이 나라에서는 고비용의 건설과 유지에 상응하는 통행량을 기대할 수 없기 때문이다. 게다가 브라질이 19세기에는 석탄이 부족했던 것처럼, 20세기에는 새로운 교통수단인 자동차에 필요한 연료가 부족하다는 치명적인 단점이 추가된다. 알코올로 대체되지 않는 한 나프타는 한 방울 한 방울 다 수입해야만 된다. 통행과 수송의 주된 어려움을 가장 빨리 해결하기 위해서는 엄청난 자금이 필요한데, 브라질은 현금이 없다. 브라질에서 현금은 항상 부족했다. 국고채는 대략 8~10퍼센트의 이자를 낳는다. 개인적인 금융거래에서는 이자가 그보다 상당히 더 높다. 브라질 화폐 미우 헤이스의 반복적인 평가절하와 남아메리카 투자에 대한 오래된, 거의 본능적인 불신이 유럽과 미국의 거대 자본가들로 하여금 수십 년 동안 지나치게 경계하도록 만들었다. 다른 한편, 정부는 몇 년 전부터 영업권을 줄 때 신중함을 보이고 있는데, 가장 활기찬 국내 기업들이 외국인의 손에 넘어가는 것을 피하기 위해서이다. 그 모든 것들이 유럽과 미국에 비교했을 때 브라질의 산업화와 국력 강화에 장애가 되었다. 유럽에는 지나치게 많이, 그리고 신속하게 투자되는데 브라질에서는 수십 년 지연되는 경우가 많았다. 그 거대한 나라, 그 거대한 제국이, 그 거대한 세상 브라질이 하나의 극단에서 다른 극단으로 빨리 발전하기 위해서는 두 가지 거름이 필요했다. 대량의 자금 유입, 그리고 무엇보다 지속적인 인구 유입이 필요했다. 하지만 인구의 유입은 세계대전과 그에 따른 이데올로기의 문제로 근래 몇 년 동안에는 아주 제한되어 왔다. 미국은 현금이 지나치게 많아 은행에 쌓인 채 이자 수익도 내지 못하는 형편이었고, 유럽은 인구과잉과 국토 부족으로 고통을 당하고 있다. 그런 상황은 유럽을 답답하게 만들었고, 정치에 있어 자주 이성을 상실하는 상황으로 몰고 갔다. 그런데 브라질은 한없이 넓은 공간에 사람이 부족해 빈혈 상태에 놓여 있었다. 그 구세계와 이 신세계를 동시에 치유할 수 있는 길은 피와 자금의 수혈, 대대적이고도 신중하고, 끈기 있는 수혈일 것이다.

하지만 비록 어려움이 클지라도 — 처음부터 그래 왔고, 어려움은 실질적으로 항상 동일한 것이었다 — 우리 지구에서 혜택을 받은 거대한 브라질의 가능성은 그 어려움보다 수천 배 더 크다. 자신의 잠재 능력을 먼발치에서도 활용하지 못했다는 사실은 그 나라뿐만 아니라 전 인류를 위해서 무한한 잠재력임을 의미하기도 한다. 자신의 발전을 저해하는 주변 여건과의 싸움을 통해서 브라질은 진정한 마술사의 도움을 발견했다. 바로 근대과학과 기술로서, 비록 우리가 과학과 기술이 성취할 수 있는 것이 어느 정도일지 알지는 못하지만, 우리에게 도움을 줄 수 있다는 것은 알고 있다. 몇 년 만에 브라질에 돌아오는 사람은 단합과 독립, 보건의 측면에서 브라질이 달성한 경이로운 것들에 끝없이 놀라게 된다. 브라질에서 세습 질병이었고 감기처럼 자연스럽게 언급되던 매독은 에를리히 박사의 발명 덕분에 거의 근절되었다. 그리고 과학적 위생학으로 짧은 시일 내에 다른 질병들도 치유될 것이 확실하다. 리우데자네이루는 10년 전만 해도 가장 두려운 황열병의 거점 가운데 한 곳이었는데, 오늘날 보건학적 측면에서 세계에서 가장 안전한 곳이 되었다. 과학을 통해 고름과 역병으로 위협받고 있는 북부 지방을 해방시키고, 질병과 영양실조로 생산능력이 저하된 주민들을 활기찬 생산 활동으로 편입시킬 수 있으리라는 기대를 할 만하다. 리우데자네이루와 벨루오리종치Belo Horizonte 사이의 이동이 5년 전만 해도 16시간 걸렸는데, 오늘날은 비행기로 1시간 반 만에 주파한다. 오늘날에는 아마존의 심장부까지 도달하는 데 이틀이 걸리는데, 과거에는 20일을 여행해야만 도달할 수 있었다. 아르헨티나까지는 반 나절, 미국은 이틀 반, 유럽은 이틀 만에 도달하는데, 이 숫자들도 현재 순간에 그렇다는 것이지, 아마 내일이라도 항공 기술의 발전 으로 반으로 줄어들지 모른다. 브라질이 자신의 거대한 영토 내에 서 인적, 물적 교류를 원활히 하는 것도 중요한 과제이자, 브라질 경제의 주된 난관이다. 하지만 이론적으로는 이미 해결책을 찾았 고, 실질적으로 해결되는 과정에 있다. 수송의 어려움이 새로운 종 류의 항공기나 다른 발명품을 통해서 아주 짧은 시간 내에 극복될 지 누가 알겠는가? 그 발명품들에 비해 오늘날 우리의 상상력은 너 무나 초라하고 소심하기 짝이 없다. 겉보기에 극복할 수 없어 보이 는 두 번째 장애는 열대 기후 속에서의 낮은 업무 능력이다. 열대 기후는 개인의 에너지를 감소시키고, 육체적 활력을 위협한다. 하 지만 역시 기술의 공격을 확실하게 받기 시작했다. 가정과 사무실 에 있는 냉장고와 에어컨은 오늘날 아직 몇몇 고급 지역의 특권이 지만, 몇 년 내로 북극지방의 중앙난방처럼 일반적이고 흔한 것이 될 것이다. 이런 측면에서 얼마나 많은 진전이 있었는지, 앞으로 할 일이 얼마나 많이 남았는지 아는 사람은, 모든 어려움들을 극복하 는 것은 시간문제라는 확신을 가지지 않을 수 없다. 하지만 시간 자 체가 일정한 척도로 구성되어 있지 않다는 것을 잊어서는 안 된다. 시간은 기계와 조직, 그보다 더 위대한 인간 정신의 추동력에 의해 서 가속화되었다는 것을 잊어서는 안 된다. 1941년인 오늘날 제뚤 리우 바르가스 집권하의 1년은 동 뻬드루 2세 지배 시기의 10년보 다 더 많은 것을 생산할 수 있고, 주어웅 6세 시기의 1세기보다 더 많이 생산할 수 있다. 오늘날 도시들이 얼마나 빠른 속도로 성장하고, 조직이 개선되고, 잠재력이 현실적인 힘으로 바뀌어 가는지를 알아차리는 사람은 — 과거와는 반대로 — 브라질의 1시간은 유럽보다 많은 분分으로 이루어져 있다고 느낀다. 어느 창문으로 보아도 건축 중인 집이 눈에 들어온다. 거리마다, 먼 지평선마다 새로운 거주지가 눈에 들어온다. 무엇보다도 이 나라에서는 기업 정신이 성장하고, 기업의 기쁨이 증가했다. 알려지지 않고 활용되지 않은 브라질의 에너지에다 최근에는 새로운 에너지가 추가되었다. 바로 국가의 자의식이다. 오랜 세월 동안 브라질은 문화와 진보, 근로 리듬과 노력에 있어 유럽에 뒤처져 있는 것에 익숙해 있었다. 시대에 뒤진 일종의 식민지 의식을 가지고 대양 건너 세계를 마치 더 우월하고, 더 경험 있고, 더 현명하고 나은 세계로 쳐다보곤 했다. 하지만 이제 몰상식한 민족주의와 제국주의로 자신을 두 번째 파괴하고 있는 유럽의 실명失明 상황을 보고 브라질의 신세대는 홀로 서게 되었다. 조제프-아르튀르 고비노가 "브라질 사람들은 파리에 살고 싶어 안달하는 사람이다"라고 말하면서 조롱하던 시대는 지나갔다. 이제 구세계로 돌아가고 싶어 하는 브라질 사람이나 이민자는 거의 없다. 시대정신 속에서 스스로 발전하고자 하는 야심은 완전히 새로운 낙관주의와 대담함으로 표출되고 있다. 브라질은 미래를 대비해 규모를 고려할 줄 알게 되었다. 오늘날 노동부나 국방부처럼 새로운 정부 부서를 만들 때 파리, 런던, 베를린보다 더 큰 규모로 만든다. 도시 설계도를 그릴 때는 우선 그 당시 인구의 다섯 배, 열 배에 규모에 대비한다. 아무리 대범하고 독창적인 것이라도 그것을 새로운 의지로 현실화시키려고 시도한다. 불확실성과 소박함 속에서 오랜 세월을 보낸 뒤 브라질은 자신이 얼마나 큰지 그 규모를 생각하게 되었고, 자신의 한없는 가능성을 계산하게 되었으며, 그것이 곧바로 감당할 수 있고 도달할 수 있는 현실이라는 것을 알았다. 공간이 힘을 의미하고 힘을 생산한다는 것과, 한 나라의 부를 대표하는 것은 황금도 축적된 자본도 아니고 대지와 그 대지에서 이루어지는 노동이란 것을 알게 되었다. 하지만 아직 활용되지 않고, 사람이 살지 않고, 사용되지 않은 땅을 어느 나라가 브라질보다 더 많이 가지고 있단 말인가? 브라질은 구세계 전체와 맞먹는 영토를 가지고 있지 않은가? 공간은 단순히 물질만이 아니라 심리적인 힘이기도 하다. 시야를 넓히고, 영혼을 확장시키고, 그 공간에 포함되어 사는 인간에게 앞으로 전진할 수 있는 용기와 믿음을 심어 준다. 공간이 있는 곳에는 시간뿐만 아니라 미래가 존재한다. 브라질에 사는 사람은 누구나 미래의 날개들이 높은 곳에서 힘차게 용기를 북돋우는 소리를 듣게 된다.

문화

가장 온순한 백성이다.

_마르띵 알퐁수 드 소우자가 1531년, 리우에 도착했을 때.

4세기 전부터 브라질이라는 거대한 증류기 속에서는 끊임없이 인간의 무리가 들끓으며 발효하고 있었고, 항상 새로운 사람들이 보태지고 있다. 오늘날 이 과정은 완전히 끝났는가? 수백만 명의 그 인간 집단이 새로운 형태, 독특한 물질, 새로운 실체로 바뀌었는가? 오늘날 브라질 인종, 브라질 사람, 브라질의 혼이라고 명명할 수 있는 무엇인가가 존재하는가? 인종과 관련해, 브라질의 국민성에 대해 가장 탁월한 전문가인 에우끌리지스 다 꾸냐는 오래전에 이미 다음과 같이 쉽고 솔직하게 말하면서 브라질 인종이라는 개념을 단정적으로 거부했다. "인류학적으로 브라질 인종이란 존재하지 않는다." 사실 그 인종이라는 것의 의미가 오늘날 과장되어 있고, 또 인종이란 용어가 개괄적인 대상을 나타내고 있는데도 굳이 인종이라는 애매한 용어를 사용해야만 한다면, 그것은 피와 역사를 수천 년동안 유지해 온 집단을 의미한다. 반면, 진정한 브라질인에게 있어 무의식 속에 잠들어 있는 모든 오래된 과거에 대한 기억들은 세 대륙에서 온 선조의 세상, 즉 유럽의 해안, 아프리카의 마을, 아메리카의 밀림에 대한 동시 다발적 기억이다. 브라질화 과정은 단순히 기후와 자연, 그 나라의 심리적이고 특별한 불확정적 요소들에 동화되는 과정일 뿐만 아니라, 무엇보다 수혈의 문제다. 브라질 인구의 절대다수는 — 근래에 이주한 사람들을 제외하고 — 혼합의 산물을, 상상 가능한 가장 이질적인 것들의 혼합을 보여 준다. 유럽, 아메리카, 아프리카라는 삼중 기원도 모자라는 듯, 이 세 개의 단층은 또 각각 서로 다른 겹들로 구성되어 있다. 브라질의 첫 번째 유럽인인 16세기의 포르투갈 사람은 결코 단일한 인종, 순수한 인종이 아니었다. 이들은 이베리아인, 로마인, 고트인, 페니키아인, 유대인, 무어인 조상들에 의해 이루어진 혼합 인종이었다. 브라질의 원주민들 역시 완전히 이질적인 뚜삐tupí와 따모이우 인종들로 구성되었다. 그리고 흑인도 광활한 아프리카에서 얼마나 다양한 지역으로부터 끌고 왔던가? 이 모든 요소들이 지속적으로 섞이고 교차했고, 수백 년이 흐르면서 지속적으로 새로운 피가 흘러들어 색조가 변해 갔다. 유럽의 모든 나라와 일본을 비롯한 아시아로부터 온갖 혈통들이 모여들었고, 브라질 영토 내에서 끊임없이 섞이고 상호 교차하면서 다양해져 갔다. 그렇게 해서 피부색과 외모, 성격에서 온갖 농담濃淡이 점층적으로 펼쳐지게 되었다. 리우의 거리를 다니면 1시간 만에 다른 나라 도시에서 1년 동안 볼 수 있는 것보다 더 많은 이상한 혼혈, 정의조차 할 수 없는 형태의 혼혈을 보게 된다. 결코 겹치지 않는 수백만의 조합이 있는 체스조차도 브라질의 지칠 줄 모르는 자연이 4세기 동안 매진해 온 변종과 혼합과 교차의 카오스와 비교하면 보잘것없어 보인다.

비록 체스에서 어떤 경기도 다른 경기와 유사하지 않지만, 체스는 체스일 수밖에 없다. 동일한 공간의 테두리와 정해진 법칙에 얽매여 있기 때문이다. 마찬가지로 동일한 공간에 제한되어 있고, 그에 따라 동일한 기후변화에 적응하고, 종교와 언어의 일률적인 제한을 받으면서 브라질 사람들 사이에서 의심의 여지가 없는 일정한 유사점들이 생겨났다. 개인의 특성과는 별개의 유사성들로서, 몇 세기를 거치면서 더욱 뚜렷해졌다. 마치 물살이 센 강의 자갈들이 더 오랜 세월에 걸쳐 더 멀리 떠내려 갈수록 더욱 연마되듯이, 수백만 명이 함께 살고 지속적으로 뒤섞이면서 출신지의 순수한 고유혈통은 갈수록 덜 드러났고, 유사성과 공통점은 더욱 증가했다. 아직도 끝임 없는 혼혈을 통해서 점증하는 균일화 과정은 지속되고 있다. 비록 이 균일화 과정에서 결정적인 형태가 확립되거나 완전히 확정된 것은 아니지만 말이다. 그럼에도 모든 계급과 지위를 막론하고 브라질 사람은 이미 일종의 민족적 개성을 나타내는 명확하고 전형적인 자국을 가지고 있다.

그와 같은 브라질의 특성들을 어떤 출생지로부터 끌어오려는 사

람은 거짓되고 인위적인 것으로 빠지고 말 것이다. 왜냐하면 역사
가 없는 사람, 혹은 많이 양보해서, 아주 근래의 역사만 가진 사람
이라는 사실보다 더 브라질 사람의 특성을 드러내는 것이 없기 때
문이다. 브라질 사람의 문화는 유럽 사람들처럼 신비의 시대까지
거슬러 올라가는 오래된 전통에 기반을 두지도 않고, 멕시코나 페
루 사람들처럼 자기 땅에 있었던 선사시대를 언급할 수도 없다. 비
록 브라질이 최근에 새로운 조합과 자체적 노력으로 많은 것을 이
루었다고 할지라도, 자기 문화의 구성 요소들이 전적으로 유럽으로
부터 들어왔다는 사실을 부정할 수 없다. 이 수백, 수천만 명의 종
교와 관습뿐만 아니라 내적, 외적인 삶의 근본 형식들이 브라질 땅
에 빚진 것은 전혀 없다고 할 수는 없지만, 거의 없다고 할 수 있다.
모든 문화적 가치들은 옛날 포르투갈의 범선이나 쾌속 범선, 혹은
근대적인 정기 선박 등 아주 다양한 성격의 배들에 실려 바다를 건
너 들어왔다. 그리고 동정심에서 야심찬 노력을 기울여 왔지만 지
금까지는 벌거벗은 식인종인 원주민들이 브라질 문화에 핵심적인
기여를 했다는 점을 찾아내지도 못했고, 만들어 내지도 못했다. 선
사시대의 브라질 시詩는 하나도 존재하지 않고, 브라질 땅에서 기
원한 종교도 없으며, 고대 브라질 음악도 없고, 수세기에 걸쳐 보존
되어 온 민중 전설도, 장식 예술의 보잘것없는 기원조차도 존재하
지 않는다. 다른 나라의 민속박물관에는 자랑스럽게 수천 년 된 글
씨와 응용 예술품들이 전시되어 있지만 브라질의 박물관들에서는
그런 목적의 공간은 완전히 비어 있을 수밖에 없을 것이다. 이런 사
실에 맞설 수 있는 의미 있는 조사나 탐구는 존재하지 않는다. 그리

고 오늘날 삼바나 쿰비아 같은 몇몇 춤들을 브라질 국민 춤이라고 선언하려고 하면, 이는 실제 상황에 인위적인 그림자를 드리우거나 그 가치를 훼손시키는 것이 된다. 왜냐하면 그런 춤과 의식들은 혹인들에 의해서 그들의 쇠사슬 및 낙인과 더불어 들어온 것이기 때문이다. 브라질 땅에서 발견된 유일한 예술품은 마라조Marajó 섬의 채색 도기인데, 이것마저 그곳에서 기원된 것이 아니다. 분명 이것들은 누군가 그곳으로 가져오거나 다른 인종의 후손이 그곳에서 제작했을 것이다. 페루인이 아마존 강을 따라 내려와 하구에 있는 그 섬에까지 도달했을 가능성이 아주 농후하다. 따라서 문화적인 관점에서 보았을 때 브라질에서 건축이나 다른 모든 예술 형태에 있어 식민지 시기인 16세기, 17세기 이전으로까지 거슬러 올라가 브라질적인 특징을 지닌 것은 아무것도 없다는 사실에 동의하지 않을 수 없다. 그리고 바이아와 올링다의 교회에 있는 황금으로 덮인 재단과 조각된 가구처럼 식민지 시기의 가장 아름다운 것도 명백히 포르투갈 형식과 예수회 형식의 아류이며, 고아Goa●나 본국에서 발견되는 것들과 구별하기 어렵다는 사실을 받아들이지 않을 수 없다. 브라질에서 첫 유럽인들이 배로 해안에 닿은 시기보다 역사적으로 더 거슬러 올라가려는 시도는 허망할 뿐이다. 오늘날 우리가 브라질적인 것이라고 명명하고 인정하는 것은 단지 유럽적인 것이 브라질 기후와 브라질 사람들에 의해서 생산적으로 변형된 것일 뿐이다.

● 인도 남서 해안에 있는 옛 포르투갈 영토.

그럼에도 오늘날 아주 전형적으로 브라질적인 것은 충분히 개성 있고 명백한 것이어서, 비록 포르투갈적인 것과 혈연적, 가족적 관련성이 느껴질지라도 더는 혼동되지는 않는다. 그런 관계를 부정하는 것은 어리석은 일일 것이다. 포르투갈은 브라질 국민의 형성을 위해 결정적인 세 가지 요소를 제공했다. 언어, 종교, 관습이다. 그와 함께 브라질이 하나의 나라, 새로운 민족으로 전개해 나갈 수 있는 형식들도 제공했다. 그 최초의 형식들이, 다른 태양 아래에서, 다른 규모로, 갈수록 더 중요하게는 외부의 피가 유입되는 현실을 통해 발전해 왔다는 사실, 그 사실은 피할 수 없는 과정이었고 유기적인 과정이었기 때문에 어떤 왕권도, 어떤 무장 조직도 저지할 수 없었다. 두 나라가 지닌 생각의 지향점은 대체로 상이한 형태로 전개되었다. 포르투갈은 역사적으로 앞선 나라로서 위대한 과거를 그리워하며 결코 자신의 모습이 바뀌어서는 안 된다고 생각했다. 반면 브라질의 시선은 미래를 향해 있었다. 식민 본국은 — 바보스럽게도 — 자신의 가능성들을 이미 한 번 소진했다. 그리고 새로운 나라는 아직 자신의 가능성을 온전히 실현하지 못했다. 종족 구성의 차이의 문제가 아니라 세대 차이 문제였다. 오늘날 긴밀한 우정으로 결합되어 있는 두 나라는 이제까지 서로 멀어진 것이 아니라, 누군가 말했듯이, 단지 서로 다른 방향으로 살아왔을 뿐이다. 그에 대한 가장 명백한 상징은 아마도 언어일 것이다. 표기법과 어휘, 말하자면, 본래의 형식들은 오늘날까지 거의 절대적으로 동일하다. 읽고 있는 책의 작가가 브라질 사람인지 포르투갈 사람인지를 알아내기 위해서는 매우 미묘한 어감의 차이에 대한 감각이 있어야만 한다. 반면, 초기 선교사들이 기록한 뚜삐 족이나 따모이우 족의 토착 언어 가운데 그 어떤 단어도 오늘날 사용되는 브라질 언어에 들어가지 않았다. 브라질 사람은 포르투갈어를 다른 식으로 — 이것이 유일한 차이다 —, 좀 더 브라질식으로 발음한다. 그리고 이상한 것은 브라질의 악센트는 북에서 남에 이르기까지, 동에서 서에 이르기까지, 8백50만 제곱킬로미터의 면적 위에 동일하게 유지되어 왔다. 하나의 완벽한 국어였다. 포르투갈 사람과 브라질 사람은 서로 완벽하게 소통한다. 동일한 단어, 동일한 문장구조를 사용하기 때문이다. 하지만 억양이나 문학적 표현에서 근본적으로 최소한의 차이들은 어느 정도 두드러지기 시작했다. 마치 개인별 특성처럼 영국인과 미국인이 하나의 언어 세계 속에서 10년, 20년 세월이 흐르면서 서로 뚜렷이 구분되는 것과 같은 식이다. 수천 마일의 거리, 상이한 기후, 다른 삶의 조건들, 새로운 관계와 새로운 공동체 등은 4세기 반 동안 조금씩 드러날 수밖에 없었고, 점진적이지만 불가피하게 새로운 인간, 전적으로 독특하고 개성 있는 민족을 형성했다.

신체적으로, 심리적으로 브라질 사람을 특징짓는 것은 우선 유럽인과 미국인보다 체격이 더 연약하다는 것이다. 단단하고, 덩치가 크고, 키가 크고, 뼈대가 큰 사람은 거의 없다. 마찬가지로, 심리적으로는 — 한 나라에서 수천 번의 경험을 통해 볼 때 축복으로 느껴지는데 — 난폭함, 폭력성, 격렬함, 무례함을 찾아볼 수 없다. 매정함, 우쭐거림, 거만함도 없다. 브라질 사람은 조용하고, 몽상적이고, 감상적이다. 가끔은 가벼운 우수의 분위기마저 띤다. 1585년 앙시에따와 까르딩Cardin 신부가 새로운 대지를 "소탈하고, 우유부

단하고, 약간 우수에 찬 곳"이라고 표현했을 때, 그들은 이미 분위기 속에서 그런 점들을 감지했던 것이다. 게다가 겉으로 드러난 행동에서도 태도는 두드러지게 온건하다. 누군가 큰소리로 말하는 것은 좀처럼 들을 수 없다. 분노에 차 소리 지르는 것은 더 듣기 어렵다. 많은 사람이 모여 있을 때 그런 조심성은 더욱 두드러져 외국인들은 부러워한다. 뻬냐Penha의 축제 같이 대중적인 대규모 축제에서나, 빠께따Paquetá 섬의 장터에 가기 위해 페리선을 타고 갈 때 수많은 사람이 좁은 공간에 모여 있고 아이들도 많지만, 그런 곳에서도 고함이나 환호성은 들리지 않고, 서로 요란스럽게 즐기기 위해 부추기는 사람도 보이지 않는다. 군중이 모여 즐길 때에도 조용히 조심스럽게 행동하고 억세며 거친 점이 없어서 사람들은 차분하고 온화한 즐거움을 맛본다. 시끄럽게 소리 지르고, 흥분하고, 격렬하게 춤추는 것은 브라질의 관습과는 반대되는 취향인데, 그런 행동들은 4일간의 카니발 동안, 억눌린 본능을 분출하기 위해서 보류해 둔다. 하지만 겉보기에 절제되지 않은 듯한 그 4일간의 유흥 속에서도 지나치거나 무례하거나 천박한 행동은 일어나지 않는다. 독거미에 물려 미쳐 날뛰는 듯한 수백만 명의 군중 속에서, 외국인이든 여자든 아무런 문제없이 소란스럽고 어지러운 거리를 활보하며 다닐 수 있다. 브라질 사람은 항상 타고난 섬세함과 신중함을 유지한다. 온갖 계급의 사람들이 서로를 대할 때 정중하게 예의를 갖추는데, 그 점이 최근 아주 거칠어진 유럽 사람들을 놀라게 한다. 거리에서 남자들이 만나서 포옹을 하는 것을 보면 아마 두 사람이 형제나 어릴 적부터 친구인가보다 하고 당연히 생각하게 된다. 그런데

다음 모퉁이에서 다시 두 사람이 같은 식으로 인사하는 것을 보게 되면 그제야 브라질 사람들 사이에서 포옹은 아주 자연스런 관습이고, 정중함의 자연스런 표현이라는 것을 이해하게 된다. 한편, 예의는 브라질의 인간관계에서 근본적이고 자연스러운 형식이며, 우리 유럽에서는 오래전에 잊어버린 측면들을 여전히 지니고 있다. 거리에서 대화를 하는 동안 계속 모자를 벗고 있고, 어디에서나 사람들에게 물으면 정성을 다해서 열심히 알려 준다. 상류층 모임에서는 엄격한 격식에 따른 방문과 답례 방문, 명함의 교환 등이 제대로 형식을 갖춘 의례로 행해진다. 모든 외국인에게 아주 친절하게 대하고, 가장 호의적인 태도로 외국인의 어려움을 해소해 준다. 불행하게도 당연히 모든 인간적인 것에 대해서 불신하게 된 우리 유럽인들은, 브라질에서 친구나 최근에 이민 온 사람에게 보이는 정중함이 단순히 형식적인 것인지, 인종과 계급 간에 증오와 시기 없이 사이좋게 공존하는 것이 혹시 피상적인 첫인상에서 오는 단순한 시각적 환상은 아닌지 확인하려 한다. 하지만 브라질 국민의 첫 번째 주된 특성은 착한 성품이라고 모든 사람들이 이구동성으로 칭찬한다. 질문을 받는 사람마다 브라질 땅에 처음 도착했던 사람들이 말했듯이 "가장 온순한 백성이다"라는 표현을 똑같이 반복한다. 그곳에서는 투우나 닭싸움 같이 동물을 학대한 얘기를 들은 적이 없고, 종교재판이 행해지던 어두운 시기에도 대중들에게 이단에 대한 처형 장면을 보여 주지 않았다. 브라질 사람은 모든 야만적인 것을 본능적으로 기피한다. 통계애 따르면, 브라질에서 모든 살해 행위는 음험한 방법으로 사전에 계획적으로 이루어지는 경우는 거의 없고, 질투나 모욕으로 감정이 폭발해 일어나는 우발적인 범죄다. 사악함이나 이해타산, 도벽이나 교활함과 관련된 범죄는 아주 드물다. 만약 어떤 브라질 사람이 칼을 빼들었다면 그것은 마치 신경 발작이나 일사병에 빠지는 것과 같다고 할 수 있다. 나는 상파울루의 형무소를 방문했을 때 그곳에는 범죄학에서 언급되는 진정한 범인 같은 사람은 없다는 사실이 나의 관심을 끌었다. 그곳에서 내가 본 사람들은 정말 순한 사람들로, 그들의 선한 눈빛으로 보아 언젠가 지나치게 흥분한 나머지 그들 자신도 생각하지 못한 행동을 저질렀을 것이다. 하지만 일반적으로 브라질 사람은 — 모든 이민자는 인정할 것이다 — 폭력성, 야만성, 잔인함과는 거리가 먼 사람이다. 브라질 사람은 호인이고 선한 사람이다. 브라질 국민은 순진할 정도로 정중한 면이 있다. 그것은 남미 사람 대부분의 고유한 성품이라고 할 수 있지만, 브라질 국민처럼 정중함이 두드러지고 보편적인 경우는 거의 없다. 내가 브라질에서 보낸 몇 달 동안 상류층 모임이나 하류층 모임에서 한 번도 악의를 느껴 본 적이 없다. 어디를 가든 외국인에 대한 불신이나 다른 인종과 다른 계급에 대한 불신 — 오늘날 그렇게 흔한 — 을 찾아볼 수 없었다. 가끔 호기심에서 흑인 빈민촌인 파벨라Favella를 방문할 때면 마음이 무겁고 좋지 않았다. 기막히게 알록달록하게 색칠되어 있는 파벨라는 리우데자네이루 가운데 있는 바위 언덕 위에 마치 흔들거리는 새둥지처럼 자리 잡고 있었다. 어쨌든 나는 호기심에서 가장 낮은 수준의 삶을 보기 위해, 수숫대와 진흙으로 지어져 제대로 가리지도 못해 밖에서 들여다볼 수 있는 오두막에서 가장 비천한 상태로 사는 사람을 관찰하기 위해, 그래서는 안 되지만, 그들 거처의 내부와 사생활을 염탐하기 위해 갔던 것이다. 사실 처음에는 유럽의 프롤레타리아 구역에서처럼 매 순간 증오의 시선이나 욕설을 대하게 되리라고 예상했다. 하지만 반대로, 그곳의 선한 사람들은 그 외진 곳에 올라오는 수고를 한 외국인을 호감이 가는 손님이나 친구처럼 여겨 주었다. 물을 길어 오던 흑인을 만났을 때 그는 하얀 치아를 다 드러내며 웃어 주었고, 내가 미끄러운 흙 계단을 오를 수 있도록 도와주기도 했다. 아이에게 젖을 먹이던 여인들도 다정하게 경계심 없이 올려다보았다. 마찬가지로 전차 속에서나 유람선에서나, 흑인 앞에 앉아 있을 때나 백인이나 메스띠수 앞에 앉아 있을 때나, 그와 같이 꾸밈 없는 친절함을 발견할 수 있었다. 열두 개 이상 되는 인종 속에서, 어른 아이 할 것 없이, 배제하는 듯한 조짐을 전혀 발견할 수 없었다. 어린 흑인 아이는 백인 아이와 함께 놀고, 메스띠수는 자연스럽게 흑인의 팔짱을 끼고 간다. 어떤 곳에서도 사회적 배척이나 제한은 존재하지 않는다. 군대에서든 공공 기관에서든 시장에서든 사무실에서든 사업체에서든 작업장에서든 피부색으로 사람을 차별하지 않고 모두가 다정하고 평화롭게 협력한다. 흑인 여성과 결혼하는 일본인도 있고, 메스띠수 여성과 결혼하는 백인도 있다. "메스띠수"라는 단어는 브라질에서는 욕설이 아니고 멸시와는 전혀 관계가 없는 명칭일 뿐이다. 유럽의 독초라 할 수 있는 계급과 인종 간의 증오는 브라질에서는 아직 뿌리를 내리지 않았다. 특별히 섬세한 감각, 선입견과 편견이 없는 선량함, 무례함을 모르는 성격으로 인해 브라질 사람은 두드러지게 예민하다 못해 어쩌면 지나칠 정도다.

브라질 사람은 감상적일 뿐만 아니라 신경도 예민하기 때문에 정말 자존심이 강한 사람들이다. 극도로 조심스럽고 너무나 겸손하기 때문에, 의도하지 않은 것이라도 모든 종류의 무례함에 마치 자신을 무시하는 것으로 여기며 상처받는다. 그러나 스페인, 이태리, 영국 사람처럼 격렬하게 반응하지는 않는다. 모욕이라고 생각되는 것을 말없이 삭인다.

똑같은 이야기를 자주 듣는다. 어느 집에 흑인인지, 백인인지, 메스띠수인지 어쨌든 하녀 하나가 있었다. 청결하고 상냥스럽고 조용해서 조금도 나무랄 데가 없었다. 그런데 어느 날 갑자기 사라졌고, 안주인은 영문을 몰랐고, 그 원인을 밝힐 수가 없었다. 어쩌면 그 전날 저녁 그녀를 가볍게 나무라거나 불평하는 말을 했을 것이고, 단지 그 별 의미 없는 말 한마디에, 어쩌면 너무 큰 소리로 했는지도 모르는 그 말 한마디에 주인도 모르게 그녀는 깊이 상처를 받았던 것이다. 하녀는 반발도, 대꾸도 않고, 설명하려고 하지도 않았다. 조용히 자기 짐을 챙겨서 한마디 말없이 떠나 버렸던 것이다. 브라질 사람은 자신을 정당화하거나, 설명을 요구하거나, 불평하거나, 격렬하게 말싸움을 벌이지 않는다. 스스로 물러선다. 그것이 자연스런 자기방어다. 그 조용하고, 비밀스럽고, 말없는 저항은 브라질 어느 곳에서나 발견된다. 한번 초대를 했을 때 아무리 정중하게라도 거절을 하면 다시는 초대하지 않는다. 상거래에서 만약 구매자가 망설이면 파는 사람은 다시 다른 식으로 설명하면서 구매해 달라고 하지 않는다. 그 예민한 자존심은 가장 낮은 사회계층에서도 마찬가지다. 런던이나 파리 같이 세계에서 가장 부유한 도시나 남반구 나라들에는 거지가 많지만, 브라질에는 거의 없다. 브라질에서 '체면을 모르는 빈곤'miséria desnuda이라는 말은 과장된 표현에 지나지 않는다. 그것은 흔히들 엄격한 법령 때문이라고 믿기 쉬운데, 그 때문이 아니라 너무 자존심이 강해서다. 브라질 국민 전체가 그런데, 그들은 아무리 정중한 거절이라도 모욕으로 생각한다.

그와 같은 섬세한 감정, 격하지 않은 성격은 내가 보기에는 브라질 국민의 가장 특징적인 성격이다. 그곳에서 개인은 만족스런 삶을 위해 격렬하게 흥분할 필요도 없고, 그 어떤 가시적인 혹은 물질적인 성공도 필요 없다. 그래서 서로 기를 쓰고 상대를 이기려고 하는 스포츠가, 유럽의 젊은이들을 난폭하게 만들고 이성을 잃어버리게 만드는 스포츠가 브라질 풍토에서는 그런 터무니없는 패권을 장악하지 못하고 있는 것이 우연이 아니다. 소위 문명화되었다는 유럽 나라들에서는 일상화된 폭력적이고 무절제한 장면이, 광란의 무아지경이 브라질에 없는 것은 우연이 아니다. 괴테가 처음 이탈리아를 여행했을 때 흥미롭게도 그의 관심을 끈 것은 주민들이 끊임없이 물질적이거나 형이상학적인 목적을 찾지 않고 삶을 조용히 느긋하게 즐긴다는 것이었다. 바로 그런 동일한 현상이 브라질에서도 늘 발견되는데, 항상 보기 좋았다. 브라질에서 사람들은 지나치게 무엇을 추구하지 않고, 조바심을 내지도 않는다. 근무시간이건 그 이후건, 담소를 나누고, 커피를 마시고, 말끔히 면도를 하고, 광을 낸 구두를 신고 산책을 하고, 자기 집이 있다는 것과 아이가 있다는 사실에 만족한다. 대부분의 사람이 그런 삶에 만족한다. 이 평화로운 안정감에다 온갖 수준의 풍요와 행운이 더해진다. 그래서 그 나라를 통치하는 것은 상대적으로 수월했고, 지금도 수월하다. 포르투갈은 군대가 별로 필요하지 않았고, 현재 브라질 정부도 평화와 질서를 유지하기 위해 별 압력을 행사할 필요도 없고, 강력하게 요구할 필요도 없다. 국가 내부에서 집단과 계급 사이에 증오가 거의 없는 가운데 공존이 이루어지는 것은 그들이 내적으로 조용한 것을 좋아하고, 선천적으로 시기심이 없기 때문이다.

개인적으로 열정과 욕심과 조급함이 없다는 것은, 내가 보기에는, 브라질 사람의 가장 아름다운 장점 가운데 하나인데, 경제적인 관점에서 볼 때나 성공을 위해서는 어쩌면 단점이 될 수도 있다. 유럽이나 미국과 비교했을 때 브라질 전체의 집단적 효율은 매우 뒤처져 있다. 그리고 이미 4세기 전에 앙시에따는 그것이 사람의 기운을 빼는 기후에서 오는 불가피한 악영향이라고 지적했다. 하지만 그 저효율을 결코 나태함이라고 부를 수는 없다. 브라질 사람은 저마다 뛰어난 근로자다. 브라질 사람은 솜씨가 좋고, 근면하고, 빨리 이해한다. 아무 일이나 가르칠 수 있다. 독일에서 온 이민자들은 새로운 산업을 가져오는데, 때로 그것은 매우 복잡한 산업이다. 하지만 독일 이민자들은 단순 노동을 하는 브라질 근로자들도 다재다능하며 새로운 생산방식에 어떻게 적응해야 하는지 관심이 많다고 하나 같이 칭찬한다. 여성들은 손으로 하는 작업에 능숙한 솜씨를 보이고, 학생들은 과학에 많은 관심을 보인다. 그래서 브라질 노동자나 근로자를 열등하다고 치부하는 것은 엄청난 판단 착오이다. 상파울루 같이 기후도 좋고, 유럽식 조직화에 적합한 지역에서는 세계 어느 근로자 못지않게 생산해 낸다. 리우데자네이루에서 나는 구두 수선공과 재단사가 자신의 좁은 작업장에서 밤늦도록 일하는 것을 수없이 보았다. 그리고 공사 현장에서 불타는 태양 아래, 땅에 떨어진 모자를 줍는 것조차도 힘이 드는데, 인부들이 쉬지 않고 짐을 나르는 것을 보고는 진심으로 감탄했다. 그러니까 문제가 되는 것은 능력이나 적극적인 의지, 노동의 속도가 아니다. 유럽이나 미국에서처럼 확고한 집념을 가지고 삶에서 몇 배 빠른 발전을 이루고자 하는 조급함이 부족한 것이다. 따라서 심리적으로 낮은 긴장감 때문에 전반적으로 역동성이 감소하는 것이다. 백인과 토착인의 혼혈인인 까보끌루의 대부분은, 특히 열대 지역에서는, 저축하고 쌓아 두기 위해서 일하는 것이 아니라 오로지 다음 며칠 간 편히 쉬기 위해서 일한다. 살아가는 데 필요한 모든 것을 자연이 제공해 주는 모든 나라에서는, 손만 뻗으면 집 주위의 과일나무에서 과일을 얻을 수 있고 혹독한 겨울을 대비할 필요도 없는 나라에서는 돈벌이와 저축에는 어느 정도 무관심하게 된다. 돈과 시간과 관련해서 별로 조급해 하지 않는다. 왜 꼭 오늘 생산하거나 공급해야 한단 말인가? 내일 하면 왜 안 되는가? ― 내일 합시다, 내일 합시다! ― 그렇게 천국 같은 세상에서 무엇 때문에 서두른단 말인가? 브라질에서 시간 엄수는 말뿐이다. 모든 회의나 음악회는 정해진 시간보다 15분 혹은 30분 지나서 정확하게 시작하니 말이다. 한번 그것에 적응하면 항상 적절한 시간에 도착해서 분위기에 잘 녹아들게 된다. 브라질에서는 시간보다 삶 자체가 더 중요하다. 북부 지방에서는 노동자가 임금을 받으면 이틀이나 삼일 동안 일터에 오지 않는 경우가 가끔 있다는 이야기를 들어 왔다. 마지막 순간까지 부지런히,

민첩하게 임무를 완수하고는 이틀 정도 일하지 않고도 아주 검소하게 살 수 있는 충분한 돈을 벌었다고 생각하는 것이다. 뭣하러 그 이틀 동안도 일한단 말인가? 어쨌든 몇 푼 더 벌어 봐야 부자가 되는 것은 아니니 차라리 조용히 느긋하게 2~3일 즐기는 게 낫다는 것이다. 그것을 이해하기 위해서는 브라질의 풍요로움을 눈으로 볼 필요가 있을지도 모르겠다. 회색빛의 황량한 벌판에서는 노동이 삶의 비극에 맞설 수 있는 유일한 수단이겠지만, 풍요로워 과일이 넘치고 아름다움을 거저 주는 호의적인 자연 속에서는 우리 유럽인 사이에서처럼 부자가 되어야겠다는 열망이 강렬하고 뜨겁게 일어나지 않는다. 브라질 사람의 시각에서 볼 때 부는 수많은 시간 동안 일을 통해 벌은 돈을 어렵게 모아서 되는 것이 결코 아니다. 격렬하게 끓어오르는 자극의 결과물도 아니다. 부는 꿈꾸는 것이지만 하늘이 주는 것이다. 브라질에서 하늘은 복권으로 대체된다. 겉으로 그렇게 차분한 그 국민들이 눈에 띄게 열광하는 것 중 하나가 복권이다. 게다가 수많은 사람들에게는 뗄 수 없는 일상의 희망이다. 운명의 바퀴는 중단 없이 돌아간다. 매일 새로운 추첨이 있다. 어디를 걷든 어디에 있든, 상가마다 거리마다, 배에서도 기차에서도 복권을 판다. 오후 일정한 시간이면 복권 판매소 앞에 마치 검은 무더기 같은 군중이 보인다. 그 순간 그들의 기대는 하나의 번호, 하나의 숫자에 고정되어 있다. 상류층은 그 대신 카지노에서 게임을 한다. 온천장마다, 거의 모든 고급 호텔마다 직영 카지노가 있다. 브라질에는 몬테카를로⁺가 수십 개 있고, 거의 모든 게임 테이블마다 사람들이 빼곡히 둘러싸고 있다.

그게 전부가 아니다. 빙고, 바카라, 룰렛 등 유럽에서 수입된 모든 종류의 게임 외에도 브라질 사람들은 브라질 고유의 게임을 만들었다. "비쇼"bicho"●● 라고 하는 게임인데, 정부가 엄격히 금하고 있지만 모든 법령에도 불구하고 가장 중독되어 있다. 그 "벌레"라는 동물 게임은 유래와 역사가 아주 기이한데, 그 자체만으로도 우연에 대한 열망이 어느 정도까지 브라질 국민의 몽상적이고 순진한 성격과 잘 어울리는지를 아주 명확하게 드러낸다. 어느 한 동물원의 원장이 자기 시설에 방문객이 적어서 불만이었다고 한다. 그는 자기 국민성을 잘 아는 사람인지라 자기 시설에 있는 동물 한 가지씩을 추첨하는 기발한 생각을 해냈다. 오늘은 곰, 내일은 당나귀, 다음 날은 앵무새 혹은 코끼리 등을 추첨하는 것이었다. 방문객은 자기 입장권에 그려진 동물이 추첨이 되는 경우 입장료의 스무 배혹은 스물다섯 배에 해당하는 상금을 받게 되는 것이었다. 곧바로 원하던 성공을 거두었다. 매주 동물원은 방문객으로 넘쳐 났다. 동물을 보러 오기보다는 당첨금을 벌려고 왔던 것이다. 마침내 사람들은 동물원 가는 길이 너무 멀고 힘들게 느꼈고, 자기들끼리 개별적으로 그날 추첨이 될 동물에 돈을 걸면서 게임을 하기 시작했다. 싸구려 호텔 카운터 뒤나 길모퉁이마다 도박장 성격을 띤 작은 은행이 열렸고, 사람들의 내기 돈을 받고 상금을 주었다. 경찰이 그 게임을 단속하자 신기하게도 매일 추첨하는 다른 복권의 당첨된 숫

● 모나코의 도시 이름으로, 도박장이 많은 것으로 유명하다.

●● 스물다섯 가지의 동물에 25까지의 번호가 있어 그 번호를 마치는 일종의 도박.

자를 비쇼 게임에서 이용하기에 이르렀다. 다른 복권의 각 숫자는 그들에게 한 가지 동물을 의미했다. 경찰에게 범죄의 증거를 남기지 않기 위해서 은행 직원은 자기 손님들에게 어떤 영수증도 발행하지 않지만, 줄 돈을 주지 않은 경우는 단 한 번도 없었다고 한다. 이 게임은 아마도 금지되었다는 것 때문에 사회의 각계각층으로 번져 나간 것으로 보인다. 아무리 단속하고 벌을 주어도 소용이 없었다. 왜 사람들은 밤마다 꿈을 꾸면서 "벌레" 게임이나 복권에 돈을 거는가? 자기의 꿈을 숫자와 번호로 바꿀 수 없다는 것을 다음 날이면 알게 되면서도 …… 항상 그렇듯, 대중의 열망 앞에서 법은 효과가 없다는 것이 드러났다. 그리고 브라질 사람은 자기에게 부족한 탐욕을 벼락부자가 되는 일상적 꿈으로 항상 보완할 것이다.

논란의 여지가 없다. 브라질의 대지에 잠재된 모든 가치들을 발굴해 내기에는 아직 멀었듯이, 브라질의 거대한 대중은 일과 활동에 필요한 자신의 재능과 에너지를 1백 퍼센트 발휘하지 않았다. 전체적으로 보아, 그리고 기후와 연약한 신체에서 오는 걸림돌들을 고려했을 때 지금까지 기울여 온 노력은 존경할 만하다. 그리고 아주 근래 몇 년간의 경험을 보았을 때 그저 조바심과 열망이 부족한 것을, 다시 말해, 진보를 위해 서두르지 않는 것을 단점이라고 부를 수 있을까 주저할 수밖에 없게 된다. 왜냐하면 그것은 단순히 브라질 사람들만의 문제가 아니기 때문이다. 국가든 개인이든 자발적으로 순응하는 평화로운 삶이 과장되고 과열된 역동성보다 더 중요한 것은 아닌가? 이 과열된 역동성은 처음에는 경쟁 속에서, 나중에는 전쟁 속에서 서로가 서로에 맞서 다투게 하기 때문이다. 개체가 가지고 있는 모든 역동적 에너지를 모두 1백 퍼센트 이용하다 보면 지속적인 마약 복용처럼 인간의 심리적 영역에서 무언가를 다 소진시키고 시들게 만들어 버리지는 않는지 알아볼 필요가 있다. 상업적 통계와 경제적 대차대조표의 삭막한 숫자들에 맞서 브라질에서는 뭔가 보이지 않는 것이 진정한 이익으로 존재한다. 바로 흔들림 없고 손상되지 않은 인간성과 평온한 기쁨이다.

놀라울 정도로 검소한 삶의 방식은 그 나라의 최하층계급의 특징이라 할 수 있다. 이 계급은 피부색이 어두운 엄청난 숫자의 대중이다. 그들의 숫자와 삶의 조건에 대한 정확한 통계는 아직 없다. 대도시에 사는 사람은 그들과 좀처럼 접촉할 기회가 없다. 미국이나 유럽의 빈곤한 대중처럼 공장이나 작업장에 집중적으로 모여 있지도 않다. 그리고 사실 프롤레타리아 대중이라고 부를 수도 없다. 그 수백만 명의 사람은 숨어서, 혹은 전국에 흩어져 있어 자기들끼리도 전혀 접촉이 없기 때문이다. 아마존의 까보끌루, 밀림의 세링게이루, 팜파의 바께이루, 그리고 흔히 접근조차 하기 힘든 숲 속의 인디오들이 쉽게 파악할 수 있는 큰 인구 집단으로 모여 있는 곳은 없다. 그리고 외국인과 마찬가지로 대도시에 사는 브라질 사람조차도 그들의 생활에 대한 지식이 없다. 단지 어렴풋이 그런 사람들이 어딘가에 수백만 명 살고 있다는 사실과, 거의 다 유색인인 그 하층 대중의 궁핍과 생계 수단은 한계선에 도달해 있고 삶의 수준은 거의 바닥이라는 사실만 알고 있다. 몇 세기 전부터 인디오와 노예의 혼혈과 재혼혈의 후손들에게 삶의 조건은 변화도, 개선도 없었다. 기술과 그 기술의 진보가 획득한 것의 아주 극히 적은 부분만이 그들에게까지 도달했을 뿐이다. 대부분 다른 사람의 도움 없이 진흙으로 벽을 만들고 짚으로 지붕을 덮어 자신의 거처인 오두막이나 대나무 움막을 만든다. 유리창은 사치품이다. 내륙의 폐허 같은 마을에서는 침대와 탁자를 제외하면 거울이나 다른 가구는 아주 보기 힘들다. 그렇게 손수 지은 집에는 집세가 부과되지 않는다. 도시를 벗어나면 땅은 거의 가치가 없기 때문에 사람들은 몇 평 안 되는 땅값을 받으려고 굳이 애쓰지 않는다. 날씨 때문에 의복은 면바지 하나와 셔츠 하나와 상의 하나면 충분하다. 자연 덕분에 바나나, 만디오까, 파인애플, 코코아가 지천으로 널려 있다. 닭이든 돼지든 쉽게 기를 수 있다. 그것으로 기본적인 생계 조건은 만족된다. 정규적이든 비정규적이든 일을 하게 되면 담배나 다른 사소한 생필품들 — 사실 최소한의 것들 — 을 구매할 수 있게 된다. 특히 북부 하층민의 생활 조건이 오늘날 시대와 맞지 않을뿐더러, 지역 전체의 역병과 같은 가난으로 식량이 부족해 주민이 쇠약해지고 그 결과 정상적인 노동을 할 수 없게 된다는 사실을 상류 계층 사람들은 얼마 전부터 알게 되었다. 그래서 정말 극단적인 빈곤에 종지부를 찍기 위한 대책들이 세워지고 발표되었다. 하지만 제뚤리우 바르가스 정부가 정한 최저 임금액은 철로와 주요 도로에서 멀리 떨어져 있는 내륙 지방과 마뚜그로수와 아끄리Acre 밀림 같은 곳까지는 법령으로서 스며들지 못했다. 수백만 명의 사람들은 규칙적이고 조직화되고 통제가 되는 일자리와 전반적인 문명의 혜택을 받지 못해 왔다. 그들을 국민 생활 속으로 적극적으로 포함시키기까지는 수년, 수십 년이 걸릴 것이다. 브라질이 마치 자연의 모든 능력을 활용하지 못한 것과 마찬가지로, 아직까지 그 광범위하고 어두운 집단을 재화의 생산자나 소비자로 활용하지 못했다. 그 놀라운 나라에서 대중은 미래를 위한 거대한 비축 자산의 하나이고, 아직 노동력으로 바뀌지 않은 잠재 역량의 하나다.

전국에 걸쳐 흩어져 있는 그 무정형의 대중은 — 대부분 문맹이고, 삶의 수준이 거의 바닥인 — 아직까지 문화에 기여하지 못하거나 기껏해야 최소한으로 기여했다. 그들 위에는 지방의 중간계급과 소부르주아계급이 강력한 기세로 성장하고 있으며 갈수록 더 영향력을 발휘하고 있다. 바로 피고용자, 소기업인, 상인, 수공업자, 도시와 대농장의 다양한 직업인들이다. 전적으로 이성적인 이 계층에서는 브라질 사람의 정해진 특징이라고 인식되는 것이 개인적 삶의 형태 속에서 혼돈의 여지 없이 명확하게 드러난다. 그 삶의 형태는 식민지의 오래된 전통의 많은 부분을 의식적으로 보존할 뿐만 아니라 아주 풍요로운 방식으로 그 전통을 완성시켜 간다. 그들의 생활을 관찰하는 것은 쉽지 않다. 왜냐하면 겉으로 드러난 그들의 태도에는 그 어떤 종류의 과시도 없기 때문이다. 이 계급은 전적으로 단순하게, 남의 주의를 끌지 않고 살고 있다. 조용히 살고 있다고 말할 수 있을 것이다. 우리의 옛 유럽인들의 방식에 따라 그들 생활의 4분의 3은 가정의 영역 안에서 이루어지기 때문이다. 리우데자네이루와 상파울루는 예외적인데, 가옥 형태를 보면 오늘날 처음으로 여러 층으로 이루어진 아파트 형식을 도입했다. 일반적으로는 개인 주택인데, 생활의 진정한 핵심인 가족의 영역을 거의 드러나지 않게 감싸 보호하고 있다. 거의 대부분 작은 단층집이고, 많아야 2층에다, 방은 세 개에서 여섯 개다. 외부는 거리를 향해 있는데, 우쭐거리거나 과시하려 하지 않는다. 내부에는 아주 간단한 가구들만 있고, 파티나 손님을 맞이할 수 있는 공간도 없다. 만약 '최상위' 3백 내지 4백 가정을 제외한다면, 전국을 통틀어 값나가는 그림 하나, 평범한 예술 작품 하나, 귀중한 책 몇 권을 소유한 가정을 찾아보기 힘들다. 결국 유럽의 소부르주아 같은 안락함은 전혀 없다. 브라질에서 여러 차례 나를 놀라게 하는 것은 검소함이다. 집은 전적으로 가족을 위한 것이기 때문에 허세나 작은 화려함으로 남의 눈을 속이려 하지 않는다. 라디오, 전깃불, 어쩌면 욕실을 제외한다면 집의 상태는 부왕이 있던 식민지 시절과 크게 다르지 않다. 삶의 형태도 그러하다. 지난 세기의 가부장적 측면들은 우리 유럽인 사이에서 이미 오래전에 역사적 유물로 변해 버렸지만 ― 어떤 사람은 그것을 애석해 하지만 ― 브라질에서는 엄격하게 유지되고 있다. 전통을 유지하려는 의지가 있어 무엇보다도 가족적인 삶의 해체와 부권父權 원칙의 폐지에 의식적으로 저항한다. 북아메리카의 오래된 지방에서처럼 브라질에서도 식민지 시기의 엄격한 관념들이 무의식적으로 영향력을 발휘한다. 우리 부모님들의 말씀에 따르면 조부모 시대에 유럽에서 소중히 여기던 관습들이 아직 지배하고 있다. 가족은 여전히 삶의 의미이고, 에너지의 진정한 중심으로 모든 것이 가족으로부터 나오고 가족으로 되돌아간다. 단합과 조화 속에서 주중에는 좁은 범주의 가족 속에서 살아가고, 휴일에는 친척들과 함께 더 넓은 범주의 가족 속에서 지낸다. 자녀의 직업과 학업은 가족의 조언 속에서 결정된다. 가족 속에서 아버지이자 남편은 이

론의 여지 없이 식구들의 가장이다. 가장은 모든 권리와 특권이 있고, 그에게 복종하는 것은 자연스런 것이다. 특히 시골에서는 우리 유럽에서 과거에 그랬듯이 아이들은 존경의 표시로 아버지의 손에 키스하는 관습이 있다. 아직까지 남성의 우월함과 권위를 문제 삼는 사람은 아무도 없고, 많은 것들이 여성에게는 금지되지만 남성에게는 허용된다. 이미 여성도 몇십 년 전처럼 그렇게 엄격한 통제 하에서 사는 것은 아니지만 근본적으로는 가정 내에서 영향력과 행동에 한계가 있다. 부르주아 계층의 여성은 혼자서는 거리에 거의 다니지 않는다. 비록 여자 친구하고 같이 다닐지라도 어두워진 뒤에 남편 없이 집 밖에 다니는 것은 옳지 못한 것으로 여겨진다. 그래서 밤이 되면 브라질의 도시는 이탈리아나 스페인의 도시와 유사하게 남자들의 도시가 된다. 남자들은 밤늦도록 카페를 차지하고, 대로를 활보한다. 대도시에서도 밤에 여성이나 여자아이가 아버지나 오빠와 같이 가지 않고 혼자서 영화관에 가는 것은 상상할 수 없는 일이다. 브라질에서는 아직 시민권 회복을 위한 여성해방운동 분위기가 조성되지 않았다. 직업을 가진 여성도, 가사에 매진하는 여성에 비해서 아주 소수에 불과하지만, 전통적인 제한들을 따른다. 어린 여성들의 입지는 더욱더 제한되어 있다. 처녀들이 처음부터 명백하게 결혼을 전제로 하지 않는 한 총각들과 우정 관계를 맺는 것은, 그 관계가 아무리 순수하다고 해도, 아직 일상적으로 허용되지 않는다. 그래서 독일어 flirt*를 브라질 말로 번역하는 것은 가

● 추파를 던지다. 또는 바람둥이라는 뜻.

능하지 않다. 그런 모든 종류의 복잡한 문제를 피하기 위해 아주 이른 나이에 결혼한다. 부르주아 부류의 아가씨들은 일반적으로 17세나 18세에 결혼하거나, 더 빠를 수도 있다. 일반적으로 브라질에서는 일찌감치 많은 자식을 원하고, 유럽처럼 자식 갖기를 두려워하지 않는다. 또한 여성, 집, 가족 사이의 밀접한 연결 고리를 아직 유지하고 있다. 자선 목적으로 조직된 행사가 아니면 여성들이 축제나 기념행사에서 전면에 나서는 경우는 없다. 동 뻬드루의 연인이었던 상뚜스 후작 부인을 제외하면, 브라질의 정계에서 역할을 했던 여인은 아무도 없다. 유럽인이나 미국인들은 우쭐해하면서 그런 상황을 고리타분하다고 비난할지도 모른다. 하지만 확실한 것은, 자신을 드러내 보이려고 하지 않고 자기 집에서 조용하게 만족스럽게 살아가는 가족들이 그 건전한 삶을 통해서 국가적 에너지의 진정한 저장고를 이루고 있다는 것이다. 그 중간 계층은 보수적인 생활 방식에도 불구하고 자신들을 개발하려고 애쓰는 진보주의자다. 그 견고하고 건전한 부엽토 같은 집단은 오늘날 국가의 운영에 있어 오래된 귀족 집안들과 경쟁을 하기 시작한 새로운 세대를 만들어 내고 있다. 어떤 의미에서, 농촌 출신의 중산층인 바르가스가 그 새로운 세대를 가장 뚜렷하게 보여 주고 있다. 새로운 세대는 강하고 역동적이면서도 전통적이다.

중간계급은 나라 전체를 이미 장악하고 있고, 그 영향력은 지속적으로 증가하고 있으며, 새로운 브라질을 대표한다. 중간계급 위에는 오래된 계급이 변함없이 존재하는데, 많이 축소되어 특권계급이라고 부를 수도 있을 것이다. 새롭고 완전히 민주적인 이 나라에서 이 단어가 적절하지 않을 수도 있겠지만 말이다. 일부는 식민지 시기 때부터, 일부는 포르투갈의 주어웅 왕과 함께 온 이 가문들은 자기들 사이에 이중, 삼중으로 인척 관계를 맺었는데 ― 일부는 귀족 작위를 받고, 일부는 그러지 못했는데 ―, 사실 하나의 계급으로서 엄격한 형태를 갖출 수 있는 시간을 갖지는 못했다. 그들 사이의 연대는 단지 자신들의 태도와 생활 방식, 몇 세대 전부터 많이 진화된 그들의 문화 속에서 찾을 수 있다. 이들은 유럽으로 많이 여행을 했고, 유럽의 교수와 가정교사에게 교육을 받았으며, 대체로 돈이 많거나, 정부의 고위직을 차지하고 있다. 그들은 브라질 제국이 탄생하는 순간부터 유럽과 지적인 유대를 유지해 왔고, 교양 있고 진보적인 사람으로서, 세계 속에서 브라질을 대표하고자 하는 야망을 가지고 있었다. 위대한 정치가들이었던 히우 브랑꾸, 후이 바르보자, 조아낑 나부꾸Joaquin Nabuco 등의 세대가 그런 집단에 포함된다. 그들은 아메리카의 유일한 군주 국가 속에서도 다행히도 미국식 민주주의 이상과 유럽식 자유주의를 결합할 수 있었고, 브라질의 정치가 명예롭게 생각하는 화해와 중재, 합의의 방식을 조용하면서도 줄기차게 유지했다.

오늘날까지도 외교직은 배타적으로 그 집단의 몫이다. 한편 행정직과 군대는 이미 부상하는 젊은 부르주아계급의 손에 대대적으로 넘어가기 시작했다. 하지만 국가를 대표하는 전반적인 수준을 높이는 데 있어 특권 계층의 문화적 영향은 여전히 긍정적으로 보인다. 그들의 생활 방식은 조금도 가시저이지 않다. 비록 오래된 멋진 정원이 있는 아름다운 저택에서 살지만 그들은 이를 결코 궁전으로 만들려 하지 않는다. 그리고 저택들은 대부분 치주까Tijuca, 라랑제이라스Laranjeiras나 빠이상두Paysandú 거리처럼 도시에서 오래된 배타적 구역에 있다. 그들은 가정 문화에서 전통을 유지한다. 그리고 이들은 브라질의 예술적이고 역사적인 귀중품을 모으는 사람들이지만, 국가에 대한 애정과 동시에 범세계주의 정신을 통해 가장 문명화된 인간임을 보여 준다. 이런 특권 계층은 다른 남미 국가에서는 존재하지 않으며, 예술에 대한 사랑과 자유정신을 통해 빈Wien 사람을 생생하게 연상시킨다. 이 옛 가문들은 — 브라질에서 한 세기는 옛날로 여겨진다 — 문화적 지배력에 있어 아직도 새롭게 등장한 특권 부유층으로 대체되지 않았다. 왜냐하면 옛 가문들 역시 대부분 돈이 많은 사람들이고, 유럽에서보다 브라질에서는 더 드러나지 않게 서로 뒤섞여 살기 때문이다. 브라질의 속성은 배타성을 모른다는 것이다 — 브라질의 진정한 힘은 바로 거기에 있다. 마찬가지로 인종적 계층화와 사회적 계층화에서도 동화의 과정은 중단 없이 지속되고 있다. 모든 전통은, 지나간 모든 것은 브라질에서는 지속 기간이 너무나 짧다. 마치 이제 막 형성되고 있는 새로운 형태의 브라질적인 것이 되기 위해 쉽게 자발적으로 해체되려는 것처럼 보인다.

하류 계층 대중은 문맹에다 공간적으로 소외됨으로써 전형적인 브라질 문화를 형성하는 데 참여하지 못하고 있기 때문에, 중간 계층과 상류 계층이 생산자인 동시에 수용자로서 브라질이 세계 문화에 참여하도록 하는 역할을 담당하고 있다. 그 노력을 정당하게 평가하기 위해서는, 브라질의 지적인 삶은 1세기가 채 안 되었고 그

전의 식민지 시기 3백 년 동안 모든 형태의 문화적 동력이 억압되었다는 사실을 잊어서는 안 된다. 브라질에서는 1800년까지 신문과 문학작품을 출판할 수 없었다. 책은 아주 귀중하고 희귀한 것이었고, 게다가 일반적으로 뭔가 좀 형편에 과분한 것이었다. 1800년경에 1백 명 중 99명은 문맹이었다고 해도 좋게 봐준 것이지 과언은 아니었을 것이기 때문이다. 처음에 학교에서 교육을 담당한 사람은 예수회 사제들이었다. 예수회 학교에서는 그 시대의 보편적인 교육보다는 종교교육을 우선시했다. 1765년 예수회가 추방되자 공교육에는 엄청난 공백이 생겼다. 정부나 지방 행정기관은 학교를 세울 생각을 하지 않았다. 1772년, 뽕바우 후작은 식료품과 주류에 특별세를 부과해 그 세수입으로 초등학교를 세울 목적이었지만, 단순히 종이에 쓰인 법령으로 끝났을 뿐이다. 브라질로 도피한 포르투갈의 궁정 내각과 함께 1808년 처음으로 브라질에 진정한 도서관이 당도했다. 그리고 왕은 겉으로나마 자기 거처에 문화적인 분위기를 주기 위해 석학들을 부르고, 학술원과 예술 학교를 하나 세웠다. 하지만 그것은 외관에 얇은 피막을 입히는 칠에 지나지 않았다. 수많은 대중에게 읽고, 쓰고, 계산하는 소박한 지식을 체계적으로 알려 주기 위한 대규모 사업은 계속해서 방치되었다. 겨우 1823년에야 브라질 제국 정부 아래서, "각 마을이나 읍마다 초등학교가, 지방마다 중등학교가, 가장 적절한 지역마다 대학이 설립되도록" 하기 위한 사업이 시작된다. 하지만 4년이 지난 1827년이 되어서야 법을 통해서 최소한의 요구 사항이 확립된다. 그 법에 따르면, 어느 정도 규모가 되는 지역에는 초등학교를 하나씩 설립해야만 했다. 그 결과 마침내 진보를 위한 중요한 초석이 놓였지만 거북이처럼 진전이 더디었다. 1872년에 인구가 1천만 명이 넘었는데, 초등학교에 가는 아이는 13만9천 명에 불과했다. 오늘날 — 1938년 — 에도 여전히 정부는 문맹을 완전히 퇴치하기 위해 주도적으로 일할 수 있는 특별위원회를 만들어야 하는 필요성에 직면하고 있다.

수세기 동안 그렇게도 갈망하던 문학과 시가 개화할 수 있는, 진정한 성장에 적합한 토양이 부족했다. 바로 독자가 필요했던 것이다. 시를 짓고 소설을 쓰는 일은 브라질 사람에게는 얼마 전까지만 해도 진정으로 영웅적인 일이고, 희생을 의미했다. 그리고 시적 이상을 추구하는 가운데 물질적 보상을 기대할 수 없었기 때문에, 언론이나 정치에 종사하지 않은 이상 모든 작가는 일을 해야 했고, 허공에다 대고 얘기해야만 했다. 거대한 대중은 글을 읽을 줄 몰랐기 때문에 브라질 작가의 책을 읽을 수 있는 형편이 되지 못했고, 게다가 아주 얇은 층을 형성하는 최상층의 지식인들은 브라질 책을 주문하는 것을 별로 중요하게 생각하지 않았기 때문에 자신들이 읽을 시집이나 소설책을 파리에서 주문했다. 다만 최근 몇십 년 동안 문화에 익숙하고 문화를 동경하는 부류들이 이민을 오고, 부상하는 중간 계층에 교육이 폭넓게 확산되면서 그런 측면에서 변화가 일어났다. 그래서 브라질 문학은 오랜 세월 문학의 발전이 억제당한 나라들에서 찾아볼 수 있는 온갖 열정을 가지고 세계문학을 향한 길을 열었다. 지적 생산물에 대한 관심은 대단하다. 서점들이 줄지어 들어섰고, 인쇄와 표지 등 책을 만드는 기술도 지속적으로 향상되고 있다. 문학작품이나 과학 서적 중에는 10년 전만 해도 꿈만 같았던 부수를 찍는 책들이 생겼다. 브라질의 인쇄물 양이 포르투갈을 추월하기 시작했다. 지적, 예술적 창작에 대한 국가적 관심은 우리 유럽보다 더하다. 유럽에서는 스포츠와 정치가 똑같이 아주 불행한 방식으로 젊은이들의 관심을 딴 데로 돌리고 있다.

브라질 사람은 저마다 지적인 문제에 절대적인 관심을 가지고 있다. 민첩한 지적 능력이 있고, 쉽게 이해하며, 잘 소통하는 성격을 가지고 있다. 그리고 포르투갈 사람의 후손으로서 아름다운 언어 사용에 대해 관심이 아주 많아서 편지와 상호 교류에서 절묘하게 정중함을 표현하고, 수사에서는 과다한 표현을 하는 경향이 있다. 브라질 사람은 독서를 좋아한다. 근로자이건 전차의 차장이건, 잠시라도 짬이 나면 손에 든 신문을 읽는 모습을 흔히 보게 된다. 손에 책을 들지 않은 젊은 학생은 보기 힘들다. 이 젊은 세대에게 있어 읽고 쓰는 일은 유럽 사람에게처럼 전통적인 유산으로 몇 세기 전부터 자연스러웠던 일이 아니라 브라질 사람 자신들이 쟁취한 것이다. 자국 문학과 세계문학에 자신을 드러내는 것을 자랑스럽고 즐겁게 생각한다. 남미 국가들에서는 다른 지역보다 지적 활동을 아직 더 존중하고, 현대 작품도 — 출판된 책 가격이 낮은 덕분에 — 전통에 억압되어 있는 나라들보다도 더 빨리, 더 광범위하게 대중들 사이에 퍼져 나간다. 세련된 형식을 좋아하는 브라질 사람들의 선천적인 취향 때문에 시는 브라질 문학에서 오랜 세월 동안 우위를 차지했다. 서사시 "우루과이"Uruguay와 "마릴리아"Marilia와 함께 브라질 시문학은 시작되있나. 그 작품들 속에서 신성 뛰어난 인물들이 탄생했다. 브라질에서는 서정 시인이 아직 진정으로 유명해질 수 있다. 모든 공원에는 파리의 몽소나 뤽상브르 공원에서처럼 국민 시인들의 동상을 볼 수 있다. 주민들은, 아니 진정한 독자들은 작은 동전들을 모아서 아직 살아 있는 시인 까뚤루 다 빠이셔웅 세 아렝시Catulo da Paixão Cearense의 동상까지 만들어 감동적인 경의를 표했다. 브라질은 아직까지 시를 존중하는 마지막 나라 중 하나다. 브라질 학술원에는 오늘날에도 많은 숫자의 시인이 있고, 이들은 자신의 언어에 각자 개성 있는 새로운 맛을 새겨 넣었다.

산문과 소설, 단편은 유럽식 전례로부터 해방되는 데 더 많은 시간이 걸렸다. 비록 조제 지 알렝까르José de Alencar의 『과라니스』 Guaranís에서 "선량한 인디오"를 그리고 있는데, 근본적으로는 프랑수아르네 드 샤토브리앙의 『아탈라』, 제임스 페니모어 쿠퍼의 『모히칸 족의 최후』The Last of the Mohicans 같은 외국 모델을 도입한 데 불과하다. 소설의 외부 소재와 역사적 색채만 브라질적이지, 심리적 태도와 예술적 분위기는 그렇지 못하다.

겨우 19세기 후반에 들어서 브라질은 두 명의 진정한 대표 작가, 즉 마샤두 지 아시스Machado de Assis, 에우끌리지스 다 꾸냐와 더불어 세계문학의 반열에 올라선다. 브라질에게 아시스의 의미는 영국의 디킨스, 프랑스의 알퐁스 도데와 같다. 아시스는 자기 국민과 나라를 특징짓는 살아 있는 대상들을 이해하고 생생하게 표현해 내는 재능을 가졌다. 그는 천부적인 이야기꾼으로, 세련된 유머와 지독한 회의주의가 뒤섞여 자신의 소설에 독특한 매력을 부여한다. 아시스는 그의 명작들 중에서 가장 널리 알려진 『동 까스무후』Dom Casmurro를 통해서 자신의 조국을 위해 불멸의 인물을 창조했다. 마치 영국의 데이비드 코퍼필드 같고, 프랑스의 타르타랭Tartarín● 같은 인물이다. 투명하고 맑은 그의 산문과 명확하고 인간적인 시각 덕분에 아시스는 당시 유럽에서 가장 뛰어난 작가들의 반열에 올랐다.

아시스와는 반대로 다 꾸냐는 전문 작가가 아니었다. 그의 위대한 국민 서사시라고 할 수 있는 『세르떠웅 사람들』Os Sertões은 말하자면 우연에서 탄생했다. 다 꾸냐는 직업이 기술자였는데, 일간지 『에스따두 지 상파울루』Estado de Sao Paulo를 대표해 까누두스Canudos 토벌 작전에 동행했다. 까누두스는 북부의 우울한 불모지에서 일어난 반란 종교 집단이었다. 이 토벌 작전과 관련된 보고서는 뛰어난 극적 효과를 띤 채 작성되고 책으로 확대되어 브라질의 대지와 국민, 나라를 심리적으로 완벽하게 드러내는 작품이 되었다. 작품 이후로 다 꾸냐는 그렇게 깊이 있고 폭넓은 사회학적 시각을 지닌 작품을 시도하거나 결실을 맺지 못했다. 세계문학 안에서 『세르떠웅 사람들』은 사막에서의 전투를 묘사한 토머스 에드워드 로렌스의 『지혜의 일곱 기둥』과 어쩌면 비교될 수 있을 것이다. 외국에는 별로 알려지지 않은 이 위대한 서사시는 오늘날 유명한 수많은 책보다 더 오래 갈 것이다. 극적인 웅장함과, 영적인 것과 관련된 인식의 풍부함과, 처음부터 끝까지 돋보이는 경이로운 인간애 때문이다. 비록 브라질 문학이 오늘날의 소설가와 시인들을 통해 세밀한 부분에서 대단한 발전을 기록하고 있지만, 섬세함과 미묘한 언어 감각에 있

● 알퐁스 도데의 소설 『타라스콩의 허풍쟁이』(Tartarin de Tarascon)의 주인공.

어 어떤 작품도 『세르떠웅 사람들』의 경지에 도달하지 못하고 있다.

반대로 희곡 예술은 아직 별로 발전하지 못했다. 진정 뛰어난 작품으로 여겨지는 작품은 없다. 대중들의 삶이나 사회생활에서 연극 예술은 중요한 역할을 거의 하지 못한다. 이 사실이 별로 특이하지 않은 것이, 연극은 일률적으로 조직화된 사회의 전형적인 산물이기 때문이다. 연극이란 오로지 전적으로 어느 한 사회의 아주 제한된 계층 안에서만 발현될 수 있는 예술 장르이기 때문이다. 그리고 브라질은 아직 그런 형태의 사회로 발전하기에 충분한 시간이 지나지 않았기 때문이다. 브라질은 이사벨 여왕 시대를 지나지도 않았고, 루이 14세의 궁정도 가진 적이 없고, 스페인이나 오스트리아처럼 연극에 열광하는 폭넓은 부르주아 계층도 없었다. 브라질 제국이 세워지고 한참이 지나도록 모든 연극 공연은 전적으로 외국으로부터의 수입에 기반을 두고 있었다. 그리고 — 더 정확히 말하자면 — 엄청난 거리 때문에 저급한 극단과 작품이 수입되고 있었다. 동 뻬드루 시대에도 진정한 국민 연극을 장려하기 위한 적절한 시도가 이루어지지 못했다. 초기에 유럽에서 브라질에 온 극단들은 포르투갈어가 아니라 스페인어로 공연을 할 정도였다. 오늘날 여러 도시의 인구가 수십만, 수백만에까지 이르러 어쩌면 연극을 좋아하는 대중도 있겠지만, 연극과 관련해 뭔가를 시작한다는 것은 이미 너무 늦은 것 같다. 온 세상을 집어삼키는 영화의 영향 때문이다.

음악도 상황은 비슷하다. 음악에서도 역시 사회의 각 계층에 깊이 파고드는 수백 년 된 전통이 없다는 것을 느끼게 된다. 교육을 받은 대규모 합창단들이 없기 때문에, 〈성 마가 수난곡〉, 위대한 진혼곡들, 베토벤의 〈9번 교향곡〉, 헨델의 〈오라토리오〉 같은 기념비적인 작품들도 대중에게 실질적으로 알려지지 않은 작품들이다. 리우데자네이루의 오페라든 상파울루의 오페라든 레퍼토리는 마치 50년 전처럼, 이탈리아의 베르디 작품이나 기껏 해봐야 푸치니 작품들에 기반하고 있다.

약 1세기 전에 동 뻬드루 황제가 리우데자네이루에서 공연을 원했던 〈트리스탄〉 같은 작품도 그 이후로 두 번, 많아야 세 번 공연되었다. 진정 근대 음악은 거의 알려지지 않았다고 보아야 한다. 오늘날에 이르러서야 교향악단이 구성되기 시작했지만, 대중들은 가볍고 친근한 음악을 좋아한다.

음악교육이라는 것이 대단한 도전이고 배움에 대한 확고한 의지가 필요한 시대에, 브라질 같은 나라에서 전 세계가 떠들썩하게 성공을 거둔 음악가가 탄생했다는 것은 놀라운 일이다. 바로 까를루스 고미스다. 상파울루의 아주 벽촌에서 1836년에 태어났고, 열 살 나이에 악단에 들어갔다. 악보 하나 구하기도 힘들고 제대로 된 오페라 공연 한번 보기도 힘든 나라에서 진정한 스승도 없이 음악가로 성장했다. 의지가 대단했기에 24세에 오페라 작품 〈성에서 보낸 밤〉A noite do Castello을 선보일 수 있었다. 1861년 리우데자네이루에서 초연된 이 작품은, 그다음 작품과 마찬가지로, 전국적인 대성공을 거두었다. 그러자 동 뻬드루 황제는 이 음악가에 관심을 가지게 되었고, 그를 유럽으로 보내 음악 수업을 제대로 받도록 했다. 이탈리아에 있을 때 브라질 동포 알렝까르의 소설 『과라니스』의 이탈리아어 번역본을 손에 넣게 되자 바로 대본 작가의 집으로 달려가, 브라질 음악가로서 그 작품을 통해 세계에 브라질을 알리고 싶다고 말했다. 1870년 이 오페라는 스칼라에서 상연되었고, 세상이 깜짝 놀랄 성공을 거두었다. 거장 베르디도 자신이 진정한 후계자를 만났다고 선언했고, 오늘날까지도 더러 이탈리아 무대에서 공연된다. 어느 음악사가는 〈과라니 족 사람들〉이 마이어베이어풍●의 오페라 가운데 가장 훌륭한 오페라라고 언급했다. 대규모 오페라의 전형적인 표본으로서, 지나칠 정도로 귀와 눈을 즐겁게 하지만 영혼의 울림은 그 정도는 아니다. 서정적 부분에서 아주 선율이 아름다운 이 작품은 그 당시 얻었던 성공과 그 이후 고미스가 크게 출세할 것이라는 믿음에 대해서 잘 설명해 주는 작품이다. 그 작품이 마이어베이어 풍의 화려한 낭만주의 시대에 너무나 딱 맞는 작품이기 때문에, 오늘날 〈과라니 족 사람들〉은 살아 있는 음악 작품이라기보다는 음악사에 남는 작품이라고 평가할 수 있다. 이탈리아풍의 고미스보다 더 브라질풍 음악으로 세계 음악에 기여한 사람은 누구보다도 에이또르 빌라−로부스Heitor Villa-Lobos라고 할 수 있다. 리드미컬하고, 기운 넘치고, 개성이 뚜렷한 그는 자신의 모든 작품에 다른 어떤 작곡가들에게서도 발견되지 않는 독특한 색깔을 부여했다. 그는 민요 가락과 우수에 찬 음악으로 브라질의 풍경과 영혼을

● 자코모 마이어베이어(Giacomo Meyerbeer)는 독일의 낭만파 그랜드 오페라의 거장이다. 멜로디의 기교, 탁월한 관현악법, 대규모의 화려한 무대 등이 그의 특징으로 알려져 있다. 또한 낭만주의의 민족주의적 경향을 국제적 양식으로 발전시켰다는 평가를 받는다.

신비하게 반영했다.

이와 유사하게 회화에서 전형적으로 브라질적인 것을 표현한 화가는 뽀르치나리Portinari다. 몇 년 만에 국제적으로 인정받은 최초의 브라질 화가다. 경이로운 풍경에 담긴 온갖 색깔과 다양성, 그리고 장엄한 브라질의 자연을 세상에 알려 줄, 막중하지만 행복한 임무를 수행할 사람을 브라질은 아직도 기다리고 있다. 고갱이 남태평양 바다의 장엄한 자연을 알리고, 스위스의 자연을 조반니 세간티니Giovanni Segantini ● 가 알렸듯이 말이다. 엄청난 속도로 성장하는 도시에서 건축은 얼마나 많은 가능성과 전망이 열려 있는가! 유럽 모델이나 미국 모델보다는 갈수록 더 고유한 방식을 따라 도시를 만들고자 하는 의지가 확고하게 보인다. 이런 측면에서 많은 시도가 있어 왔고, 이미 결정적인 작품들을 만들어 냈다.

과학은 — 내가 전문적인 지식이 없어 직접 전체를 다루거나 평가할 수 없는 분야이지만 — 최근 몇 년 동안 브라질에 대해 역사적으로, 경제적으로 밝혀내는 데 있어 놀라운 발전을 이루었다. 예전에 브라질에 대한 자료와 설명은 거의 모두 외국인의 작품이었다. 16세기에는 프랑스인 앙드레 테베와 독일인 한스 슈타덴Hans Staden, 17세기에는 네덜란드인 베를뢰스Berleus, 18세기에는 이탈리아인 안또닐Antonil, 그리고 19세기에는 영국인 로버트 사우디Robert Southey와 독일인 훔볼트, 프랑스인 드브레, 그리고 독일인들의 후손인 프랑시스꾸 아돌푸 지 바르냐젱Francisco Adolfo de Varnhagen이었다. 그

● 이탈리아 19세기 말 화가.

사람들 덕분에 브라질에 대한 진정 고전적인 설명들이 가능할 수 있었다. 하지만 최근 몇십 년 동안에는 브라질 사람 스스로 자료를 철저히 연구해 자기 나라와 자국 역사를 이해하고 알리는 일에 매진했다. 그리고 그들이 만든 문헌들은 중앙정부와 각 주의 광범위한 발간물과 함께 이미 하나의 도서관을 채울 정도가 되었다. 철학에 있어서 가장 관심을 끄는 현상은 오귀스트 콩트의 실증주의가 브라질에서 하나의 학파 정도가 아니라 하나의 종파를 만들어 냈다는 것이다. 브라질 헌법의 많은 부분이 이 프랑스 철학의 명제와 개념으로 가득 차 있다. 그리고 이 프랑스 철학은 프랑스에서보다 브라질에서 실제 삶에 훨씬 더 많은 영향을 미쳤다. 기술 분야에서는 항공 조종사 상뚜스 두몽Santos Dumont이 처음으로 에펠탑 주위를 비행하고, 다양한 형태의 비행기를 만듦으로써 불멸의 영광을 쟁취했다. 그의 대범함과 열정은 성공을 위한 결정적인 추진 동력이었다. 비록 오늘날까지 공기보다 무거운 비행기를 가지고 처음 비행을 한 사람이 그였는지 아니면 라이트 형제였는지에 대한 논란이 계속되고 있지만, 이 논쟁은 사실 근대 세계의 가장 뛰어나고 영웅적인 업적을 쌓은 일에 그가 첫 번째인지, 최악의 경우 두 번째인지를 정하고자 하는 시도일 뿐으로, 그의 이름이 역사의 한 페이지에 영원토록 기록되기에는 충분하다는 것을 의미한다. 그의 삶은 그 자체로 대범함과 자기희생의 경이로운 서사시다. 기술적 업적 못지않게 잊을 수 없는 것은 인류를 사랑한 그의 행동이다. 그는, 전쟁에서 비행기를 이용해 폭탄을 투척하거나 다른 잔인한 행위를 저지르는 것을 절대로 못하도록 해달라고 국제 연맹에 두 통의 애절한 편지를 보냈다. 전 세계 앞에 자기 조국의 인류애 정신을 알리고 그 정신을 지키려고 노력한 그 두 통의 편지만으로도 그는 영원히 잊어서는 안 될 인물이 되었다.

숫자에 대한 평가가 제대로 이루어진다면 오늘날 문화와 관련된 브라질의 노력은 놀라운 것이다. 문화에 관련된 브라질의 역사가 450년이고 인구도 5천만 명이라는 것은 사실이지만, 이런 숫자들을 염두에 두면 브라질 문화에 대한 정당한 평가를 내리는 데 방해가 된다. 왜냐하면 브라질은 사실 독립한 지 1백 년 정도밖에 지나지 않았고, 인구 중에서 오늘날 현재 단 7백만 내지 8백만 명만이 실질적으로 근대적 삶의 조건 속에서 살아가고 있기 때문이다. 마찬가지로 유럽과의 모든 비교는 무의미해지고 만다. 유럽은 무한히 많은 전통을 가지고 있지만 미래에 대한 희망이 부족하고, 브라질은 전통은 적지만 미래에 대한 희망이 많은 나라다. 브라질에서 지금까지 이루어진 것은 앞으로 이루어질 것의 일부분에 지나지 않는다. 수많은 세월의 깊이가 만들어 낸 박물관, 도서관, 그리고 폭넓은 공교육 조직 같은 것들이 마치 당연한 것처럼 유럽인에게 많은 문화적 혜택을 주었지만, 브라질은 아직 그런 것들을 만들어 가야 한다. 관련 분야에 대한 더 넓은 시야와 세계적 수준의 지식을 얻기 위해서 미국의 더 훌륭하고 더 잘 조직된 교육기관으로 달려갈 수 있는 사람들도 많다. 하지만 그렇게 할 수 없는 브라질의 젊은 예술가, 젊은 작가, 젊은 과학도 그리고 학생들은 수백 배 더 어려움에 봉착한다. 우리 시대의 최근 상황에 비하면 많은 경우 브라질에서는 아직도 답답함과 거리감을 느끼게 된다. 브라질은 아직 자신의 규모에 걸맞은 발전을 이루지 못했다. 아직 브라질 사람은 자기 학업의 마지막 1년 정도는 미국이나 유럽에서 보내는 것이 좋겠다고 생각할 수도 있다. 비록 서구가 여러모로 정상상태가 아니지만 아직 브라질은 우리 구세계로부터 추진 동력과 자극을 받아야 할 것이다.

하지만 반대로 브라질에서 어느 정도 긴 시간을 보내기 위해 오는 유럽인들은 브라질에서 많은 것을 배울 수 있다. 브라질에서는 공간과 시간에 대해 다른 느낌을 가지게 된다. 주변의 긴장도는 덜하고, 사람들은 더 친절하다. 서로 간의 싸움은 덜 격렬하고, 자연은 더 가까이 있고, 시간은 그렇게 빡빡하지 않다. 에너지는 극단적인 방향으로 나가지 않는다. 더 평화롭게, 그래서 더 인간적으로 살아간다. 미국에서처럼 그렇게 기계적이지도, 규격화되어 있지도 않다. 유럽처럼 정치적으로 과도하게 예민하지도, 독기가 서려 있지도 않다. 공간이 많기 때문에 사람들은 다른 사람과 신경질적으로 부딪히지도 않는다. 이 나라는 미래가 있기 때문에 분위기가 훨씬 느긋하다. 개인은 압박을 덜 받고, 자극도 덜 받는다. 나이든 사람에게 좋은 나라다. 세상의 많은 부분을 보고 이제 자신이 경험한 모든 것을 되돌아보고 활용하기 위해 아름답고 평화로운 풍경 속에서 조용함과 안락함을 갈망하는 사람에게 좋은 나라다. 이제 태동하는 나라를 위해 아직 개발되지 않은 자신의 에너지를 바치길 원하는 젊은이에게 멋진 나라다. 이 나라는 기꺼이 젊은이의 개발과 발전을 위해 전적으로 협조할 자세가 된 나라다. 최근 몇십 년 동안 유럽에서 브라질에 온 사람들 중에서 본국으로 돌아간 사람은 하나도 없거나, 거의 없다. 대서양 건너편에서 제정신이 아닌 것처럼 국민들끼리도 브라질에서 평화로운 공통의 조국을 발견했다. 우리 구세계의 문명이 실지로 서로에게 자살행위인 싸움을 하면서 무너진다고 해도 — 절망스런 순간들마다 얼마나 위로가 되는지! — 브라질은 새로운 문명을 준비하고 있으며, 우리가 그렇게 갈망하고 꿈꿔왔지만 이룩하지 못한, 인간적이고 평화로운 문화를 새롭게 실현할 준비가 되어 있다는 사실을 우리는 알고 있다.

리우데자네이루

도시로 들어가기

아주 이른 새벽, 모든 승객들은 쌍안경과 카메라를 들고 뱃전으로 몰려 초조하게 기다린다. 그들 중 아무도 리우데자네이루로 입항하는, 유명한 그 광경을 놓치고 싶어 하지 않는다. 이미 여러 차례 보았어도 말이다. 하지만 아직 푸른 금속빛 바다의 광채밖에는 보이지 않는다. 이미 며칠 전부터 보아 왔던 것처럼, 마음을 차분하게 하면서도 싫증나게 만드는 단조로운 모습일 뿐이다. 하지만 우리는 해안에 다가가고 있음을 느낄 수 있다. 육지가 보이지는 않았지만 가까이 있음을 호흡으로 느낄 수 있다. 공기가 갑자기 습해지고 부드러워지면서 우리의 입과 손을 애무하는 것 같다. 신비한 향기가 미세하게 우리에게까지 도달한다. 거대한 밀림 내부에서 식물들의 호흡과 꽃 속에 고인 습기로 만들어진 향수다. 열대지방의 뜨겁고, 무더우며, 발효하는 듯한, 형언할 수 없는 그 공기는 우리를 취하게 하고, 달콤한 나른함에 빠지게 한다.

이제, 마침내 멀리서 실루엣이 나타난다. 멀리 어렴풋이 길게 이어진 산들이 마치 구름들처럼 맑은 하늘에 윤곽을 드러낸다. 증기선이 다가가면서 윤곽은 더욱 확실해진다. 줄지어 늘어선 산들이 두 팔을 활짝 열고 과나바라 만을 감싼다. 세상에서 가장 큰 만灣 중에 하나인 과나바라 만은 수많은 굽이와 산들로 너무나 넓고 아늑하게 싸여 있어 전 세계에서 오는 모든 배들이 한꺼번에 정박할 수 있을 것이다. 열려 있는 거대한 조개 같은 그 만 안에는 마치 진주처럼 수많은 섬들이 흩어져 있다. 각각의 섬은 모양과 색깔이 다양하다. 어떤 섬들은 회색빛에 평평한 모습으로 짙은 보랏빛 바다 위에 솟아 있다. 멀리서 보면 나무도 없고 능선이 밋밋해 고래처럼 보인다. 어떤 섬들은 긴 형태에 바위가 많고 위가 울퉁불퉁해 마치 악어처럼 보인다. 어떤 섬들은 사람이 살고, 어떤 섬들은 요새로 바뀌어 있다. 어떤 섬들은 야자나무와 채마 밭이 있는, 떠다니는 정원 같다. 우리가 호기심에 가득 차 쌍안경을 통해서 온갖 형태의 섬들을 바라보는 사이에 멀리 산들이 각각 독특한 입체적 모습을 드러낸다. 어떤 산은 나무가 없고, 어떤 산은 야자수로 온통 덮여 있고, 어떤 산은 바위가 많고, 어떤 산은 화려한 집과 정원들이 띠처럼 감고 있다. 마치 자연이 대담한 조각가가 되어 이 세상에 존재하는 모든 형태를 만들어 가까이 늘어놓은 것 같다. 그래서 대중의 상상력은 그 바위와 산의 형상들에다 이 세상의 이름을 — 과부, 곱사, 개, 신의 손가락 — 붙여 주었다. 그리고 가장 높이 치솟은 산에는 뻐웅지아수까르Pão de Açúcar● 라는 이름을 붙여 주었다. 그 산은 마치 뉴욕 입구에 있는 자유의 여신상처럼 도시 전면에 갑자기 치솟아 있는데, 그 도시의 아주 오래된, 요지부동의 상징물 같다. 하지만 이 모든 암석과 산들을 압도하는 것은 거인 부족의 추장 같은 꼬르꼬바두Corcovado●● 산이다. 그 위에는 리우데자네이루를 내려다보는 거대한 십자가가 서있는데, (밤에는 전깃불로 조명을 비춘다) 마치 무릎 꿇은 사람들 위에 축복을 내리는 사제처럼 보인다.

마침내 섬들의 미로를 지나자 도시가 눈에 들어온다. 하지만 한 눈에 다 들어오는 것은 아니다. 건물들의 파노라마는 나폴리나 아르젤, 혹은 마르세유처럼 한눈에 다 들어오는 전경이 아니다. 이 도시들은 마치 개방형 원형극장처럼 돌 축대들 위에 건물들이 서있다. 하지만 리우데자네이루는 마치 부채처럼 펼쳐진다. 하나의 이미지 뒤에는 또 다른 이미지, 한 구역 뒤에는 또 다른 구역, 하나의 전경 뒤에는 또 다른 전경이 나타난다. 그래서 리우는 입항할 때 끝없이 놀라움을 자아내는 극적인 특성을 지니고 있는 것이다. 사람들이 살고 있는 각각의 작은 만灣들은 끝 지점에 해변이 있고, 이어진 산으로 격리되어 있다. 그 산들은 부챗살처럼 이미지들을 분리시키기도 하고 동시에 합치기도 한다. 마침내 해변이 나타나는데,

---

● 설탕 빵이란 뜻.

●● 곱사등이라는 뜻.

정말 너무나 아름다운 완만한 곡선이다. 이보다 더 멋진 광경이 어디 있겠는가! 넓고, 항상 파도가 일으키는 거품으로 덮여 있고, 바닷가에 집과 저택, 공원들이 보이는 구역이다. 이제 최고급 호텔과, 공원으로 둘러싸인 언덕 위의 저택들이 또렷이 잘 보인다. 하지만 그게 리우는 아니다. 단지 꼬빠까바나Copacabana 해변일 뿐이다. 세상에서 가장 아름다운 꼬빠까바나는 리우의 새로운 변두리일 뿐, 우리가 말하는 리우는 아니다. 우리의 시야를 가리는 뻐웅지아수까르를 돌아가야 한다. 이제야 만 안쪽에 건물들이 밀집해 있는 하얀 도시, 녹색으로 뒤덮인 언덕바지에서 바다를 향해 있는 도시를 볼 수 있게 된다. 바다 바로 옆에 최근에 만들어진 공원들, 최근에 바다를 메워 만든 비행장이 눈에 들어온다. 이제 곧 배에서 내려 조바심을 달랠 수 있겠구나 생각한다면 또 착각이다. 그것은 보따포구Botafogo와 플라멩구Flamengo 만灣일 뿐이다. 우리는 신이 만든 부채의 또 다른 주름을 펼치듯 더 나아가야 한다. 온갖 상상할 수 없는 색깔들이 눈부시게 빛나는 가운데 마리나 섬과 다른 작은 섬 앞을 지나간다. 그 작은 섬에는 고딕식 궁전이 있다. 뻬드루 황제는 폐위되기 이틀 전에 아무것도 모른 채 그곳에서 야회를 베풀었는데, 그것이 마지막 야회였다. 이제 비로소 고층 빌딩들이 우리에게 인사를 건넨다. 그야말로 수직 건물들의 거대한 집합체다. 이제야 방파제가 보이고, 증기선은 선착장으로 접근한다. 이제 우리는 남미에서, 브라질에서, 세계에서 가장 아름다운 도시에 도착했다.

리우데자네이루에 입항하는 데는 1시간이 걸리는데, 특별하고도 독특한 감동을 선사한다. 그 감동은 오직 뉴욕이 주는 감동과 비교할 수 있다. 하지만 뉴욕이 주는 첫인상은 더 엄숙하고, 더 강렬하다. 켜켜이 쌓인 얼음 같은 하얀 정방형 건물들은 북유럽의 피오르드 같은 인상을 준다. 맨해튼의 첫인상은 남성적이고 장중하다. 미국의 거만한 의지가 반영된 것이다. 응집된 에너지가 독특하게 폭발된 것이다. 리우는 외지인 앞에 떡 버티고 서지 않는다. 여성의 팔처럼 부드러운 팔을 벌린 채 누워 있다. 리우는 외지인을 받아들이고, 자신에게 끌어당긴다. 관능적으로 자신을 외지인의 시선에 내맡긴다. 이곳에서 모든 것은 조화다. 도시, 바다, 녹음, 산, 모든 것이 조화 있게 섞여 있다. 고층 빌딩이든 선착장이든 휘황찬란한 광고 조명이든 눈에 거슬리지 않는다. 그 조화는 점점 다른 화음으로 반복된다. 이 도시를 언덕에서 보면 바다에서 본 것과는 다른 도시다. 하지만 도시의 모든 부분마다 조화가 지배한다. 흐트러진 다양성이 언제나 다시 완벽하게 하나가 되는 조화가 지배하고 있다. 자연은 도시가 되고, 도시는 자연 같은 인상을 준다. 그 도시가 한눈에 파악이 불가능하게 끝없이 새로운 모습을 보여 주면서, 장대하고 자유스러운 모습으로 우리를 맞이했듯이 그런 식으로 우리를 붙잡아 둘 줄 안다. 눈이 이 도시에 싫증나거나, 이 도시에 신물이 나는 경우는 결코 없을 것임을 도착하는 순간부터 우리는 알게 된다.

비행기로 이 도시에 도착할 때 받는 인상은 짧은 순간이지만 어쩌면 더 충격적이다. 리우의 전체 구도가 한눈에 들어온다. 도시를 지켜 주는 산들의 기슭에 리우가 어떻게 펼쳐져 있는지, 어떻게 도시가 풍경 속으로 녹아들었는지 볼 수 있다. 계속 이어지는 산들 위를 날던 비행기는 갑자기 하얀 진주를 품고 있는 푸른빛의 거대한 조개 같은 넓은 만 위로 접어든다. 마치 칼로 그린 듯 도시를 가로지르는 사선의 도로들이 보이고, 마치 노란 오렌지 껍질의 흰 부분처럼 얇게 보이는 해변이 눈부시다. 그리고 내륙 깊숙이까지 흩어진 집들과 저택들이 흰 점들처럼 보인다. 이 모든 것들은 맑은 금속빛 하늘과 그 하늘을 비추는 바다가 이루는 이중의 푸른빛 때문에 더욱 두드러진다. 비행기가 회전을 시작하면 갑자기 산맥이 사라지고 도시가 하얀 집들과 함께 마치 돌로 된 하얀 벽처럼 다가온다. 이미 해안가를 달리는 자동차들의 띠와 해변에서 해수욕하는 사람들이 보인다. 외지인을 기다리는 그 도시의 삶과 눈부신 색깔들이 보인다. 한 바퀴, 두 바퀴, 세 바퀴, 비행기는 갈수록 고도를 낮추어 마침내 서웅-벵뚜São Bento 수도원 지붕에 닿을 듯하다. 이윽고 땅과 마찰하는 바퀴 소리가 나면서, 세계에서 가장 아름다운 곳에 착륙한다.

도시 구성

1552년, 거의 4세기 전에 또메 드 소우자는 리우데자네이루에 도착하면서 다음과 같이 적었다. "모든 것이 다 말로 형언할 수 없다." 투박한 묘사지만 그보다 더 적절하게 표현하기란 실질적으로 불가능하다. 그 도시와 풍경의 아름다움을 말로 표현하는 것은, 엄격히 말해, 정말 어려운 일이다. 그것은 말을 거부하고, 사진을 거부한다. 그 아름다움은 너무나 이질적이고, 다 어우르기가 불가능하고, 끝없이 상식을 벗어난다. 어떤 화가가 수천 가지의 색깔과 모습을 지닌 리우를 작품으로 재현하려 한다면 평생을 다 바쳐도 불가능할 것이다. 왜냐하면 보통은 풍경의 모든 아름다운 요소들이 여러 나라에 분산되어 여기 하나 저기 하나 있는데, 리우에서는 자연이 변덕을 부린 듯, 그 모든 요소들을 그 한정된 공간 안에 너무나 풍부하게 모아 놓았기 때문이다. 그 도시의 바다는 온갖 모양과 색깔을 가지고 있다. 대서양 머나먼 곳으로부터 푸른 물거품을 꼬빠까바나 해변으로 가져오고, 가베아Gavea에서는 여기저기 바위를 격렬하게 덮치고, 다시 니떼로이Niteroi에서는 잔잔한 푸른 파도가 되어 평평한 해변 모래사장 위로 밀려오거나, 섬들을 부드럽게 감싸 안는다. 리우에서는 각 산의 정상과 기슭은 서로 모습이 다른데, 어떤 산은 가파르고, 회색빛에 바위가 많은 반면, 어떤 산은 녹음이 짙고 부드럽다. 뻐웅지아수까르는 가파르게 치솟아 있고 정상이 뾰족하고, 가베아 산은 마치 거대한 망치로 두들겨 맞아 납작해진 듯하고, 오르거웅스Órgãos 산맥은 치아처럼 많이 뾰족뾰족한 모습이다. 각각의 산은 완고하게 자신의 형태를 유지하고 있지만, 형제의 범주로 묶여 하나가 된다. 호드리구 지 프레이따스Rodrigo de Freitas 호수, 치주까 호수도 있는데, 그 호수에는 산과 풍경과 도시의 전기 불빛이 동시에 비친다. 바위에서 시원한 물이 거품을 일으키면서 떨어지는 폭포도 있다. 강도 있고 개울도 있다. 물은 온갖 형태와 모습으로 존재한다. 그곳 식물은 온갖 색깔을 드러낸다. 밀림은 울창한 칡덩굴과 통행을 불가능하게 만드는 잡초와 함께 도시 가까이까지 펼쳐져 있다. 그곳에는 공원과 잘 가꾸어진 정원들이 있다. 그곳에는 모든 종류의 나무와 열대 과일과 관목들이 무질서하게 모여 있는 듯이 보이지만 사실은 의도된 질서가 숨겨져 있다. 어디를 가나 자연은 무성하게만 보이지만 조화가 있다. 그런 자연 가운데 그 도시가 있다. 고층 빌딩과 궁전 같은 저택, 대로와 광장, 동양적 색조의 골목들로 이루어진 딱딱한 건물의 숲이 있다. 흑인들이 사는 작은 오두막집이 있고, 거대한 정부 청사가 있고, 해변과 카지노가 있다. 모든 것이 다 있는 화려한 항구 도시, 국제적 상업 도시, 관광과 산업의 도시, 관료들이 있는 도시다. 이 모든 것에 더해, 복 받은 하늘이 있다. 낮에는 짙푸른 천막 같은 하늘, 밤에는 남반구의 별들이 가득한 하늘이 있다. 리우에서는 시선을 어디로 향하든 항상 새로운 것으로 즐거워진다.

지구에 리우보다 더 아름다운 도시는 없으며, ― 누구든 리우를 한번 본 사람은 내가 거짓말을 한다고 말하지 않으리라 ― 리우보다 더 깊이를 헤아릴 수 없는 도시, 리우보다 더 파악할 수 없는 도시는 없다. 바다는 극단적으로 지그재그로 해안선을 그렸다. 산은 도시가 발전하는 공간 쪽으로 가파른 사면을 이루고 있다. 어느 곳을 가나 모퉁이와 굽이와 마주친다. 모든 길은 불규칙하게 만나고, 계속 방향감각을 잃게 된다. 끝에 도달했는가 싶으면 또 새로운 시작점을 만나고, 도시 중심으로 가기 위해 하나의 만을 벗어나면, 놀랍게도 또 다른 만을 만나게 된다. 길을 나설 때마다 뭔가 새로운 것을 발견한다. 언덕들 사이에서 갑자기 작은 광장을 발견하게 되는데, 식민지 시기 때부터 잊혀진 채 버려져 있는 것처럼 보인다.

양쪽으로 줄지어 선 야자수 사이의 수로, 시장, 정원, 파벨라를 발견하게 된다. 수십 차례 지나다니던 곳에서도 착각해 인접한 길로 들어서면 새로운 세계를 만나게 된다. 마치 회전판 위에 서서 끊임없이 새로운 광경을 마주하는 것 같다. 게다가 그 도시는 해마다, 아니 달마다 놀라운 속도로 변한다는 사실이 더해진다. 리우에 몇 년 동안 없었던 사람이 다시 그 거리에 익숙해지려면 상당한 시간이 필요하다. 그 도시에서 오래된 낭만적인 동네들을 보기 위해 언덕을 올라가는 사람은 그 동네들을 발견하지 못할 것이다. 그 동네들은 간단히 싹 쓸려 나간 뒤 그 자리에 우리를 압도하는 대로가 들어섰고, 양쪽으로 10층이 넘는 건물들이 늘어섰다. 바위산이 길을 막던 곳에는 이제 터널이 있다. 늘 바닷물이 닿던 해변에는 이제 바다를 메우며 공항이 건설되고 있다. 3개월 전만 해도 멀리 떨어진 해안에 외로이 있던 고운 모래 위를 거닐었는데, 이제 그곳에는 저택 단지가 들어서고 있다. 그 모든 것이 꿈같은 속도로 빨리 진행된다. 모든 곳에서 뭔가가 일어나고 있고, 모든 곳에는 다양한 색과 빛과 움직임이 있다. 반복되는 것은 아무것도 없고, 꼭 들어맞는 것은 아무것도 없지만, 모든 것이 조화를 이룬다. 거리를 여기저기 돌아다니는 일은 ─ 다른 도시에서는 아무것도 발견할 수 없고, 거의 가능하지도 않지만 ─ 리우에서는 아직도 뭔가를 발견하는 즐거움과 일상의 기쁨을 준다. 어디에 있든지 항상 눈이 즐겁다. 친구를 방문해서 6층에 있는 그 집 창문으로 우연히 밖을 바라보면, 마치 처음 보는 듯, 넓고 장엄한 만이 눈부신 섬들과 미끄러져 가는 증기선과 함께 시야에 들어온다. 같은 집에서 안쪽 방으로 들어가 내다

보면 이제 바다는 보이지 않고, 앞에는 꼬르꼬바두 산 위에서 조명을 받고 있는 십자가가 보이고, 산맥의 어두운 부분이 보인다. 몇 시간이 지나면 거리에는 불빛이 빛나고, 동시에 발코니의 난간에 기대어 보면 발아래 흑인들의 오두막과 불빛들이 어지러운 빈민 동네가 보인다. 도심으로 가고 싶으면 산을 가로질러 가야 한다. 계속되는 놀라운 광경을 보기 위해 차를 모는 친구에게 매 순간 세워 달라고 조르게 된다. 변두리 빈민 지역에 가서 알록달록 초라한 가게들을 보려고 하다가도 의도와는 달리 수백 년 된 정원이 있는 봉건시대의 대저택들 사이에 있게 된다. 상따떼레자Santa Teresa의 전차를 타고 언덕 위로 올라가서 자연 속에 머물려고 하면, 생각지도 못했던 18세기의 수로를 보게 된다. 몇 분 뒤에는 높은 아파트 건물들과 마주하게 된다. 15분 정도면 눈부신 해안에서 산의 정상까지 갈 수 있고, 5분이면 화려한 지역에서 흙으로 지어진 오두막집들로 이루어진 원시적 빈곤 지역으로 갈 수 있다. 그리고 즉시 다시 화려한 커피숍들이 있는 최첨단 도시 속으로, 자동차들의 소용돌이 속으로 돌아올 수 있다. 그곳에서는 모든 것이 혼돈스럽게 뒤섞인다. 가난한 자와 부자, 옛것과 새것, 자연과 문명, 오두막과 고층 빌딩, 흑인과 백인, 오래된 마차와 자동차, 해변과 바위산, 식물과 아스팔트. 이 모든 것들이 눈부시게 짙은 색깔들 속에서 반짝이며 빛을 발한다. 하나하나가 다 아름답고, 모두가 서로 뒤섞여 환상적으로 된다. 결코 싫증나지 않으며, 실컷 보았다는 느낌이 들지 않는다. 그 도시 전체의 모습을 파악하는 것은 불가능하다. 왜냐하면 그 도시는 수십, 수백 가지의 모습을 가지고 있기 때문이다. 어느 각도에서, 어느 쪽에서, 어느 관점에서 보느냐에 따라서 모습이 달라진다. 안에서 보는 것과 밖에서 보는 것이 다르다. 위에서 보는 것과 밑에서 보는 것, 산에서, 바다에서, 거리에서, 비행기에서, 배에서, 각각의 집에서, 각 층에서, 각 방에서 보는 모습이 다 다르다. 리우를 벗어나면 다른 도시들은 빛이 부족하고, 거리의 사람들은 단조로워 보이고, 생활은 지나치게 질서정연하고 획일적으로 보인다. 리우의 색깔과 형태, 숭고한 다양성에 취하고 난 뒤에는 모든 것이 생기 없고 어두워 보인다.

리우에서는 원하는 대로 살 수 있다. 그곳에서는 부자가 되고 싶은 생각이 간절해지기도 한다. 치주까의 언덕 위 공원에 둘러싸여 있는 꿈속의 궁전 같은 저택에 살아보고 싶은 생각이 간절해지듯이. 하지만 동시에 그곳에서는 다른 어떤 대도시에서보다 가난해도 쉽게 살아갈 수 있다. 바다는 해수욕하는 사람들에게 열려 있고, 아름다움은 모든 시선에 노출되어 있다. 일상에서 사소하게 필요한 것들은 저렴하고, 사람들은 친절하다. 이유는 모르겠지만, 행복을 주는 뜻하지 않은 일상의 작은 일들은 셀 수 없을 정도다. 뭔가 아늑하고 긴장을 풀어 주는 분위기가 공기 속에 떠다닌다. 그 결과 개인은 덜 호전적이고, 그래서 어쩌면 덜 정력적이다. 바라보고, 즐기고, 하는 그곳 사람은 축복받은 사람이다. 의식하지 못하는 가운데 사람들은 이 세상에서 둘도 없는 그 풍광으로부터 신비로운 위안을 받는다. 밤에는 수백만 개의 별빛과 불빛, 낮에는 밝고 자극적인 색깔들과 무더운 날씨, 해질 무렵에는 연한 안개와 구름의 유희, 향기로운 열기와 열대의 소나기와 함께 그 도시는 언제나 매혹적이다.

그 도시를 오래 알면 알수록 더 좋아하게 된다. 그렇지만 오래 알면 알수록 설명하기는 더욱 어려워진다.

지난날의 리우데자네이루

하나의 도시든 예술 작품이든 한 사람이든 확실하게 이해하기 위해서는 그 과거를 아는 것, 그 삶의 역사와 발전 과정을 아는 것이 중요하다. 그래서 나의 경우 어떤 도시를 처음 방문하면 어제를 통해 오늘을 이해하기 위해 그 도시가 세워진 토대를 찾아가는 것이 첫 번째 여정이다. 리우에서는 우선 모후두까스뗄루Morro do Castelo를 찾아가는 것이 너무나 당연한 일이었다. 그 역사적인 언덕은 4세기 전 프랑스 사람들이 진을 치고 있던 곳이고, 포르투갈 사람들이 탈환한 뒤 그 도시의 진정한 초석을 놓은 곳이다. 하지만 나의 탐사는 소득이 없었다. 역사적인 언덕은 휩쓸려 나가서 돌 하나 흙덩어리 하나 남아 있지 않았다. 언덕은 오래전에 평평하게 만들어졌고, 넓은 길들이 평지가 된 땅을 가로지르고 있었다. 기이한 현상 아닌가! 옛 리우데자네이루는 사라졌고, 새로운 리우가 16세기, 17세기의 도시와는 전혀 다른 땅 위에 서 있다. 오늘날 포장된 도로가 지나가는 곳은 원래 개울이 흐르던 늪지, 건강에 해롭고 사람이 살 수 없는 늪지였다. 조금씩 늪지와 바다로부터 땅을 확보했다. 개울을 메우고 물길을 만들어 산과 산 사이에 있는 땅의 습기를 빼내면서 토지를 확보했다. 동시에 해안을 메우면서 도시를 조금씩 만 쪽으로 확장시켜 나갔다. 그다음 교통에 방해가 되는 언덕들이 사라졌다. 이런 식으로 3백 년의 세월에 걸쳐 그 도시는 완전히 바뀌었다. 거의 모든 역사적인 것들이 그 성급한 변화에 희생되었다.

그것이 대단한 손실을 의미하지는 않는다. 왜냐하면 16, 17세기와 18세기가 많이 진행될 때까지도 바이아가 브라질의 수도였고, 리우는 너무 빈곤하고 중요하지 않은 도시라서 예술적 건물이나 화려한 궁전이 들어설 수 없었다. 19세기 초반, 포르투갈 궁정이 리우에 자리를 잡을 때도 원치 않게 왔던 사람들이 마땅히 거처할 곳이 없었다. 그런 이유로 리우에서 모든 역사적인 것은 길어야 식민지 시대까지 거슬러 올라간다. 150년 된 집은 그 도시에서는 (바이아에서와는 달리) 귀한 대접을 받는다. 아우파뎅가Alfandenga의 가까운 몇 안 되는 거리에서는 그 식민지 시기의 삶의 양식과 형태에 대해 어느 정도 이해할 수 있다. 그곳에서는 원래 모습이 아직 크게 변질되지 않았다. 아주 전형적인 포르투갈식 거리들인데, 그 소박한 모습이 좋은 인상을 준다. 1층, 혹은 2층으로 된 집들은 분명 과거에는 여러 색으로 칠해져 있었을 텐데, 쇠를 두드려 아주 아름답게 만든 발코니 장식 외에는 다른 장식이 없다. 과거에는 눈에 띄었겠지만 이젠 낡아서 거의 대부분 작은 가게로 사용된다. 1층에는 물건이 쌓여 있는 상점들이 있는데, 밖에서도 안에 쌓여 있는 물건을 볼 수 있다. 일반적으로 아직도 그 물건들에서는 먼 곳에서 온 냄새가 난다. 항구에서 가까운 그 거리들은 변화를 겪지 않은 유일한 식민지 시기의 거리로서 생선, 과일, 야채에서 나는 뜨겁고 기름진 냄새를 풍긴다. 한때 그 좁은 길들이 얼마나 지독하게 악취가 나고 숨 막히는 곳이었는지를 상상하기 위해 루이스 에지뭉두Luis Edmundo가 쓴, 부왕 시절의 리우에 관한 책 속에 있는 뛰어난 묘사를 참고할 필요는 없다. 그 당시는 사람과 가축이 그 길을 함께 다니고 있었고, 위생과 관련된 원시적인 법조차도 아직 존재하지 않던 시대였다. 식민지 시기의 몇 안 되는 건물이나 큰 저택, 병영들은 너무 서둘러 지어졌고, 재원도 없었기 때문에 설계도나 미래에 대한 대비도 없이 들어섰다. 게다가 대부분의 경우, 포르투갈에 있던 유사한 건물을 싸게 모방한 것에 지나지 않았다. "옛 리우"가 사라진 것에 대해 감상적인 아쉬움을 늘어놓는 사람은 사실은 몇 안 되는 노인들뿐인데, 그들은 무의식적으로 그런 아쉬움을 통해, 시들어 버린 자신의 젊음을 한탄하는 것이다. 정말 솔직하게 말해서, 리우에서 철거된 것들 중에 대단한 것은 없다. 식민지 시대가 남긴 모든 것 가운데 몇몇 교회, 특히 기가 막힌 곳에 위치한 '오우떼이루 영광의 성모 성당'Nossa Senhora da Glória do Outeiro과 서웅프랑시스꾸 교회, 우아한 곡선을 지닌 수도교 정도만이 보존될 가치가 있다. 그 밖에도 어쩌면 그 시대의 상징물로서 지속될 가치가 있는 좁은 골목들 몇 개가 있을 것이다. 왜냐하면 지난 시대의 기념물로서 서웅벵뚜 성당과 수도원이 영원히 그 시대를 증언해 줄 것이기 때문이다.

서웅벵뚜 성당은 한 언덕에 은거한 채 외롭지만 용감하게 수세기에 걸친 세월의 변화를 견디어 냈다. 1589년에 건축되기 시작한 이 건물은 16세기 건물의 위엄을 간직한 유일한 기념물로 남아 있다. 우리가 잊어서는 안 될 것은 신세계에서 16세기 예술 작품은 우리 유럽인에게는 파르테논 신전이나 피라미드와 같은 시간의 의미를 가진다는 점이다. 아래에 있는 높은 건물들도 시야를 가리지 않을 만큼 높은 언덕 위에 홀로 서있기에, 사방을 자유롭게 바라볼 수 있는 성당은, 조급한 열정과 요란한 색깔과 소음이 가득한 도시 한가운데, 아름다움과 고요함을 지닌 환상적인 작은 공간으로 남아 있다. 리우에서 이 작은 지점에서만 시간이 멈추어 있다. 오직 이곳에서만 모든 것을 바꾸고자 하는 조바심조차 아무것도 바꾸지 못했다. 그 언덕으로 가는 오래되고 울퉁불퉁한 길은 3세기 전 순례자들이 가던 바로 그 길이고, 포르투갈의 갤리선과 범선이 접안하는 것을 볼 수 있던 바로 그 테라스가 오늘날에는 정기 여객선이 여유 있고 근엄하게 과거의 항로를 따라 도착하는 것을 볼 수 있는 그 테라스이다.

밖에서 볼 때 서웅벵뚜 성당과 그 곁에 있는 수도원은 특별히 위압적이거나 뛰어난 모습이 아니다. 육중한 원형 탑이 있는 견고하고 넓은 건축물이다. 수도원은 사각형 형태여서 요새처럼 보이는데, 사실 전시에는 그런 목적으로 사용되었다. 별로 커다란 기대 없이 사람들은 예술적으로 세공된 육중한 문을 통해 들어가게 된다. 하지만 내부로 들어서자마자 방문객은 놀라움을 금치 못한다. 방금 전에 리우를 비추는 강렬한 남반구의 빛 속에 있었는데, 이제 그를 둘러싸고 있는 것은 꿀색 같은 빛이다. 기묘하게 완화된 연한 빛, 마치 연무 속 일몰의 빛 같다. 윤곽들이 뚜렷하게 드러나지 않는다. 공간과 형태가 안개 빛 속에서 희석된다. 바로 그때 그런 빛이 모든 벽들을 동일하게 빛나게 하는 황금으로부터 온다는 것을 알게 된다. 황금색 금속의 강렬하고 요란스런 색조가 아니라 은은한 빛, 조용한 빛이라고 말할 수 있을 것이다. 기둥과 판자들을 덮고 있는 그 색은 녹청색에 가깝다고 할 수 있을 것이다. 모든 선과 표면들은 그렇게 어렴풋하게, 섬세하고도 부드럽게 다가온다. 그리고 채광창을 통해 들어오는 한낮의 빛과 합쳐져 부유하는 빛을 만들어 내고, 그 빛은 마치 수증기로 된 베일처럼 넓은 공간을 떠돌아다닌다.

눈은 조금씩 적응을 하고, 세부적인 사항들을 감지하기 시작한다. 그제야 우리 유럽의 성당에서 돌이나 금속, 대리석으로 만들어져 있는 것들이 — 조각된 난간, 판자, 장식 — 이곳에서는 브라질에서 나는 나무로 만들어졌다는 것을 인식하게 된다. 하지만 이 나무는 칠한 것인지 얇은 금박을 입힌 것인지 분간하기가 힘들다. 그 막은 너무나 얇고 예술적이어서, 바로크풍의 화려한 장식을 완화시키며, 눈에 두드러지지 않게 모든 곡선과 곡면을 부드럽게 재현하고 있다. 독창성과 규모에서 유럽의 대성당들과는 비교할 수 없지만, 서웅벵뚜를 만든 예술가들은 뭔가 유일한 것을 성취했다. 재료를 아주 만족스럽고 독창적으로 다루는 기술을 통해 황금빛 여명 속에서의 완벽한 조화, 그 잊을 수 없는 조화를 성취했다. 묘하게 마음이 끌리도록 만들어진 그런 분위기는 수도원에서도 전반적으로 느껴진다. 포석이 깔린 넓은 통행로, 검은 색의 육중한 문, 기묘하게 균형 잡힌 도서관, 외진 회랑에서 그런 분위기를 느낄 수 있다. 마치 먼 과거 시대에 있는 것처럼 방문객은 소음과 사람들의 소리를 차단해 주는 두꺼운 벽으로 둘러싸인 서늘하고 길고 넓은 방들을 지나간다. 방문객은 자신이 적도를 지나 남반구의 다른 별자리 아래 있다는 사실을 잊어버리게 된다. 스위스나 독일의 베네딕

트회 수도원에서 나른한 시간을 보내고 있다고 생각할 수도 있다. 애서가들의 어느 고색창연한 피난처에 있다고 생각할 수도 있다. 갑자기 어느 창가에서 시선은 아주 화려한 광경을 통해 자신이 있는 곳을 알아차리게 된다. 고층 빌딩과 큰 건축물들, 사람들이 가득한 거리들과 함께 근대적 대도시의 집들이 바다처럼 펼쳐져 있고, 주위에는 녹색의 산들이 보호하듯 감싸고 있다. 더 멀리 배와 섬들이 있는 만이 누워 있고, 열대 바다가 반짝이고 있다. 아무리 외딴 곳이라고 해도 도시와 자연, 일시적인 것과 영원한 것이 이루는 이중성이 있고, 그 이중성이 리우처럼 잘 구분되지 않는 곳도 없다.

이 수도원은 서웅프랑시스꾸 언덕 위에 있는 다른 수도원과 함께 리우데자네이루의 과거로부터 살아남은 곳이다. 이곳은 리우의 고상함을 입증하는 증서이고, 리우 문화가 오래되고 뛰어남을 확인해 주는 곳이다. 비록 식민지 시기의 모든 비천한 것들이 계속 허물어지고 사라지고 있고 도시가 매년 성급하게 바뀌고 있다고 해도, 이 고상한 황금빛 유적은 세월이 지나도 빛을 발할 것이다.

도시 둘러보기

모든 길들은 히우브랑꾸 대로에서 갈라져 나간다. 그 대로는 도시의 자랑거리다 — 더 정확히 말하자면, 자랑거리였다. 약 40여 년 전 리우는 유럽의 대도시들과 어깨를 나란히 하고 도시 심장부에 도시를 대표할 수 있는 대로를 만들려는 야망을 가지게 되었다. 모든 남반구의 도시들처럼 리우는 오스만Haussmann 대로의 예를 모방하고 싶었다. 오스만 대로는 파리의 위대한 시장이 만든 것으로, 카오스처럼 얽히고설킨 오래된 옛길들 사이로 대담하게 넓고 곧게 설계한 대로다. 그 호사스런 대로 건설 계획은 유럽 대로들의 규모를 생각해서 넓이를 33미터로 결정되면서 아주 대담한 계획으로 간주되어졌다. 지난 세대의 브라질 사람들, 다시 말해 토착 리우 사람들은 좁고 어두운 식민지 시기의 길에 익숙해 있었던지라 그렇게 엄청난 폭으로 만드는 것은 지나치다고 설득하곤 했다. 그럼에도 그 계획은 강행되었다. 그리고 처음부터, 그 새로운 거리가 정신적, 문화적 중심이라는 것을 나타내기 위해 대로의 한쪽 끝에는 파리 오페라 스타일의 멋진 공연장, 국립도서관, 박물관, 당시로서는 고급 호텔이 들어섰다. 그리고 6층짜리 건물들도 들어서서, 이전에 지어진 대형 건축물이나 대저택의 낮은 지붕을 으스대듯 내려다보고 있었다. 보도는 검은색과 흰색의 모자이크로 장식되었고, 차도는 아스팔트 포장이 되었다. 상가와 클럽들은 넓고 아름다운 전면을 당시의 최첨단 건축양식에 서둘러 맞추어 나갔다. 실제로 그곳은 아름다운 거리가 되었고, 브라질 사람들은 유럽의 유명한 대로들에 견줄 만하다고 자랑스럽게 말할 수 있었다.

하지만 아메리카에서, 다른 대륙과 달리 맹렬하게 발전하는 그 대륙에서, 유럽식 잣대로 생각하고 계산하는 것은 언제나 신중함에서 기인한 치명적인 실수로 판명난다. 바다 건너 그곳에서 시간과 공간은 유럽과는 다른 역동적인 척도를 지니고 있다. 그곳에서 모든 것들은 더 빨리 진화하고, 또한 더 빨리 쇠퇴하기도 한다. 리우가 열대 특유의 성장을 해나가고, 놀라울 정도로 빨리 늘어 가는 교통량으로 인해서 오늘날 이미 히우브랑꾸 대로는 지나치게 좁고, 줄지어선 자동차들로 계속 막혀 있다. 자동차는 걸어가는 속도로밖에 낼 수 없고, 소음도 많고, 사람들로 가득 차 있다. 계속되는 공사장의 울타리들이 도로를 점령해 도로 폭은 항상 줄어들어 있다. 1910년에 대단해 보였던 건물들은 이미 웅장하거나 대단해 보이지 않는다. 예전의 고급 호텔은 사라질 운명에 처해 있다. 그 자리에 32층짜리 건물이 들어설 계획이 있다. 6층짜리 주거 건물들이 더 들어서기도 하고, 어떤 건물들은 완전히 리모델링되었다. 30년 전에는 위압적이고 기이하게 보였던 양식들이 오늘날에는 작고, 오래되고, 유행에 뒤져 보인다. 시립공연장은 구석으로 완전히 밀려나서 과거의 위상을 보여 주지 못한다. 현대미술관, 국립도서관도 최고의 위상을 상실했다. 파리의 중앙 대로들, 베를린의 프리드리히 슈트라세Friedrichstrasse, 런던의 리전트스트리트Regente Street에서 일어났던 현상처럼, 고급 상가들은 통제할 수 없을 정도로 번잡한 대로에서 벗어나 인접한 더 조용한 거리로 물러서기 시작했다. 오늘날 화려한 거리는 고유한 특징이나 개성이 없고, 그저 지나가는 거리 이상의 큰 의미는 별로 없다. 지난날 그 거리가 지녔던 매력적인 모습은 사라지고, 오늘날에는 그저 시대에 부응하고자 노력하지만 거기에마저 미치지 못하고 있다.

리우가 도시의 역량을 최대한 발휘하기 위해서는 더 넓은 새로운 대로들이 필요했다. 그래서 계속 불편을 감수하면서도 단호한 의지로 도로들을 새로 만들었다. 리우는 닥치는 대로 항상 안에서 밖으로 새로운 대로들을 뚫어 나가면서 — 계획들은 거창하고 대담한 것이었다 — 경계를 벗어나갔다. 마치 달리는 기관차가 종이 한 장을 밀어제치듯이 건물이 있는 블록들을 완전히 밀어 버렸다. 도시 가운데 있는 구릉들을 제거하고, 몇 블록 전체를 굴삭기로 부수고, 터널을 뚫어 바위산을 통과하고, 소통을 위해 넓은 아스팔트 포장 도로가 뱀처럼 구불구불하게 언덕 위로 뚫렸다. 냄비의 내용물이 넘쳐흐르듯, 만약 도시가 변두리 주변의 농촌 지역으로 점점 확대될 수 있다면, 더 높은 건물을 짓는 식으로 공간을 경제적으로 활용하는 것은 별 의미가 없다는 것을 어느 선견지명이 있던 행정부는 적절한 시기에 인지했다. 옛날의 주요 도로인 까리오까Carioca, 까떼치Catete, 라랑제이라스 거리와, 치주까와 메이에르Meyer로 연결되는 도로들은 통행량이 수용 능력을 초과해 정체되고 있고, 새로운 거주 지역에서 도심으로 가기 위해서는 자동차로 반 시간 혹은 그 이상이 걸렸다. 그래서 어떻게 해서라도 공간을 확보해야 했다. 그런 의미에서 가장 손쉽고 접근성이 좋은 것은 바다였다. 간척을 통해 수마일에 이르는 만으로부터 2백 미터 혹은 5백 미터 폭으로 바다를 잠식해 땅을 확보하는 것은 무한한 바다에게는 별 것도 아니지만 도시로서는 대단한 소득이었다. 이렇게 해서 도시의 테두리를 형성하는 해안의 넓은 도로들이 생겨났다. 그 도로들은, 바다와 주변 경치를 볼 수 있고 나무와 정원들로 조경이 되어 있어, 과거의 낭만을 잃어버린 근대적 도시 리우에 다양한 모습과 아름다움을 보상해 준다. 해안 도로들은 마치 책에서 인쇄된 내용을 둘러싸고 있는 여백과 같은 인상을 준다. 그 책의 각 페이지는, 신에 의해 펼쳐진 책처럼, 서로 다른 아름다움을 보여 주기 때문에 여러 번 보아도 절대 싫증이 나지 않는다. 바다가 관대하게도 대여섯 개의 만으로 도시를 형성해 주고 있기 때문에, 각각의 만은 더욱 다양한 모습으로 다가온다. 리우가 그림이 그려진 부채에 비교될 수 있다는 말은 맞는 것 같다. 각 부분은 독특한 그림을 지니고 있어, 부채 전체를 펼쳐 놓았을 때만 완전한 파노라마를 볼 수 있다. 자동차로 해안 도로를 달리는 사람은 — 혹은 걸어서, 만약 몇 시간 내내 걸을 마음이 있다면 — 사실 완전히 다른 여섯, 일곱, 혹은 여덟 개의 도시들을 지나는 것이다. 히우브랑꾸 대로 좌측에서부터 항구로 향하는, 그러니까 상업 지구로 향하는 모든 거리들이 시작된다. 리우에서는 대서양을 횡단하는 대형 선박들이 접안하고, 섬들을 왕래하는 페리 선박이 출발한다. 불빛이 현란한 시장은 꽃과 과일이 넘치고, 공항에는 은빛 제비 같은 비행기들이 승객을 기다린다. 이곳에는 방파제와 해군 조선소와 병영이 모여 있다. 정부 부처가 자리한 12, 14, 16층으로 된 근대식 건물들이 자랑스럽게 거대한 집단을 형성하고 있다. 대담한 계획에 따라 거대한 나라의 모든 행정 부서가 하나의 블록에 응집되어 있다고 말할 수 있을 것이다. 비록 항구, 상업 중심지, 행정 중심지들이 다른 도시에 비해서 더 다양한 색채를 띠고 있지만, 근대적인 풍모는 국제적인 도시로서의 강한 인상을 풍긴다. 리우데자네이루의 독특하고 개성 넘치는 도회적 아름다움은 잘 알려져 있지 않다. 하지만 그 아름다움은 실용성이나 역사성에 기반을 둔 것이 아니라 모든 대조들을 조화롭게 녹여 내려고 노력하는 그 도시의 뛰어난 솜씨에 있다.

밤이면 수천 개의 진주 불빛으로 길게 이어지는 아름다운 해안도로는 사실 히우브랑꾸 대로 끝에 있는 파리 광장에서 시작한다. 파리 광장은 마치 아름다운 브로치 같다. 파리 광장이라는 이름은 우연히 붙여진 것이 아니다. 리우를 설계한 프랑스 도시 설계사들은 의심의 여지 없이 콩코드 광장을 생각했고, 그래서 밤이면 아치형 전구들이 빛을 발한다. 하지만 이 파리 광장은 그것뿐만 아니라 앞에 섬과 산이 있는 만을 바라다 볼 수 있다. 그래서 도회적 화려함은 자연의 무성함과 어우러져 잊을 수 없는 그림이 된다. 푸른 바다와 줄지어진 집들 사이에는 넓은 녹색 띠가 이어지고 있다. 활짝 열린 하늘은 그 공원의 나무들 위에서 쉬고, 그 공원을 따라서 녹색, 파란색, 붉은색, 노란색 자동차와 버스들이 성난 맹수처럼 쏜살같이 내달린다. 그 속도와 굉음은 다른 도시에서와는 달리 감각들을 혼란스럽게 하지는 않는다. 리우에서 시선은 쉴 수도 있고, 원하는 것을 감상할 수도 있다. 활기차게 늘어선 대저택과 호텔, 하얀 해변이 있는 넓은 니떼로이 만에는 배와 페리 선박들이 보인다. 주택들 위쪽 언덕에는 흰색의 고색창연한 영광의 성모 성당이 산의 가장 가파른 사면을 배경으로 시야에 두드러진다. 산은 마치 배경처럼 멀찍이 떨어져 솟아 있다.

그렇게 한번 훑어보고는 거의 다 보았다고 생각하는 것은 착각이다. 아주 일부분만 보았을 뿐 아직 볼 것이 너무도 많이 남아 있다. 파리 광장을 지나면서 길은 좁아지고 바다로 가까워지면서 플라멩구 해변에 이른다. 예전에 그곳에는 정원에 둘러싸인 오래된 주택들이 있었고, 집 1층이나 2층에서도 바다가 보였다. 그래서 그런 집들은 전망이 좋고 바닷바람이 시원하게 불어서 땅값이 매우 비쌌다. 이제는 11층, 12층짜리 건물이 시멘트 병풍처럼 치솟아 있다. 옛날에는 오래된 집의 지붕을 보호해 주던 야자수 나무들이 이제는 새로 들어선 건물의 가슴에도 닿지 못하고 있다. 만을 바라볼 수 있는 시야는 조금씩 줄어드는데, 왜냐하면 바로 정면에 뻬웅지아수까르가 — 밤에는 불빛 왕관으로 장식되어 — 불쑥 솟아 있기 때문이다. 그것은 엄청나게 인상적인 큰 바위 덩어리로 만의 입구를 지키고 있어 모든 배들은 항구에 들어가기 위해 얌전히 그 앞을 지나야 한다. 또 커브를 하나 돌아 나가면 다른 만인 보따포구 만에 들어서게 된다. 이제 시야는 탁 트여 있지도 않고, 자유롭지도 않다. 산으로 둘러싸인 호수에 있는 느낌이다. 앞에서 보았던 것과는 다른 산과 구릉들 사이에서 보따포구 만은 리우의 신비로운 풍경 일부를 형성하고 있다. 리우의 풍경을 신비롭게 하는 요소는, 산들이 불규칙하게 생겨서 보는 각도에 따라서 상이한 실루엣을 보인다는 점이다. 보타포구 만에서 보았을 때 뭔가 험준해 보이는 것도 플라멩구 만에서 보면 부드러워 보인다. 어느 언덕은 숲으로 덮여 있는데, 어떤 언덕은 날카로운 바위로 되어 있고, 또 다른 언덕은 정상까지 집들이 들어서 있다. 마찬가지로, 하나의 만은 그 선이 지그재그로 그려져 있어 여러 굽이로 이루어져 있다. 그 다양성의 도시에서, 동일한 산과 바다는 다양한 시각에 따라서 언제나 새롭고 놀라운 인상을 준다. 새로운 것들을 발견하기보다는 모든 것들이 볼수록 새롭게 보인다고 할 수 있다.

두 블록만 더 가면 뜻하지 않게 다른 만인 쁘라이아베르멜랴Praia

Vermelha에 들어서게 된다. 그 해변은 두 구릉 사이 좁은 목구멍 같은 지형에 숨겨져 있고, 주거 구역들로부터 너무 떨어져 있어 몇 주가 지나서야 그 해변을 발견하게 된다. 갑자기 모든 풍경이 다시 바뀐다. 만에서 바라보는 시야에서 도시는 사라지고 없다. 화려한 주택도, 자동차도, 도시의 열기도 보이지 않는다. 오직 파도와 바위, 해변과 적막뿐이다. 길의 막다른 곳에서, 도시의 끝 지점에 도달해 있다는 느낌이 저절로 찾아든다.

그러나 사실은 하나의 새로운 시작 지점에 와있는 것이다. 항상 우리를 놀라게 하는, 그 도시가 가진 수많은 시작 지점 중 하나에 와있는 것이다. 길을 두 개 지나고 바위산에 뚫은 터널을 하나 지나면 갑자기 꼬빠까바나 해변에 다다른다. 니스나 마이애미보다 더 아름다운, 어쩌면 세계에서 가장 아름다운 해변이다. 믿기 어렵겠지만, 확실한 것은 리우 안에서도 5분만 가면 완전히 다른 바다를 만나게 된다는 사실이다. 마치 여러 시간 여행을 한 것처럼 다른 공기, 다른 온도를 만나게 된다. 사실 베이라마르Beira Mar 대로에서 본 바다는 다른 바다다. 그것은 완전히 닫힌, 만에 갇힌 바다다. 바다이긴 하지만 길들여진 바다, 쇠사슬에 묶여 약해진 바다, 사나운 파도를 일으킬 수 있는 힘을 갖지 못한 바다다. 아무리 넓다고 해도 밀물과 썰물을 만들어 내지 못하는 바다다. 반대로, 꼬빠까바나 해변은 전면으로 바람을 받으며 대서양으로 곧바로 열려 있다. 수천 마일에 이르는, 아프리카와 유럽까지 오로지 그 무한한 바다만 펼쳐져 있으리라는 느낌이 다가온다. 거친 파도는 푸른 거품을 일으키며 — 포세이돈이 일으키는 — 하얀 갈기를 지닌 바다의 준마를 타고, 무한히 넓고 빛나는 해안을 향해 달려든다. 천둥 같은 포성이 귓전을 울리고, 바람은 너무나 맹렬하고, 거대한 대서양의 숨결이 너무나도 거친 나머지 가루가 되어 버린 바람과 물에서 요오드와 소금이 흘러내린다. 오존이 너무나 풍부한 나머지 부드럽고 약간 가라앉은 분위기에 익숙한 많은 사람들은 그 해안의 늘 요란한 파도 소리와 계속 일어나는 물보라 속에서 오래 지내는 것을 견디지 못한다. 하지만 바로 그것 때문에 얼마나 시원한가! 5분만 이동해도 온도가 4~5도 낮은 환경 속에 있게 된다. 이것이 바로 이곳에서 오래 살아 온 사람만이 알 수 있는, 이 도시의 1백 가지 미스터리 가운데 하나다. 온도는 길모퉁이마다 크게 바뀐다. 같은 동네에서도 안쪽 길은 앞쪽의 길보다 더울 수 있고, 왼쪽 길은 조용한 오른쪽 길에 비해 바람을 강하게 받을 수 있다. 그 모든 것은 길이 바닷바람과 어떤 각도로 놓여 있는가에 달려 있거나, 바람 통로를 막는 언덕이 있는지 없는지에 달려 있다. 예를 들어, 꼬빠까바나의 첫 번째 구역은 레미Leme라고 불리는데, 아뜰랑치까Atlântica 대로에서 1킬로미터밖에 떨어져 있지 않지만 그렇게 유명하지도, 세련되지도, 비중이 있지도 않다. 겉보기에는 전면이 마찬가지로 바다를 향하고 있다. 꼬빠까바나 해변을 따라 나있는 아뜰랑치까 대로는 호화로운 해변 도로다. 그 도로에는 아주 유명한 호텔들이 들어서 있고, 집시 악단이 있는 고급 커피숍이 있고, 카지노와 넓은 보행로가 있다. 그곳에는 고유한 분위기가 있는데, 아주 브라질적이지는 않다. 유럽이나 북미의 여름 휴양지처럼 바지를 입은 아가씨들과 티셔츠만 입고 재킷을 입지 않은 남자들을 볼 수 있다. 사람들은 그곳의 커피숍과 식당 앞 야외에 앉아 있다. 그곳에는 시장도 없고, 수레도 보이지 않는다. 아뜰랑치까 대로에 접한 해변은 오직 사치와 오락, 스포츠, 산책을 위해 마련된 곳이다. 육체의 즐거움, 특히 눈을 즐겁게 하는 화려한 색상을 위해 마련된 장소다. 그곳은 엄청난 꼬빠까바나 해변이 제공하는 거대한 목욕탕을 위한 호사스런 탈의장이라고 결론지을 수 있을 것이다. 해변에는 10만 명이 모이는 날이 많지만, 그렇다고 사람들로 가득 차 있어 보이지 않는다. 가끔은 그 해변이 도시의 일부라는 느낌이 들지 않는다. 니스에서 일어났던 상황과 유사하지만, 니스보다는 훨씬 더 큰 규모로, 꼬빠까바나 해변은 근면하고 활동적인 도시, 1백만 명의 인구를 가진 도시에 속해 있다. 외국인과 호사스런 생활을 하는 사람들을 위해 조금씩 도시의 일상과 유기적 조직 안으로 스며들어 용해되었다. 사실 20년 전만 해도 평범한 집 몇 채만 모래언덕 위에 덩그러니 들어서 있었다. 그런데 바람과 태양, 바닷물을 그리워하게 되고, 자동차의 속도가 빨라지면서 꼬빠까바나에는 놀라운 속도로 마을들이 통째로 들어섰다. 오늘날에는 빈에서 프라터Prater에 가듯, 파리에서 브와Bois에 가듯, 리우에서 꼬빠까바나에 간다. 예전 같으면 소풍이나 여행과 다를 바 없었다. 만약 꼬빠까바나가 리우의 심장이라고 할 수 없다면 적어도 리우가 숨 쉴 수 있도록 해주는 허파라고 할 수 있다. 아름다운 경치에 덧붙여 한 가지 상징적인 것이 있다. 앉든 서든 그 해변에 있으면 실질적으로 브라질을 등지고 있는 셈이 된다. 왜냐하면 아뜰랑치까 대로가 — 물론, 대양을 통해서 — 유럽을 바라보고 있기 때문이다. 30년 전에 히우브랑꾸 대로가 유럽적이었듯이, 오늘날

이 대로는 너무나 신유럽적이다. 그리고 리우 토박이들보다는 외국인이나 여행객들이 그 지역에 살기를 선호한다. 리우 토박이들은 그곳이 자기 집이라는 느낌보다는 방문한 곳이라는 느낌을 더 갖게 된다.

한 번 더 모퉁이를 돌아서면 — 걸어 다니는 여행자는 이곳에서 멈추어야 한다. 하루 일정으로는 너무 먼 곳이다 — 우리가 마술 날개를 타고 갑자기 스위스에 온 느낌이 든다. 해안에서 불과 몇 미터 떨어지지 않았는데 호수 하나가, 프레이따스 호수가 산에 둘러싸여 있다. 완전히 새로운 별장 도시가 호숫가 평평한 곳에 정말 겁나는 속도로 자리를 잡았다. 산들은 높은 곳에서 그 도시를 경비하는 듯하고, 밤이면 어두운 산의 윤곽이 호수의 검은 거울에 비춰 신비로운 분위기를 연출한다. 산 높은 곳에서는 낭만적으로 보이는 흑인의 오두막집들이 무심히 거대 도시 한가운데 있는 그 산 속 호수를 바라보고 있다. 우리는 그곳에서 너무 지체할 수 없다. 또 다른 넓은 해변, 이빠네마Ipanema 해변이 있고, 또 레블롱Leblon 해변도 있기 때문이다. 그곳에는 집과 야자수들이 더 최근에 들어섰다. 더 나아가면 마침내 도로는 탁 트인 바다로 접근하게 되는데, 그 지역은 니에마이어Niemeyer라고 불린다. 거친 바위 해안에 도달하면 마치 [프랑스 남동부와 지중해 연안에 위치한] 리비에라의 코르니시[절벽가 도로]처럼 도로는 바다에 아주 근접하게 되고, 점점 더 가파른 바위 절벽에서 바다를 바라보게 되는데, 그곳에서 보이는 바다는 더 위험하고 사나워 보인다. 하지만 오른쪽에 있는 산들은 보행자를 안심시키고, 보호해 준다. 산비탈을 따라 무성한 덤불과 야자수, 바나나 나무가 보인다. 아주 다양한 경치를 볼 수 있는 지역인데, 조아 Joa 근처 언덕에 이르면 시야가 탁 트이면서 편안한 분위기가 된다. 섬과 바위가 보이는 만과 멀리 산들의 전경이 펼쳐지는 가운데 도시는 그 뒤로 사라지고, 우리는 활짝 트인 들판에 도달하고 여행은 끝나게 된다. 하지만 언제까지 이런 상태로 남아 있을까? 1년 더? 10년 더? 이미 그다음에 이어지는 만에 위치한 치주까 해변에서는 땅이 택지로 분할되고 있다. 그곳 해변을 거닐 때 신발 속으로 들어오는 모래는 더 부드럽고 희다. 아마 곧 집들이 바다를 바라보며 병풍처럼 들어설 것이다. 리우가 어디서 끝나게 될지, 어디서 멈출지 누가 알겠는가?

모퉁이만 하나 돌아서면 또 다른 세상이 펼쳐진다. 자동차는 가파른 곡선 도로를 따라서 산을 올라간다. 15분 정도 원시의 밀림을 지나간다. 아주 드물게 집 한 채가 보이고, 기껏해야 흑인이 사는 오두막 몇 채가 보일 뿐이다. 그 오두막은 반쯤 야자수에 덮여 있다. 도시의 경계 내에서 1시간 정도 돌아다녔을 뿐이라는 것을 잊기 시작한다. 도시의 경계에서 수마일은 벗어난 듯한 느낌이 든다. 하지만 곧바로 길모퉁이 하나 돌아 아래를 보면 다시 도시가 나타난다. 도시는 다른 쪽에서 보기 때문에 다르게 펼쳐져 보인다. 그 도시인 줄 알면서도 그 도시 같아 보이지 않는다. 이어서 어떤 길로 가든, 더 위쪽으로 '중국풍 전망대'(비스따치네스까Vista Chinesca)와 '황제의 탁자'(메자두잉뻬라도르Mesa do Imperador)까지 올라가든, 귀족풍의 저택들이 있는 오래된 동네인 치주까 쪽으로 내려오든, 어디를 가나 전망이 바뀐다. 가장 두드러진 모습들만 사진기로 담으려고 해도 필름이 1백 통 이상은 필요할 것이다. 이어서 우리는 다시 도시로 들어간다. 어느 쪽에서 와서 어느 쪽으로 가는지 ― 몇 달을 머물러도 방향을 잘 모른다 ― 분간할 수 없다. 양쪽으로 야자수 나무가 늘어선 멩기Mengue 대로처럼 새로 생긴 큰길들을 만나게 되고, 식물원인 쟈르딩보따니꾸Jardim Botânico를 따라 갈 수도 있고, 헤뿌블리까República 광장을 가로질러 갈 수도 있다. 그것은 광장이라기보다는 공원에 가깝다. 한두 시간 만에 도시를 한 바퀴 돌았다기보다는 세상을 한 바퀴 돈 느낌이다. 약간의 현기증을 느끼면서, 다양한 색깔의 사람과 상점들로 혼란스런 세상 가운데로 돌아온다. 이 남반구의 어떤 거리는 마르세이유의 칸느비에르 거리를 연상시키고, 언덕을 따라 올라가는 어떤 거리는 나폴리를 연상시킨다. 사람들이 한가히 담소를 나누는 수천 개의 커피숍은 바르셀로나 혹은 로마를 연상시킨다. 영화 선전 간판이 달린 극장들과 고층 빌딩은 뉴욕을 연상시킨다. 그 다양한 도시들에 동시에 있는 느낌이 든다. 그렇지만 그 기묘한 조화로 인해 리우에 있다는 것을 알게 된다.

골목길

넓은 대로들은 리우의 새롭고도 놀라운 모습이다. 그 설계의 웅대함과 풍경의 아름다움에 있어 세상에서 리우의 대로들에 견줄 만한 도로는 거의 없다. 하지만 그 대로들은 통과하는 길, 과시하는 길, 근대적이고 국제적인 길일 뿐, 나는 그렇게 눈부시게 화려한 길보다는 아무도 관심을 주지 않는 이름 없는 골목들을 더 좋아한다. 그 골목에서 우리는 정처 없이 돌아다닐 수 있고, 그 자연스런 골목들은 남반구 특유의 작은 매력으로 끊임없이 즐거움을 준다. 그 골목들은 가난하고 초라하고 소박할수록 낭만적인 인상을 준다. 오히려 가장 가난한 골목들이 — 정말 이런 골목들이 — 활기와 생명력이 넘치고, 다양한 모습들로 가득 차 있다. 골목들은 아무리 보아도 질리지 않는다. 그곳에는 외지인의 관심을 끌거나 사진을 찍을 만한 특별한 것이 마련되어 있지 않다. 그곳의 매력은 건축이나 공간 구조에 있는 것이 아니라, 오히려 생기 넘치는 혼돈에, 우연적인 것에 있다. 이것이 바로 그 좁은 골목길을 매력적으로, 하나하나의 골목을 서로 다른 의미에서 매력적으로 만든다. 나의 오래된 취미인 산책이 리우에서는 진정 나쁜 버릇이 되었다. 15분 정도 산책하려고 나섰다가 어느 한 골목에 이어 또 다른 골목에 이끌려 4시간 만에 돌아온 적이 얼마나 많았던가! 끝없이 새로운 것이 발견되고, 언제나 매력적인 그 도시에서 어느 골목으로 걸어 다녔는지, 골목 이름이 무엇이었는지는 전혀 기억하지 못했다. 하지만 길을 잃어버렸다거나, 시간을 허비했다는 느낌은 전혀 들지 않았다. 리우의 좁은 골목길로 정처 없이 돌아다니는 일은 시간을 거슬러 올라가는 일과 같다. 식민지 시대의 세상에 있는 것처럼 느껴진다. 그 당시 세상에서는 모든 것이 손에 닿을 듯 가까이 있었고, 개방되어 있었다. 내 달리는 자동차도 없었고, 교통을 통제하기 위해 번쩍이는 신호등도 없었다. 천천히 걸으면서, 좀 수월하게 걷기 위해 그늘을 찾는 일 외에는 별로 할 일이 없었다. 그 시대에는 가장 잘 알려진 길들도 좁았었다. 오래되고 유명했던 상업 지역이었던 오우비도르Ouvidor 거리를 통해 오늘날에도 확인할 수 있다. 그 거리는 오늘날 차량 통행이 금지 — 마치 부에노스아이레스의 플로리다Florida 거리에서 일정한 시간에 그런 것처럼 — 되어 있다. 아마 차량들이 앞으로 나갈 수도 없을 것이다. 왜냐하면 낮 동안 걸어 다니는 사람으로 북적거리기 때문이다. 웬만한 리우 사람이면 하루에도 그 거리를 몇 차례 건너다닌다. 그 거리는 산책하는 사람들로 가득하고, 모임 장소이기도 하다. 어깨를 부딪칠 정도로, 발 디딜 틈이 없을 정도로 사람이 많고 활기가 넘친다. 대화를 나누며 오가는 군중들은 쉼 없이 바뀌고, 다른 거리에서처럼 끔찍한 소음을 내는 자동차들이 없어 정처 없이 돌아다니는 일은 한없이 즐겁기만 하다. 나는 왼쪽, 오른쪽 골목길로 계속 걷는다. 그 골목길들의 이름을 물을 필요는 없다. 기억하는 것이 불가능할 테니까. 길고도 좁은 골목들이 서로 교차하고 또 교차한다. 여기 저기 더 넓은 길을 지날 때면 요란스런 전차 — 승객 칸은 언제나 초만원이다 — 소리와 고막을 찢는 듯한 자동차 소리가 들린다. 뛰어난 건축물로 잘 알려진 골목은 하나도 없다. 집들은 일반적으로 2층짜리에 지나지 않고, 장식도 없다. 1층에는 개방형 가게들이 있다. 그래서 출입문도 없고 유리창도 없기 때문에 거리에서도 가게 내부가 다 보인다. 그래서 각각의 상점은 하나의 풍속화가 된다. 저기 어느 가게 구석에는 구두장이가 앉아 있고, 세 명의 직원들이 구두 밑창에 못질을 하고 있다. 이곳 한 청과물 가게에서는 바나나 송이가 (마치 죽은 자연처럼) 가게 문을 온통 에워싸고 있다. 양파가 길게 엮여 걸려 있고, 멜론은 속살을 드러내고, 붉은 토마토는 산더미처럼 쌓여 있다. 그 옆 약국은 수백 개의 병들로 반짝인다. 그 옆은 포도주 파는 가게이고, 그다음 가게에서는 이발사가 손님에게 비누칠을 한다. 그다음 가게에서는 바구니 세공사가 의자의 앉는 부분을 수선하고 있다. 저기에서는 목수가 작업을 하고, 여기 식육점에서는 고기를 자른다. 뜰에서는 여인이 옷을 빨고 물기를 짜낸다. 온갖 숫자로 뒤덮인 어느 가게는 복권으로 자신의 운을 시험해 보라고 유인한다. 공증인은 거리로 트인 사무실에서 서류를 작성한다. 여기에서는 모두가 하는 일을 다 볼 수 있다. 사람들이 자기 일에 열중해 있는 모습, 그들의 진정한 생활을 볼 수 있다. 어떻게 사는지도 다 보인다. 작업실 뒤에는 간단한 철제 침대가 놓여 있는데, 커튼 하나로 가려져 있을 뿐이다. 사람들이 먹는 모습도 보이고, 어떻게 일과를 보내는지 다 알 수 있다. 숨겨져 있거나 위장된 것은 없다. 기계화된 것도 없고, 규격화된 것도 없다. 그곳에는 정말 볼거리가 너무나 많다. 유럽이나 미국에서는 점차 사라지고 있는 옛날식 수작업이 브라질에서는 변함없이 지속되고 있다. 산책을 하는 동안 모든 작업을 다 배울 수도 있다 ─ 그곳에는 신비에 싸인 것이라고는 놀라울 정도로 아무것도 없다. 그리고 놀라울 정도로 잡다한 것들이 많다. 단순히 여기 있는 흑인, 저기 있는 백인, 그 너머에 있는 메스띠수가 일하는 것을 바라보기만 해도 다 배울 수 있다. 그들은 모두 밝은색의 옷을 입고 있고, 여성들은 다양한 색의 옷을 입고 있는데, 강렬하고 눈부신 햇빛 아래서 열 배는 더 화려하게 느껴진다. 커피숍은 얼마나 많은지 도저히 셀 수 없을 정도다. 모퉁이마다 하나씩 있는 커피숍에는 아주 밤늦은 시각까지 사람들이 드나든다. 주택가의 짙은 어둠과는 대조적으로 마치 반짝이는 불빛으로 조명을 한 동굴같이 약간 어두운 그 장소들은 밤늦도록 활기가 넘친다. 극도로 활기가 넘치는 그 도시에서 삶은 쉬지 않고 이어지는데, 새벽 다섯 시만 되면 해수욕을 하려고 제일 먼저 나타나는 사람들을 볼 수 있다. 그 수천 개의 골목에는 얼마나 많은 삶이 있고, 또 얼마나 많은 삶이 미래에 형성될 것인가! 가는 곳마다 다양한 색깔, 다양한 혼혈의 아이들이 있다. 그 다양한 색과 움직임이 만들어 내는 혼란스러움도 ― 그것이 바로 전형적으로 브라질적인 것인데 ― 드러나지 않은 선량함과 다정함으로 공존하기 때문에 많이 완화되어 다가온다. 어디를 걷든 가장 가난하고 방치된 동네에서도 항상 사람들은 똑같이 예의바르다. 주택지가 끝나고 오두막이 시작되는 곳에서도, 좁은 골목길이 끝나고 바위와 풀들이 시작되는 곳에서도 사람들이 타고난 소박함 때문에 자신들이 가진 최소한의 안락함에 만족한다는 느낌을 계속 받게 된다.

그리고 매 순간 새로운 것들이 발견된다. 어느 곳에서는 갑자기 빼어난 궁전과 커다란 공원이 있는 식민지 시기의 광장이 나타난다. 다른 곳에서는 갑자기 네덜란드의 그림들을 연상시키는 풍성한 시장이 나타난다. 그곳의 색깔의 강렬함은 고흐와 세잔느를 떠올리게 한다. 더 가다 보면 뜻하지 않게 작은 항구가 나타나고, 졸리는 듯한 작은 어선들이 보이고, 해초 냄새가 코를 찌른다. 이어서 전혀 본 적이 없는 공원이 나타나고, 높은 건물의 그림자 속에는 무너져 내릴 것만 같은 초라한 집들이 몇 채 보이거나, 오래된 성당이 보인다. 어떤 골목들은 갑자기 끝나버려 바위 언덕을 기어오르지 않을 수 없게 만든다. 변두리에서 열리는 축제에 참석하러 가는 길에 갑자기 ─ 목적지 도착 두 블록 전에 ─ 부자 동네 한가운데 있는 자신을 발견하기도 한다. 기차역으로 가는 길 도중에 갑자기 브라질 군주 시대의 공원 한가운데 있는 자신을 발견하기도 한다. 같은 것은 하나도 없지만 모든 것이 조화를 이룬다. 놀라고 또 놀라지만 결코 싫증나는 법은 없다. 유럽의 모든 도시 중에서, 정처 없이 돌아다니다가 새로운 것들을 발견하는 그 즐거움을 나는 파리에서 마지막으로 맛보았는데, 리우에서 다시 가장 매력적인 방식으로 그 즐거움을 되찾았다.

대비의 예술

한 도시가 큰 감동을 불러일으키려면 상반되는 것들이 팽팽한 긴장을 내포하고 있어야 한다. 근대적이기만 한 도시는 단조로울 뿐이고, 낙후된 도시는 조금만 시간이 지나면 불편하다. 프롤레타리아 도시는 우리를 우울하게 하고, 호사스런 지역은 금방 거부감과 지루함을 준다. 한 도시가 더 많은 층위들로 이루어질수록 그 층위들 간 대비 정도에 따라 더 다양한 색조를 보여 주면서 외부인에게 더 매력적으로 다가온다. 이런 현상이 리우데자네이루에서 일어나는 것이다. 그곳에는 양 극단 사이에 엄청난 거리가 존재한다. 그럼에도 독특한 조화를 이루게 된다. 그곳에서 부유한 사람들은 과시적이지 않다. 귀족 계층의 집들은 놀라운 감각으로 지어졌지만 화려한 외관을 자랑하지는 않는다. 나무들 사이에 흩어져 있으면서 쾌적한 정원과 연못을 가지고 있고, 대부분의 경우 가구는 옛날 브라질 스타일로 갖추어져 있다. 도회적 호화스러움을 과시하기보다는 자연과 밀착되어 있기 때문에, 마치 유기적으로 성장한 어떤 사물 같은 인상을 줄 뿐, 과시하려는 것으로 보이지 않는다. 솔직히 말하자면, 그런 집들이 어디에나 있는 것은 아니다. 하지만 다행스럽게도 그런 집을 방문할 기회가 주어지면 시야에 들어오는 모든 것에 놀라움을 금할 수 없게 된다. 각 방마다 열려진 문들을 통해서 시야에 들어오는 풍경을 즐길 수 있다. 정원에는 인공 연못이 있고, 중국식 정자가 물에 비친다. 시원한 색의 벽돌과 오래된 포르투갈 타일로 만들어진 탁 트인 테라스는 꽃과 나무들의 숨결을 느낄 수 있게 해주고, 동시에 강렬한 빛으로부터 보호해 준다. 이곳에서는 과도한 것도 없고, 과시적인 것도 없다. 왜냐하면 일반적으로 문명과 전통 속에서 교육받은 오래된 집안에 속해 있기 때문이다. 이 집안들은 무엇보다 식민지 시대의 오래된 예술품과 자기 나라의 그림과 책들을 수집한다. 그래서 이곳에서는, 선별하지 않고 마구 수집하고 쌓아 놓았을 때 흔히 일어나는 불쾌한 느낌이 없다. 바로 그렇기 때문에 그런 봉건 영주의 저택 같은 곳에서는 브라질 문화 태초의 기원을 이해할 수 있다. 엄선된 자갈들이 깔린 그 저택의 문을 나서 두어 걸음만 옮기면 동일한 식물들에 둘러싸여 있고 동일한 태양 아래 있는 흑인 동네나 가난한 동네가 나타난다. 하지만 상이한 두 계층 사람들은 서로에게 불편을 느끼지 않는다. 어떤 의미에서 서로를 묶어 주는 자연의 힘이 그들 간의 대조적인 면을 지우지는 않더라도 적어도 완화시킨다고 할 수 있다. 차이들이 섬세하게 영원히 변해 가는 것이 리우데자네이루의 가장 두드러진 특징이 아닌가 싶다. 고층 빌딩과 오두막, 화려한 대로와 나지막한 집들이 있는 좁은 골목길, 편편한 해변과 머리를 빳빳이 세우고 있는 산, 그 모든 것은 서로에게 적대적이라기보다 서로 보완해 주고 있는 것으로 보인다. 그래서 그곳에서는 모든 형태의 사회적 삶이 쉽게 수용될 수 있다. 에어컨이 설치된 제과점에서 뉴욕이 생각나게 하는 가격을 주고 청량음료를 마실 수 있다. 그런데 모퉁이만 돌아가면, 아니 적지 않은 경우 같은 가게에서, 동전 몇 닢에 아이스크림을 먹을 수도 있다. 비싼 천으로 된 같은 복장을 하고서도 고급 승용차로 다닐 수도 있고, 전철에서 노동자들 사이에 끼어 다닐 수도 있다. 어떤 것도 부담을 주지 않는다. 구두닦이들 사이에서나 귀족들 사이에서나 동일한 예의가 존재한다. 그 예의가 바로 모든 사회계층을 조화롭게 연결해 주는 요소다. 다른 곳에서는 적대감과 불신으로 고립되는 것이 리우에서는 자발적으로 함께 어울린다. 거리에만 해도 얼마나 많은 인종들이 있는가! 해진 재킷을 입고 있는 세네갈 출신 흑인, 고급 맞춤 양복을 입은 유럽인, 표정이 심각하고 검은 머리카락이 번질거리는 인디오. 모든 종족과 모든 나라에서 온 사람이 뒤섞임으로써 수십만 종류의 혼혈이 생겨났다. 그러나 뉴욕이나 다른 도시에서처럼 동네별로 나누어져 있지는 않다. 여기는 흑인, 저기는 백인, 한쪽에는 메스띠수, 다른 쪽에는 이탈리아인, 또 다른 쪽에는 브라질인 혹은 일본인 …… 이렇게 따로 떨어져 있는 것이 아니고 모두가 거리마다 즐거이 뒤섞여 있다. 서로 다른 외모로 이루어진 군중이기에 거리는 항상 변화하는 그림이 된다. 긴장을 완화시키면서도 완전히 없애지는 않는 기술이 예술에 가깝다! 그 다양성에 질서를 부여하거나, 강제로 다양성을 조직하려는 의도를 조금도 갖지 않으면서 다양성을 보존하는 기술 또한 예술에 가깝다. 그 도시에서 그런 예술이 계속 육성되기를 희망한다. 똑바른 직선의 대로, 정확한 교차로를 추구하는 기하학적 망상에 사로잡히지 않기를 바라고, 빠르게 살아가는 근대 도시들이 추구하는 바둑판같은 도시가 되려는 잘못된 이상에 사로잡히지 않기를 바랄 뿐이다. 바둑판같은 도시들은 똑바른 선과 단조로운 형태를 위해서 어느 도시나 가지고 있는 고유한 것을 항상 억압했다. 그 도시만이 지닌 뜻밖의 요소들, 고유한 것들, 일률적이지 않고 울퉁불퉁한 것들, 특히 근대적인 것과 옛것, 도시와 자연, 가난한 자와 부자, 부지런함과 게으름 등 그 대립적 요소들 사이의 조화가 자연스럽게 이루어지는 도시는 세계에서 유일하게 리우데자네이루뿐이다.

어쩌면 내일이면 사라질 몇 가지

리우가 다양한 색깔의 그림같이 보이게 하는 것 중에 몇 가지는 이미 사라질 위험을 받고 있다. 무엇보다 파벨라들이 그에 해당되는데, 파벨라들은 도시의 심장부에 있는 가난한 지역이다. 언제까지 파벨라를 볼 수 있을까? 브라질 사람은 파벨라에 대해 말하고 싶어 하지 않는다. 사회적, 위생적 관점에서 볼 때 당연히 아주 깨끗한 도시 한가운데 있는 낙후된 곳이다. 리우는 모범적인 위생 서비스를 통해 20년 만에 그 도시의 풍토병이었던 황열병을 완전히 근절시켰다. 그렇지만 파벨라는 만화경 같은 도시 풍경 가운데 특별한 색조를 띠는 곳이기에, 적어도 그중에 하나 정도는 도시가 이루는 모자이크 속에 남겨 두어야 할 것이다. 왜냐하면 문명화 과정 속에 있는 인간 속성의 한 부분을 드러내 주기 때문이다.

파벨라는 고유한 역사를 가지고 있다. 흑인 중 일부는 아주 한정된 수입으로 살기 때문에 도시에서 집세를 부담할 수 없었다. 다른 한편으로, 교외에서 자기 일터까지 매일 두 번씩 긴 거리를 이동해야 했고, 교통비도 만만치 않았다. 그래서 도시 가운데 있지만 그곳으로 가는 도로도 샛길도 없는 언덕이나 바위산으로 가서 아무 데나 터를 하나 잡고는, 그곳 땅주인이 누구인지 알아보지도 않고, 흙집이나 판잣집을 지었다. 그런 오두막인 모깡부mocambo를 짓는 데는 건축가가 필요 없다. 대나무 몇 개 구해서 땅에 박고, 그 기둥들 사이에는 손으로 만든 황토 반죽을 이용해 벽을 만들면 된다. 그리고 바닥은 평평해질 때까지 발로 다진다. 지붕은 골풀이나 밀짚 같은 것을 이용해서 덮으면 된다. 그러면 건축이 끝나는 것이다. 창문은 필요 없다. 항구 어디에선가 주운 영화 홍보용 함석판 몇 개면 충분하다. 낡은 자루를 이용해 만든 천막으로 입구를 가린다. 그리고 빈 상자를 쪼개서 만든 얇은 판자로 입구 천막 테두리를 항상 장식한다. 이게 바로 몇 세기 전 그들 조상이 브라질이나 아프리카 마을에 지었던 그 오두막이다. 물론 가구도 그리 넉넉하지 못하다. 집에서 만든 탁자 하나, 침대 하나, 의자 몇 개, 벽에는 오래된 잡지에서 구한 그림 몇 장이 전부다. 그런 거처에 근대적 편리성이 부족하다는 것은 언급할 필요조차 없다. 예를 들어, 물은 언덕 아래 샘에서 진흙이나 돌 위로 난 오솔길을 통해 몸소 길어 올라와야 한다. 그 소중한 물을 물통에 담아 머리에 이고 언덕을 오르는 여자와 아이들의 행렬은 사슬처럼 끝없이 이어진다. 하지만 그 물통은 진흙으로 만든 것이 아니고 — 너무 비싸니까 — 오래된 양철 기름통을 이용해 만든 것이다. 물론 전깃불도 들어오지 않는다. 그래서 밤이면 무성한 잡초 사이로, 오두막에 켜진 작은 석유 등불이 깜빡이며 윙크를 한다. 층이 지고, 돌과 계단으로 이어지는 그 가파른 길은 항상 위험하다. 그리고 주위가 깨끗한 경우는 거의 없는데, 오두막들 주변에는 삐쩍 마른 염소와 고양이, 옴이 오른 개, 마른 암탉 등 다양한 가축들이 돌아다니기 때문이다. 더러운 하수는 쉬지 않고 바위들 사이로 흐르거나, 방울져 떨어진다. 호화스런 해변이나 대로로부터 5분 거리에 있지만 폴리네시아의 밀림이나 아프리카의 마을 한가운데 있는 느낌이다. 미개의 극단이고, 가장 열악한 주거 형태다. 유럽이나 미국에서는 이미 상상도 할 수 없을 만큼 열악하다. 하지만 기이한 것은 그 모습이 전혀 슬퍼 보이거나 혐오감을 주지도 않고, 반감을 드러내거나 부끄러워하지 않는다는 것이다. 왜냐하면 거기 사는 사람들이 셋집에 사는 유럽 프롤레타리아들보다 천배는 더 행복하게 느끼기 때문이다. 자기 집에서 살면서, 하고 싶은 대로 하고, 밤이면 노래하고 웃는 소리가 들린다. 그곳에서 스스로가 자신의 주인이기 때문이다. 만약 땅주인이나 경찰이 와서 새로운 길을 내거나 근대적인 주택단지를 만들려고 하니 그 터에서 나가라고 하면, 그들은 덤덤하게 다른 언덕으로 옮긴다. 말하자면, 자기 오두막을 등에 지고 옮겨 가는 그들을 방해하는 것은 아무것도 없다. 그리고 그 오두막들이 산의 가장 높은 곳에 있고 접근하기 힘든 구석진 곳에 있기 때문에, 예상할 수 있는 것보다 훨씬 아름다운 전망을 즐긴다. 비싼 호화 별장과 똑같은 전망을 누리고, 똑같이 풍성한 자연도 누린다. 자연은 이곳의 극히 좁은 땅도 야자수로 장식해 주고, 관대하게도 바나나로 식량을 대준다. 리우의 그 경이로운 자연 덕분에 인간의 영혼은 우울하거나 불행하다고 느낄 수가 없다. 자연은 그 부드러운 손길로 끊임없이 영혼을 진정시키고 위로한다. 나는 여러 차례 진흙으로 된 가파르고 미끄러운 길을 올라 가난한 동네까지 가보았지만, 그곳에서 무례하고 심보가 사나운 사람을 본 적이 없다. 그 파벨라와 함께 리우만의 독특한 한 부분이 사라지게 될 것이다. 바위산에 용감하게 붙어 있는 파벨라가 없는 가베아 언덕과 다른 구릉들을 상상하기는 쉽지 않다. 파벨라의 원시적 성격은 우리가 얼마나 지나치게 많이 가지고 있고, 요구하고 있는지 상기시켜 주며, 또한 이슬방울처럼 극히 작은 존재 안에도 이 삶의 모든 다양성이 응축될 수 있다는 사실을 분명하게 보여 주고 있다.

유럽의 함부르크나 마르세유 같은 도시에서 그랬던 것처럼, 리우에서 호기심을 자극하는 또 하나의 볼거리 중에서, 문명화라는 대망이나 도덕의 희생물이 될 수 있는 곳이 있다. 그곳은 거리 이름으로 부르지 않고, 그냥 망기Mangue라는 지역이다. 리우의 요시와라

Yoshiwara[•] 라고 할 수 있는 거대한 연애 시장이다. 마지막 순간 어느 화가가 나타나 화폭에다 그 거리들을 담았으면 좋겠다. 그 거리는 밤이면 별빛 아래서 녹색, 붉은색, 노란색, 흰색 불빛으로 빛나고, 일렁이고 사라지는 그림자들과 함께 — 내 평생 그와 같은 것을 보지 못했기 때문에 — 환상적이고 동양적인 모습을 지닌다. 게다가 서로 사슬로 묶여 있는 운명 때문에 신비롭게 보이기도 한다. 서로 연이어 있는 창문 속에서, 아니 서로 맞붙어 있는 문 속에서 창살에 갇힌 이국적인 동물들처럼, 온갖 인종과 피부색, 다양한 나이와 출신 지역으로 이루어진 1천 명, 아니 1천5백 명 정도의 여자들이 손님을 기다린다. 이미 화장품으로 나이 주름을 감추기 힘들어진 세네갈 출신 흑인이나 프랑스 여자도 있고, 섬세한 인도 여자, 살집이 많은 크로아티아 여자 등 모두가 손님을 기다리고, 손님들은 계속 사열하듯, 창을 통해서 자신들의 상품들을 살핀다. 그녀들 뒤에는 화려한 색깔의 전등이 기묘하게 빛을 발하며 방을 비춘다. 그곳에서는 렘브란트 그림에서 보이는 어슴푸레한 분위기를 배경으로 밝은색의 침대가 더욱 두드러져 보이는데, 그런 분위기는 일상적인 거래이면서 동시에 놀라울 정도로 싼 거래를 거의 신비한 것으로 바꾸어 놓는다. 그러나 가장 놀라운 것이자 동시에 그 연애 시장에서 가장 브라질적인 것은 조용함과 평온함, 무언의 통제다. 마르세유나 툴롱에 있는 그런 거리에서는 도를 지나친 웃음소리와 고함소리, 환호성과 축음기 소리로 온 거리가 떠들썩하다. 그런 도시에서

[•] 에도시대 이래 형성된 일본 도쿄의 유곽 거리.

는 술 취한 손님들이 야만적이고 위협적으로 고함을 지르는 데 반해, 리우에서는 모두가 마치 그림 속에 있는 사람처럼 조용하다. 밝은색의 옷을 입은 젊은이들은 그 문 앞을 아무런 부끄럼 없이, 남반구 특유의 무관심을 보이며 지나가다가 번개처럼 어느 문 안으로 사라지기도 한다. 이 모두 조용하고 비밀스런 거래이지만, 그 위에서 하늘은 평소처럼 별이 가득하게 펼쳐져 있다. 그런 격리된 장소는 다른 도시에서는 그 사업에 대한 부끄러운 의식 때문에 더 가난하고 더 허름한 동네로 스며드는데, 리우에서는 나름의 아름다움까지 지니면서 색깔과 요란스런 불빛의 기세가 등등하다.

그리고 오래된 봉지bonde(창문 없는 개방형 전차)도 다른 근대적이고 폐쇄된 교통수단으로 대체될까? 그렇게 된다면 정말 아쉬울 것이다. 그 전차들 때문에 거리는 뭔가 분주해 보이고 번잡해 보이기 때문이다. 항상 초만원인 그 개방형 전차 발판에 사람들이 흰 포도 송이들처럼 매달려 있는 장면은 아무리 보아도 싫증나지 않는 멋진 광경이다. 밤에 전차들이 실내등을 켜고 달릴 때는 그 불빛이 승객들의 검고, 어둡고, 하얀 얼굴을 비추면서 마치 다양한 색의 꽃다발을 싣고 달리는 것처럼 보인다. 그 전차를 타고 구경을 하면 얼마나 즐거운지 모른다. 가장 무더운 날, 1센트 정도의 가격에 그 차를 타면 가장 시원한 바람을 즐길 수 있고, 동시에 — 관처럼 꽉 닫힌 자동차들과는 대조적으로 — 왼쪽, 오른쪽으로 거리와 상점과 사람 사는 모습을 구경할 수 있다. 진정한 리우의 모습을 알아 가는 데 그보다 더 좋은 수단은 없다. 이런 의미에서 투어 버스도 승용차도 소박한 사람들의 이 교통수단이 가진 이점을 따라가지 못한다. 나는 오로지 봉지 덕분에(그리고 나의 두 다리 덕분에), 오늘날 진정한 리우를 알게 되었다. 내 취향이 그렇다고 해서 부끄러워할 이유는 없다. 뻬드루 황제 자신도 레일 위를 요란스런 소리를 내며 가는 그 오래된 탈것을 너무 좋아한 나머지 자신의 소시민적 산책을 위해 전차 한 대를 따로 마련해 두기도 했다. 좀 시끄럽고 흔들거리지만, 이 낭만적인 것을 사라지게 한다는 것은 큰 실책이 될 것이다. 아무데나 다 있는 것을 갖겠다고 리우에만 있는 것을 — 혼란스럽지만 걱정이 없어 보이는 생동감 — 잃어버리는 실책이 될 것이다.

정원, 산, 그리고 섬

미풍 한 점 없이 바다가 잔잔한 밤, 창밖으로 몸을 내밀면 나무의 신비로운 향기와 수액 냄새 가득한 부드럽고 달콤한 공기를 느낄 수 있다. 그 순간, 리우에서 우리는 항상 나무와 정원 속에 있다는 사실을 깨닫게 된다. 나무와 정원은 어디에나 있다. 단 1분이라도 녹음이 시야에 들어오지 않는 경우는 없다. 거리들 양쪽에는 야자수가 늘어서 있고, 거의 대부분의 주택들 주변에는 관목들이 빽빽하게 자라고 이국적인 꽃과 과일들이 곳곳에 보인다. 바다에서 멀어질수록 공원은 더 울창하게 펼쳐져 있고, 높은 건물들이 울타리처럼 둘러선 나무에 가려 거의 보이지 않는다. 항상 어디에나 녹음이 있다. 가끔은 파리 광장이나 공화국 광장처럼 거대한 정원을 이루며 펼쳐져 있지만, 대부분의 경우는 도시 속에 있는, 일종의 길들여지고 통제되고 보호받는 자연이다. 치주까에서만 해도 나무와 덤불과 덩굴들이 빽빽하게 뒤엉켜 마치 대양처럼 격렬하게 달려드는 것 같다. 그 나무줄기와 잎들은 밀집된 녹색 층을 뚫고 태양을 향해 길을 내기 위해 서로 각축을 벌인다고 — 마치 바다에서 파도들이 먼저 해안에 도달하기 위해 서로 다투듯이 — 할 수 있을 것이다. 이곳의 밀림은 유럽처럼 어슴푸레하게 나무들이 무리지어 있는 곳이 아니다. 눈으로 안을 들여다볼 수 있는 그런 숲이 아니다. 이곳에서 밀림은 식물이 빽빽이 들어찬 어두운 곳이다. 만약 안으로 들어가 보려고 시도하면 — 단 몇 발자국이라도 — 마치 잠수정 안에 갇혀 고립되어 있는 느낌이 든다. 숨을 쉬면 기이하고 답답한 공기가 느껴진다. 거대하고 위험한 동물이 내쉬는 숨결처럼 습하고, 질식할 듯한 공기가 느껴진다. 도시에서 1시간 거리에 원시 밀림 지역이 근접해 있다.

그래서 리우 식물원은 — 모든 전문가의(나는 그중에 포함되지 않는다) 말에 따르면 세계에서 가장 많은 종을 보유한 식물원 — 정말 경이롭고, 대단한 즐거움을 준다. 그곳에는 원시 밀림에 존재하는 모든 것들이 있다. 그렇지만 밀림이 지닌 속성인 공포와 무한함, 접근 불가능성, 위험 등의 요소들은 제거되어 있다. 그곳에는 열대의 모든 나무와 식물, 현상들의 가장 뛰어난 표본들이 있어 힘들지 않게 관찰할 수 있다. 입구에 늘어선 야자수도 경이로운 광경이다. 1세기 반 전에 주어웅 6세가 만든 '승리의 가로수길'인데, 마치 수천 년 된 그리스의 신전 기둥들처럼 대칭적으로 곧게 치솟아 있는 모습이 장엄하다. 브라질과 다른 나라에서도 야자수를 수없이 보았지만 얼마나 아름답고 위엄이 있는지 모른다. 정말로 얼마나 "왕처럼 위엄이 있는"지 이 야자수들을 보기 전에는 몰랐다. 커다란 양초처럼 곧고, 줄기는 놀라운 정도로 둥글고, 껍질은 비늘 모양인데, 아랍의 무희들이 입는, 몸에 딱 들러붙는 섬세한 의상 같다. 그리고 아주 높은 곳에, 우리가 지금까지 위로 올려다본 것보다 훨씬 높은 곳에 잎들이 나있다. 좌우 주변으로는 수마트라, 말라카, 아프리카, 에콰도르 등 모든 나라, 모든 지역에서 보내 온 식물들이 신하처럼 서있다. 대단히 다양한 종류로 이루어진 하나의 거대한 가족이다. 그것들의 이름이 무엇인지, 어떻게 불러야 할지 모르겠다. 그 나무들의 잎 사이로 보이는 기이한 색과 형태를 지닌 과일들을 본 적이 없다. 하지만 그 거대한 과일들의 원산지는 아주 멀다는 것, 그리고 이곳에서 자신의 색깔과 열매를 한꺼번에 보여 주기 위해 머나먼 이국에서 여기까지 와있다는 느낌을 확연히 받는다. 무성한 관목 그늘에 있는 안성맞춤의 연못에는 커다란 수련 꽃이 피었고, 숲이 우거진 가장 높은 곳에는 외국에서도 친숙하게 알려진 유럽 지역의 나무와 관목들이 보인다. 이 정원은 살아 있는 박물관인 동시에 자연의 완벽한 일부다. 이 정원을 구상하면서 언덕 자락에 기대어 배치하려 했던 생각이 가장 기발한 것이었다. 마치 그 거대 도시 가운데 있는 이 공원으로부터 물결처럼 점점 더 내륙으로, 온 나라로, 전 세계로 멀리 퍼져 나가는 것처럼 보이도록, 마치 엄청나게 놀라운 광경들이 시작되는 곳에 있는 느낌이 들도록 배치한 것 같다. 울타리 안에 있다는 생각은 잠시도 들지 않는다. 마치 언덕이 바닷가에 바로 닿아 있는 느낌이다. 끝없이 펼쳐진 그 자연의 모습을 잊을 수 없다.

그럼 리우에 있는 다른 공원인 낑따다보아비스따Quinta da Boa Vista 시립공원은 덜 웅장한가? 그렇지 않다. 단지 다를 뿐이다. 이 공원은 오로지 아름다움에 신경을 썼다. 그리고 식물원과는 달리 과학에도 기여하고자 했다. 어느 브라질 귀족이 만들어, 시에 기증했다. 유일한 전망대라고 할 수 있는, 높은 곳에 있는 별장으로부터 바다, 산, 계곡, 무성한 녹음 등 리우가 다양하게 보여 주는 모든 풍경들을 한꺼번에 다 볼 수 있도록 만들어졌다. 그러나 한눈에 다 볼 수는 없다. 수많은 모습들이 끝없이 펼쳐져 있다. 여기는 부드러운 산자락, 저긴 예술적인 꽃들. 꽃들은 앵무새 중에서 가장 아름다운 금강앵무새의 화려한 색들과 겨루는 듯하다. 연못 속에도, 테라스에도 있다. 이곳에는 모든 조경 관련 기술들이 의도적으로 적용되었다. 다른 곳이 아니라 바로 리우이기 때문에 그 모든 자연의 아름다움에 마지막 마무리를 하는 것은 바로 투명하고 맑은 하늘이다. 마치 강철로 된 푸른 원판처럼 빛을 가장 강렬하면서도 동시에 넓게 비추기 때문에 각각의 색은 폭발하듯 힘차게 빛을 발하고, 나무의 가장 섬세한 형태까지 또렷이 드러나게 한다. 이 모든 아름다움과 자연에 마지막으로 완벽한 마무리를 해주는 것은 바로 적막감이다. 공원들은 너무나 넓은 나머지 그 안에서 사람을 만나는 일은 드물다. 대도시 한가운데 있으면서도 완벽하게 혼자 있는 행운을 누릴수 있다. 그곳에서 소음은 사라지고, 단지 대지만이, 보이지 않는 수천 개의 뜨거운 입술로 부드럽고도 무더운 공기를 숨 쉰다.

다음 날 우리는 더 높은 지역으로 향했다. 도시에서 산을 보면 그

산에 올라서 자신이 사는 도시의 녹지와 건물이 뒤섞여 펼쳐져 있는 것을 뚜렷이 한눈에 보고 싶은 욕구가 생기지 않을 수 있을까? 그런 취향을 만족시키는 것은 쉽다. 꼬르꼬바두 산은 도시 위로 — 도시 안이라고 하는 것이 더 적합할 것이다 — 7백 미터 솟아 있는데, 밤이 되면 축복을 내리는 모습의 웅장한 십자가가 전기 조명을 받아 빛나며 과나바라 만 전체를 내려다본다. 이 산에 오르는 일은 소풍이라고 할 것도 못된다. 20분 동안 자동차를 타고 그늘진 급커브 길을 따라 달리면 정상에 도달한다. 그곳에서 보는 전망을 잊을 수 없다. 마침내 시 전체가 만과 함께 시야에 들어온다. 리우의 산과 호수, 섬과 배, 집과 해변 등이 모두 시야에 들어온다. 마침내 청색과 녹색, 백색의 선으로 설계된 리우의 배치도와 웅대함이 들어온다. 바람을 맞으면서 거대한 구세주 조형물에 기대어 도시 전체의 파노라마를 한눈에 바라본다. 하지만 사실은 여러 풍경들로 이루어진 전경이다. 또한 전체를 사진에 담는 것도 불가능하다. 마치 리우의 모든 것이 그러하듯, 멋진 경치들이 널려 있고, 지나칠 정도로 확장되어 있기 때문이다. 오른쪽에도 왼쪽에도, 북쪽에도 남쪽에도, 서쪽에도 동쪽에도, 사방에 눈길을 끄는 모습들이 널려 있다. 이쪽에 끝없이 펼쳐진 푸른 바다가 있고, 저쪽에는 오르거웅스 산맥이 있다. 이어서 평지와 해변과 만과 도시가 있다. 오로지 그 제서야 그 높은 곳에서 거의 새가 조망하듯이 바라보며 리우가 비길 데 없는 멋진 조합이라는 것을 이해하게 된다.

그럼에도 꼬르꼬바두는 리우의 많은 산들 중 하나에 불과하다. 단지 철도와 자동차 도로 덕분에 관광객들이 쉽게 접근할 수 있기 때문에 사람들이 가장 많이 가는 산일 뿐이다. 하지만 여러 산과 언덕으로 가는 길들이 얼마나 많고, 보아비스따Boa Vista, 치주까, '황제의 탁자'(메자두잉뻬라도르), '중국풍 전망대'(비스따치네스까), 상따떼레자 언덕의 정상과 모든 외진 장소와 테라스에서 보는 각각의 전경은 얼마나 다양하겠는가! 꼬르꼬바두 정상에서 바라보면 합쳐져 있던 것이 나눠지고 분리된다. 전체 조망은 영화 장면처럼 상이한 장면과 풍경으로 해체된다. 리우 구경은 끝이 없다. 가볼 곳은 끝이 없다는 바로 그 사실에 리우의 진정한 아름다움과 영원한 아름다움이 있다.

산에서 보면 만에는 섬들이 수없이 많이 보인다. 어떤 섬들은 회색의 바위섬이고, 어떤 섬들은 녹색이고, 어떤 섬에는 꽃이 만발해 있다. 그 모든 섬은 마치 거인들이 재미있는 놀이 삼아 푸른 표면 위에 뿌려 놓은 것 같다. 그 섬들도 가서 구경해 보아야 할까? 물론 그렇다. 적어도 몇몇 섬은 그렇다. 넓고 안전한 보트가 만 가까이 있는 섬들을 따라 항해를 한다. 대부분은 실질적인 용도가 있는 섬들인데, 해양 학교나 석유 비축 기지로 사용된다. 1시간만 지나면 아주 흥미로운 섬들에 가까이 다가간다. 어떤 섬들은 풀 하나 없는 바위섬인데, 그 위로 새떼들이 무리를 지어 날아다닌다. 다른 섬에는 야자수가 있고 오래된 집도 더러 보인다. 마침내 빠께따에 하선하면 갑자기 어린 시절의 오래된 기억이 되살아난다. 과나하니Guanahani 섬의 콜럼버스, 타이티의 제임스 쿡 선장, 로빈슨 크루소의 섬 등 모험담을 담은 책들에 대한 기억이다. 왜냐하면 빠께따 섬은 축복받은 섬이고, 불길이 타오르듯 꽃이 만발한 섬이고, 남반구 바다와 관련된 꿈이 현실화된 섬이다. 그 섬에는 차도 없고, 돈 때문에 섬의 순수함을 팔아 버린 호놀룰루와 하와이같이 우아한 온천장도 없다. 말이 끄는 오래된 포장마차를 타고 해안을 한 바퀴 돈다. 여기 저기 초라한 집이 보이고, 들판과 정원이 보인다. 나머지는 손대지 않은 자연이다. 시간을 초월한 멋진 열대의 자연이다. 그 섬은 개인 소유가 아니라 모든 사람의 소유일 거라는 느낌이 든다. 반대로, 감탄스러울 정도로 아주 대조적으로 — 리우는 정말 대조의 기술이 끝이 없는데 — 한 팔 길이 정도의 좁은 바다를 사이에 두고 앞에는 브로꼬이오Brocoió 개인 소유의 섬이 솟아 있다. 주인은 오랜 세월 동안 사람이 살지 않던 이 아주 작은 섬을 자신만을 위한 천국으로 만들었고, 그 섬 가운데에 사방으로 테라스가 있고 탁 트인 멋진 집을 마련했다. 우리 시대의 모든 편의 시설과 책, 오르간과 함께 손님들을 위한 매혹적인 숙박 시설도 갖추었다. 빠께따 섬이 자연의 일부라면, 브로꼬이오는 문화의 작은 산물이다. 아주 정성들여 가꾼 정원 둘레는 돌로 이루어져 있고, 바닥에는 자갈을 깔았다. 개와 공작이 노닐고, 이상하게 생긴 벌레들도 반짝인다. 언덕으로 올라가는 길을 따라 양쪽으로는 넓은 정원이 있다. 반 시간 만에 그 왕국을 한 바퀴 돌았다. 야자수 아래서의 고독감은 성스럽게 느껴진다. 언제나 푸른 하늘을 머리에 이고 있는 야자수 그림자는 마찬가지로 언제나 푸른 바다 위에 드리워져 있다. 그 고독감은 인간을 위로하는 고독감이고, 우리 마음이 견딜 수 있는 정도의 고독감이다. 갑자기 적막을 깨고 모터가 시동을 걸었다. 반 시간 뒤 우리는 다시 도시로, 삶의 끓음 한가운데로 돌아왔다. 아름답고 날

씬한 야자수들과 함께 섬의 모습이 파도 사이로 사라져 갈 때 우리
는 실제로 그 섬을 보았는지 아니면 꿈을 꾸었는지 의심이 들었다.
왜냐하면 우리 시대에 아직도 그렇게 순수하고 완벽한 아름다움을
만들 수 있다는 것이 믿기 어려웠기 때문이다. 우리는 리우라는 세
계가 지닌 황금빛 풍요를 한 방울 더 마신 것이다 — 이미 우리는
이 도시에서 얼마나 여러 차례 그랬던가.

리우의 여름

11월이 시작된다. 소위 리우의 계절이라고 불리던 계절은 끝이
나고, 만나는 친구들마다 똑같은 질문을 한다. "여름을 어디에서 지
낼 예정인가요?" 유럽에서 겨울이라고 하는 달 — 12월, 1월, 2월,
3월 — 동안 산으로 피신 가는 것은 하나의 자명한 이치는 아니라
도 적어도 오래된 관습인데, 뻬드루 황제가 리우 사회에 들여온 관
습이다. 여름에 황제가 거처를 뻬뜨로뽈리스로 옮기면 조정이 그를
따라갔고, 이어서 귀족 사회가 따라갔다. 모든 대사관, 행정부, 사
절단 등이 가깝고 더 시원한 그 전원도시로 업무 장소를 옮겼다. 오
늘날은 자동차 덕분에 더 가까워져 리우의 한 교외로 바뀌었다. 여
름 내내 학교의 방학 기간 동안 온 가족이 뻬뜨로뽈리스 별장으로
가 살며, 사업하는 사람이나 고급 공무원들은 자가용으로 저녁에
퇴근하고 아침에 출근한다. 이제는 여행이라고 할 수가 없다.
그곳에 가는 것은 이미 여행이라고 부르기 힘들고, 그저 나들이

라고 하는 것이 적합하다. 우선 20분에서 30분 동안 평원 지대를 지난다. 그 평원 지대는 과거에 말라리아의 진원지였던 늪지대를 정부의 노력으로 바꾼 곳이다. 그다음엔 잘 포장된 넓은 도로가 급커브를 그리며 산맥 안으로 올라간다. 구불구불 뱀같이 올라가면 조금씩 계곡과 만을 볼 수 있는 시야가 더 확보되고 점점 더 멀어져가면서, 창문으로 들어오는 거친 바람은 갈수록 시원해진다. 한 구비를 더 돌아서면 — 1시간 반 정도 지나 — 마침내 높은 곳에 도달한다. 외관이 멋진 작은 집들이 도로 양쪽으로 있고, 그 사이로 수로가 하나 흐른다. 우리는 조용한 여름 휴양지 마을에 온 것이다. 여름철 작은 궁정이라고도 할 수 있는 그 마을은 붉은색 작은 다리들과 어느 정도 오래되어 보이는 별장들이 있어 권위적인 느낌을 준다. 이유는 잘 모르겠지만, 독일 지방의 어느 작은 도시에 있는 것 같다. 그 느낌은 이유가 있었다. 수십 년 전, 황제는 그 지역에 독일 사람들을 이주시켰다. 그리고 이들은 자기 나라식으로 집을 지었던 것이다. 그리고 독일식 이름을 붙이고, 그림 같은 작은 정원에는 자기 나라에서 그랬던 것처럼 제라늄을 심었다. 황제의 왕궁 또한 마법을 통해서 브라질 산악 지대에 옮겨진 독일 왕자의 작은 궁궐 같은 인상을 준다. 모든 것들이 예쁘고 정감이 가는 규모로 되어 있다. 단지 최근에 근대식 별장들이 그 마을을 더욱 화려하게 만들었다. 오늘날은 집과 사람들이 좀 몰려들고 있다. 거리들은 육중하고 느린 마차들을 위해 만들어졌는데, 오늘날은 빨리 달리는 자동차들을 견디어 내고 있다. 리우의 도회적 분위기가 점점 산으로 접근하고 있다. 하지만 그 지역의 매력은 결코 심각한 위기를 겪지 않을 것이다. 왜냐하면 그 지역의 자연 자체가 대단히 매력적이기 때문이다. 이곳의 산들은 가파르지 않고 완만하게 펼쳐져 있다. 그 정원으로 이루어진 도시 전체에는 꽃들이 불타오른다. 낮에는 수은주가 거침없이 올라가지만, 밤에는 리우와는 달리 시원하고 바람이 있다. 그렇다고 우리가 산악 지방에서 맛보는 강하고 오존이 풍부한 바람이 아니다. 하지만 숲과 꽃들의 숨결로 부드러운 향기가 나는 신선하고 순수한 바람이다.

진정한 산의 분위기를 즐기기 위해서는 떼레조뽈리스Teresópolis까지 올라가야 한다. 그곳은 수백 미터 더 높은 곳에 있다. 마치 오스트리아 풍경에서 스위스 풍경으로 바뀌는 것 같다. 시야에 들어오는 광경은 더 좁고 절제된 느낌이다. 숲은 더 어둡고, 산기슭은 더 가파르다. 어느 지점에서 갑자기, 마치 총안을 통해 보듯, 거의 현기증을 느낄 정도로 리우까지 지역 전체가 보인다. 주택은 뻬뜨로폴리스나 여름 휴양지들에서처럼 연달아 이어져 있지 않고, 자연 속에 있는 시골 농장들처럼 서로 멀리 떨어져 산재해 있다. 이곳과 프리부르구Friburgo에서는 — 이 지명도 스위스 어에서 온 말인데 — 처음으로 유럽식 산악 지방의 풍경을 만나게 된다. 이 두 곳에는 주로 유럽 사람들이 따로 모여 여름을 보내는 반면, 브라질 상류층은 전통적으로 뻬뜨로뽈리스에 모여서 여름을 보내는 것이 이상하기는 하다.

친구들은 나에게 두 곳 중 어디를 선택했느냐고 물었다. 나는 리우를 선택했다. 나는 여름도 리우에서 보내고 싶었다. 우리가 어느 도시나 나라를 완전히 알려면 극단적인 상황도 경험해야만 한다.

눈 덮인 러시아를 보지 않고서 러시아를 알 수 없고, 안개를 보지 않았다면 런던을 안다고 할 수 없다. 그래서 난 후회하지 않는다. 리우는 무척 덥다. 그리고 아주 뜨거운 날에는 아스팔트 위에다 계란을 익힐 수 있다는 말도 과장이 아닐 수 있다. 하지만 나에겐 뉴욕이 더 어려웠다. 열기가 습기까지 발산하기 시작하면 집은 화덕으로 바뀐다. 리우의 여름을 아주 힘들게 만드는 것은 석 달, 넉 달씩 오래 지속된다는 점이다. 낮에는 더위를 그런대로 견딜 수 있다. 이런 표현은 어떨지 모르지만 기분 좋고 화끈하고 깔끔한 더위, 강렬한 태양의 더위라고 할 수 있다. 눈부신 하늘은 구름 한 점 없이 만 위로 펼쳐져 있고, 그 자체가 원래 생생한 색깔들을 최대한 강렬하게 만든다. 태양 광선이 충만하게 비출 때의 하얀 집과 야자수의 눈부신 녹색, 비할 데 없는 푸른색의 바다를 보지 않은 사람은 우중충하고, 섞이고, 약화된 상태에 있는 그 색들을 본 것에 불과하다. 하지만 그 강렬한 더위도 완화시키는 것들이 있다. 브라질식 시간 관념과는 달리 정확하게 몇 시간마다 바다로부터 부드러운 바람이 일어 더위를 식혀 준다. 그 착한 바람이 도달하지 않는 도시 가운데 있어야 할 필요가 없다면 해안을 거니는 것도 ─ 절대 빨리 걸어서는 안 된다 ─ 즐거움이 된다. 밤엔 견디기 더 힘들다. 그 바람도 그치고 습기가 더 많아지고 밀도가 높아진 공기가 미동조차 하지 않으면 피부는 엄청나게 답답함을 느끼게 되고 모든 땀구멍이 열린다. 하지만 일반적으로 그렇게 숨 막히는 날은 많지 않다. 그리고 폭우가 내리면 그런 더위는 사라진다. 열대의 폭우는 얼마나 격렬한지, 조셉 콘래드Joseph Conrad의 묘사가 거짓이 아니라는 것을 내게 확인시켜 주었다. 지상으로 쏟아져 내리는 것이 비 같지 않다. 마치 하늘 전체가 갑자기 기울어져 물동이로 물을 쏟아 붓는 것 같다. 창공을 마치 푸른 핏줄처럼 가르는 것은 유럽에서와 같은 번개가 아니라, 땅으로 내리꽂는 사격 같다. 그리고 이어지는 천둥소리는 집들을 뒤흔든다. 15분 정도가 지나면 도로에 물이 1미터 가까이 차오르고, 모든 차량 통행이 마비된다. 아무도 감히 집에서 나설 엄두를 못 낸다. 그리고 다시 15분 정도 지나면 마치 아무도 좀 전의 분노를 알지 못하는 듯, 하늘은 천진난만하게 이전의 푸른색으로 다시 빛난다. 햇살은 불순물을 걸러 낸 대기를 뚫고 맑고 투명하게 나타나고, 마치 기적적으로 폭발을 피하고 난 이후처럼 놀란 가슴을 쓸어내리며 호흡을 하게 된다. 그리고 다시 몇 날 며칠 동안 태양이 이글거리고, 수평선에는 구름 한 점 보이지 않는다. 이것이 리우의 여름이다.

요약컨대, 리우의 여름은 견딜 만하다. 2백만 명이 불평 없이, 아니 오히려 즐겁게 견딘다. 그저 적응할 뿐이다. 모두가 몸이 많이 드러나는 옷을 입고, 온 도시가 하얗게 입고 다닌다. 마치 선원들의 행진에 참여한 사람들 같다. 11월부터 리우는 하나의 휴양지 해변이 된다. 바닷가 두세 블록 전부터 — 해안은 어디에나 있다 — 사람들은 수영복에 목욕 가운을 입고 다니다가 하루에 한두 번은 재빨리 바다에 들어간다. 새벽 다섯 시에, 아침을 먹기 전이나 일터로 나가기 전에 제일 먼저 바다에 들어가는 사람들을 볼 수도 있다. 그리고 밤이 깊도록 이어진다. 꼬빠까바나 해변에 10만 명이 모이는 날도 있다. 리우 사람들이 여름에 더위로 완전히 지치고 견디기 힘들어 한다는 믿음은 완전히 틀린 것이다. 반대로, 여름의 그 지루한 더위가 한 번의 격렬한 분출을 위해서 리우인들에게 축적되는 것이라고 할 수 있다. 그 분출은 연례행사처럼 규칙적으로 카니발 기간 동안 일어난다. 몇 년 전부터 너무나 어두워진 우리 유럽에는 리우의 카니발에, 그 열정과 환희에 견줄 수 있는 것이 없다. 여러 달 동안 돈을 모으고 연습을 한다. 왜냐하면 매년 카니발마다 새로운 노래와 춤을 선보이기 때문이다. 그리고 리우에서 카니발은 모든 사람의 민주적 축제이고, 환희의 분출이고, 기질의 표명이기 때문에 사방에서 미리부터 노래 연습 소리가 들린다. 모든 사람이 기회가 되면 다른 사람과 맞춰 함께 부르기 위해서다. 축음기를 통해 카지노, 식당에서도 들리고, 라디오에서도 들리고, 흑인들의 오두막에서도 들린다. 어디에서나 집단적 환희를 드러내는 대규모 퍼레이드를 연습하고 준비한다. 그리고 마침내 상점들은 날짜가 맞으면 3일씩이나 문을 닫고 도시 전체가 마치 거대한 독거미에 물린 것처럼 보인다. 사람들은 거리에서 살다시피 하고, 밤늦은 시간까지 춤추고 노래하며, 모든 종류의 악기를 동원해 광란에 가까운 난장판을 벌인다. 모든 사회적 차이는 사라지고, 모르는 사람들끼리 팔짱을 끼고 다니며, 모든 사람이 모든 사람에게 말을 건다. 서로 흥을 북돋우고, 소란은 끝없이 이어지는 가운데 일종의 광란에까지 이른다. 탈진한 사람은 거리에 널브러져 있다. 술을 한 방울도 마시지 않아도 그렇다. 오로지 춤추고, 소란을 피우면서 병나고 기진맥진하기에 이른 것이다. 하지만 가장 기이하고 가장 전형적으로 브라질적인 것은 사람들이 황홀경 속에서도, 최하층민조차 조금도 인성을 잃지 않고 난폭해지지도 않는다는 사실이다. 자유롭게 가면을 쓸 수 있지만, 밤낮으로 아이들처럼 즐거워하는 군중들 사이에서 무례한 일은 전혀 일어나지 않는다. 내키는 대로 소리 지르고, 질리도록 춤추고, 조용하고 신중한 것으로부터 벗어나 한 번쯤 방종에 빠지고 싶은 욕구는 현기증 나는 그 3일간 해소된다. 그것은 마치 여름날 열대 폭우 같은 것이다. 그러고는 다시 오래된 조용한 삶의 방식으로 다시 돌아온다. 도시는 안정된 질서로 다시 돌아온다. 그렇게 여름을 위한 축제가 열렸고, 사람들은, 말하자면, 자기 몸에 축적해 두었던 더위를 발산했다. 리우는 다시 리우가 되었다. 자신의 아름다움을 조용하게 자부심을 가지고 보여 주는 도시가 되었다.

이별

한번 리우에 머물렀던 사람은 누구도 리우를 떠나고 싶어 하지 않는다. 매번, 어느 지점에서 떠나든 다시 돌아오고 싶어진다. 그 아름다움이 독특하고, 그 아름다움이 완벽하기 때문에 꿈을 꾼 것만 같다. 이 어두운 시대에 모든 도시 중에서 리우만이 그 아름다움을 실현하고 있다. 지구상에 리우보다 더 아낌없이 위안을 베풀어 주는 도시는 없다.

상파울루

사실 리우데자네이루를 소개하기 위해서는 화가가 되어야 한다면, 상파울루를 설명하기 위해서는 통계학자나 경제 전문가가 되어야 할 것이다. 숫자를 늘어놓고 비교하고, 도표를 그리면서 성장을 설명해야 할 것이다. 상파울루가 놀라운 점은 과거도 아니고 현재도 아니라, 눈에 두드러지는 성장과 발전이다. 다른 식으로 말하자면, 변화의 리듬이 놀라운 것이다. 상파울루는 고정된 그림이 아니다. 왜냐하면 지속적으로 그 경계가 확대되고, 지나칠 정도로 신속하게 변신하고 있기 때문이다. 상파울루를 가장 잘 소개할 수 있는 방법은 영화와 같은 방식으로 가볍게 보여 주는 것이다. 맹렬한 발전 속도에 있어 브라질의 어떤 도시도 상파울루에 비교할 수 없고, 세계적으로도 소수의 도시만 비교 가능할 것이다. 상파울루는 브라질에서 가장 의욕적이고 역동적인 도시다.

　하나의 척도로 삼기 위해서, 그리고 성장의 열기를 잴 수 있는 일종의 온도계로 삼기 위해서 몇 개의 숫자를 살펴보기로 하자. 16세기 중반, 예수회 사제들은 보잘것없는 자신들의 학교 주위에 오두막과 집 몇 채를 지었다. 17세기와 18세기에도 여전히 치에떼Tieté 강 주변에 대수롭지 않은 마을 하나가 있었을 뿐이었다. 그것은 정착된 주거지라기보다는 '파울리스타'라고 하는 떠돌이 집단의 본부 진영과 야영 시설들이었다. 그들은 그곳을 거점으로 전국을 돌아다니면서 무시무시하고 악명 높은 '내륙 원정'을 자행했는데, 사실 그 노예사냥을 통해 자신들도, 도시도 부유해지지는 않았다. 19세기가 많이 진행된 1872년에 상파울루의 인구는 2만6천 명이었고, 거리는 좁고 초라했다. 브라질 전체 도시 중에서 10위에 해당되는 도시였다. 리우는 27만5천 명, 바이아는 12만9천 명으로 큰 차이가 있었고, 브라질 사람이 아니면 잘 모르는 도시들보다도 뒤져 있었다. 예를 들어, 니떼로이는 4만2천 명, 꾸이아바Cuiabá는 3만6천 명의 인구를 가지고 있었다. 황제 작물인 커피 때문에 처음으로 노동자 집단이 상파울루로 가게 되었고, 그렇게 시작된 발전은 그 속도가 가히 환상적이었다. 1872년에 2만6천 명이었던 인구가 1890년에는 세 배로 증가해 6만9천 명이 되었고, 그 후 10년 동안 비약적으로 증가해 23만9천 명이 되었다. 1920년에는 이미 57만9천 명이 되었고, 1934년경에는 1백만 명이 넘어섰다. 오늘날에는 그 숫자가 150만 명 가까이 되고, 그 증가 속도가 줄어들 기미가 전혀 보이지 않는다. 1910년에 3천2백 채의 주택이 지어지고, 1932년에 8

천 채가 더 지어진다. 이 숫자들만으로는 성장 규모에 대한 느낌을 제대로 전해 주지 못하는데, 새로 지어지는 주택들은 여러 층으로 되어 있고, 때에 따라서는 고층 빌딩이기 때문에 옛날에 한 층으로 된 주택들보다 열 배 이상의 사람들이 거주할 수 있다. 성장률은 임대차 가치의 변동을 통해서 더욱 명백하게 드러날 수 있는데, 1910년에서 오늘날까지 이르는 기간에 4만3,137꽁뚜스 지 헤이스contos de reis에서 약 80만 꽁뚜스 지 헤이스로 상승해 거의 스무 배가 되었다. 대략 매시간마다 네 채의 주택이 건설되는 속도로 이 도시는 발전하고 있고, 도시 경계 안에 4천5백 개의 공장이 들어서 있고, 산업은 커피로부터 왕권을 빼앗았다. 한편, 상파울루는 실질적으로 전국의 상업 활동을 이끌고 있다.

지금까지도 지속되는 그렇게 환상적인 성장의 결정적 원인들은 무엇인가? 본질적으로는 지리적, 기후적 조건들이다. 4세기 전에 마누엘 다 노브레가가 브라질 전체에서 이 지역을 선택한 이유도 동일했다. 바로 이 두 가지 조건 때문에 이 도시는 브라질에서 가장 빨리 건실하게 성장할 것이라고 생각했던 것이다. 남아메리카에서 가장 좋은 항구 중 하나인 상뚜스 항이 가까이 있고, 고원지대이기에 어느 곳으로라도 쉽게 통행이 가능하고, 거대한 수상 교통로인 빠라나 강과 라플라타 강에 쉽게 접근할 수 있고, "붉은 땅"으로 불리는 토양은 비옥해서 모든 종류의 경작에 적합하고, 수력발전은 넘쳐 날 정도로 넉넉할 뿐만 아니라 값이 싸다. 자체적으로 끊임없이 성장해 가는 브라질 안에서도 상파울루가 유독 발전이 빠른 이유가 이 모든 것으로 설명된다. 그러나 역시 결정적인 요인은 애초부터 기후였다. 해발 8백 미터의 고원지대에도 태양이 작열하지만, 열대 지역이나 더 고도가 낮은 해안 도시들에서는 늘 그랬던 것처럼 노동력을 저해하는 효과를 내지는 않는다. 이미 17세기에 '파울리스타'는 더 활동이 왕성해졌고, 더 진취적이 되었으며, 다른 브라질 사람들보다 더 선도적 정신의 소유자가 되었다. 국가적 에너지의 담지자로서 그들은 '항상 급격한 변화를 갈망하는'semper novarum rerum cupidi 브라질을 발견했고 정복했다. 그들은 대담한 의지의 소유자들이었다. 진보와 확장에 대한 의욕은 그다음 수백 년 동안 무역과 산업에 전이되었다. 이어서 19세기 말 몇십 년간 진보에 대한 진정한 추진력은 이민자들 덕분이었다. 이들은 본능적으로 출신 국가와 비슷한 생활 조건과 기후를 찾는다. 이탈리아 사람들은 이민의 상당 부분을 차지하는데, 상파울루에서 이탈리아 북부나 중부와 유사한 기후를 발견했다. 동시에 그곳에서 이탈리아 남부의 태양도 느꼈다. 굳이 적응의 과정도 필요 없었고, 새로운 것을 배워야 될 필요도 없었다. 그들은 불굴의 추진력을 지니고 이민을 왔고, 새로운 환경에서 더 강한 추진력을 발휘했다. 이민자들은 항상 본국에서보다 더 의욕이 강한데, 일하지 않고도 즐길 수 있는 유산이 없기 때문에 스스로의 노력으로 모든 것을 쟁취해야만 하는 사람들이기 때문이다. 그래서 그들은 더 빨리, 더 많이 일한다. 그런 노력과 열정이 다른 사람들에게도 영향을 미친다. 브라질 사람들 중에서 가장 근로 의욕이 많고 야심이 많은 사람들이 상파울루에 정착했다. 그곳에서는 가장 개화되고, 잘 준비되고, 진취적인 노동력을 구할 수 있었다. 자본은 자신의 구미에 맞는 기업 정신을 따라갔고, 서로의 바퀴는 맞물려 돌아갔다. 그렇게 해서 해가 다르게 점점 더 빨리 급격한 변화가 이루어졌다. 오늘날 산업화와 조직화 영역에 있어 브라질 전체에서 실현되는 것 중 5분의 4는 상파울루에 그 기원을 두고 있거나, 상파울루에서 추진력을 얻는다. 상파울루 주는 브라질의 다른 어떤 주보다 경제적 균형을 유지하고 있다. 인체에 비유해 말하자면, 브라질 경제의 근력이 나오는 중심기관이다.

신체 기관 내에서 근육은 필요한 요소이지만 그렇다고 아름다운 기관은 아니다. 상파울루에서 고유한 미적, 감성적, 혹은 회화적 인상을 받기를 기대하는 사람은 알아 둘 필요가 있다. 다름 아니라, 상파울루는 오로지 미래를 향해 성장해 가는 데에 너무 집착하고 안달하는 도시이기 때문에 자신의 현재를 위한 감성이 거의 남아 있지 않다. 그러니 과거에 대한 것은 더 남아 있지 않다. 상파울루에서 역사적인 것을 찾는 사람은 미국의 휴스턴이나 다른 석유 도시에서보다 더 많은 것을 발견하기 어려울 것이다. 그 도시를 세운 예수회 사제들의 학교는 그들에 대한 경건한 마음으로 마치 그들을 모시는 사당처럼 보전되었어야 했을 테지만, 이미 오래전에 실용적인 건물에 자리를 내주기 위해 헐렸다. 상파울루에는 17, 18세기 것은 거의 아무것도 남아 있지 않다. 19세기 파울리스타 건축양식의 보잘것없는 흔적이라도 보고 싶은 사람은 서둘러야 할 것이다. 왜냐하면 어저께나 그저께를 기억나게 하는 것이라면 거의 공포를 느끼게 하는 속도로 모조리 허물어 버리기 때문이다. 가끔은 한 도시에 있다는 느낌보다는 거대한 건설 현장에 있다는 느낌이 든다. 동서남북 사방으로 건물들이 자연경관을 침범하고 있다. 도심이나 상업지역에서는 연이어 거리 전체가 변신하고 있다. 5년 전에 그곳에 갔던 사람은 길을 찾기 위해, 마치 처음 가는 도시처럼, 물어봐야 할 것이다. 모든 곳에서, 모든 것들이 너무 좁고, 너무 낮고, 작은 것이 되어 가고 있다. 거리마다 확장이 급하다고 아우성이고, 건물을 높여야 한다고 요구한다. 땅속도 자동차들에게 새로운 출구를 내주어야 한다. 어디를 가나 모든 것이 어느 정도 이기적인 생각에서 손쉽게 빨리 변한다. 그래서 그야말로 식민지 정착인과 이민자로 이루어진 도시인 상파울루에서는 성장과 변화의 생생한 그림을 오늘도 관찰할 수 있다. 상파울루 같은 도시들은, 유럽에서처럼 도심을 중심으로 동심원을 그리듯 점차적으로 성장해 간 것이 아니고, 되는 대로 질서나 조화를 고려하지 않고 그저 빨리 확장되어 나갔다. 보통 한 이민자가 돈을 조금 벌면, 집세를 내고 들어갈 집이 없었기 때문에, 그리고 땅값이나 인건비가 그리 비싸지 않았기 때문에 적당한 곳에 자기 집을 지었다. 전혀 예술성도 없고 어울리지도 않는 집들을 아무 데나 지었는데, 브라질에서는 그런 집들을 해안가든 어디든 전국적으로 다 볼 수 있다. 그런 집들의 1층에는 상가가 들어서 있고, 2층에는 방 두세 개가 있다. 만약 주인이 이탈리아 사람이면 전면을 노란 흙색이나 붉은 벽돌색, 혹은 푸른 바다색 등 화려한 색으로 칠했다. 다른 집에 바로 붙여서 지어졌고, 그렇게 갑자기 하나의 거리가 형성되고 또 다른 거리가 생기고 하면서 점차적으로 하나의 도시가 형성되었다. 아무도 그런 집에 영원히 살 거라고 확신하지 않았다. 어쩌면 다른 도시로 또 옮겨 갈 수도 있었다. 집 지은 사람이 돈을 벌게 되면 자기 조국으로 돌아갈 수도 있었고, 더 많은 재산을 모으면 다른 큰 집을 지을 수도 있었다. 엉터리 바로크식이나 동양식으로 화려하게 치장한 저택 같은 것을 말이다. 그런 저택은 30년 전만 해도 그런 동네에서는 내로라하는 집이었다. 지속, 정착, 항구성, 부르주아적 관점에서 도시와 그 도시적 삶에 완전히 적응하는 것 등의 관념은 유목민적 사고를 지닌 이민자들에게는 어쩔 수 없이 부족했다. 따라서 이런 도시들은 건축학적 관점에서 잠정적인 건물을 지을 수밖에 없고, 계획 없이 들어선 주택들이 모여 동네를 이루게 될 수밖에 없는 운명이었다. 이런 동네는 계획 없이 팽창하고, 처음에 쉽게 들어섰던 것과 마찬가지로 쉽게 허물어 버리게 된다. 이곳에서 20년 된 집은 유럽에서는 수백 년은 된 집만큼이나 아주 오래된 것으로 취급받아, 처음에 성급하게 지었던 것처럼 성급하게 허물어 버린다.

상파울루가 공업, 상업, 금융 분야에서 갑자기 탄력을 받아 거대 도시가 되었으니 그에 걸맞은 외관을 갖춰야 한다는 생각을 사람들이 갖게 된 것 같다. 거리와 광장, 교회, 행정부, 은행, 병원 등 모든 것이 너무 협소하고 너무 작게 느껴졌고, 그래서 이제 적극적이고 활기 넘치는 상파울루는 도시의 중심을 만들고, 나름의 형태를 갖추려고 노력하고 있다. 하나의 집합체로 무질서하게 널려 있던 것들이 얼마나 활발하게 하나의 유기적 형태로 모습을 바꾸어 가는지, 잠정적이었던 것이 어떻게 확고한 것으로 바뀌어 가는지를 확인할 수 있다. 모든 곳에서 활발하게 사업을 추진하고 있다. 다리 아래로 도로가 새로 나고, 공원으로 지정된 토지에는 울타리를 치고, 좁은 동네에도 산책길과 대로가 생기고, 거대한 공공건물이 들어선다. 이 모든 것들이 도시계획에 따라서 진행되지만, 도시의 성장 속도가 현기증 날 정도로 너무나 빠르기 때문에 건설하는 과정에서 벌써 목표로 했던 규모가 부족하다는 것을 느끼게 된다. 중심가에는 고층 빌딩이 높이 서있고, 각 빌딩은 공간의 부족을 메우기 위해 옆에 있는 빌딩보다 몇 층 더 높이 지어진다. 한편 외곽 지역들은 진정한 전원도시로 언덕 위 아래로 점점 더 경계를 넓혀 간다. 인종적 관점에서도 상파울루는 급진적인 변화 속에 놓여 있다. 전에는 오로지 국적별로 나뉘어져 있었다. 그래서 이탈리아인 거주지 (상파울루는 전 세계에서 가장 이탈리아의 영향이 큰 도시 중 하나이기도 하다), 아르메니아인 거주지, 시리아인 거주지, 일본인 거주지, 독일인 거주지가 생겨났다. 현재는 그 모든 지역들이 뒤섞여 있다. 오로지 주요 형태가 어떤 것이냐에 따라서만 나누어진다. 다시 말해, 도심과 주거지역으로 나누어지는데, 도심은 주로 미국식 건축물이고, 전원도시는 문자 그대로 주택들이 있다. 도심이나 주거지역이나 몇 년, 몇십 년이 지나면 새로운 의미에서 아름다워질 가능성이 있다. 고층 빌딩 위에서 한눈에 다 보이는 그 도시의 평탄한 경치는 하나의 멋진 광경일 수 있다. 하지만 성장하는 도시의 모델이라 할 수 있는 상파울루만의 아주 고유한 위험부담은 과거보다는 현재 진행되고 있는 상황 속에서 더 커지고 있다. 미국에서보다도 더 강도 높게 (남미에서는 오로지 몬테비데오에서 유사한 박동이 느껴지는데) 여기 상파울루에서 한 도시가 완전히 변신하는, 말하자면, 도시의 겉모습이 완전히 바뀌는 현상을 나는 볼 수 있었다. 그건 그렇고, 만약 미의 개념에서 계속 이야기를 해보고자 한다면, 상파울루의 아름다움은 오로지 막 탄생하는 아름다움이라고 할 수 있을 뿐, 이미 존재하는 아름다움은 아니다. 그리고 시각적 아름다움이라기보다는 활기와 역동성이 주는 아름다움이다. 그것은 미래의 아름다움이자 형태이고, 오늘 이 순간 의욕적으로 탄생하고 있는 아름다움이다.

상파울루라는 도시의 의미와 그 생김새를 지속적으로 결정하는 것은 일이다. 상파울루는 즐기고자 하는 사람을 위한 도시는 아니다. 무언가 대표적인 것을 자랑하고자 하는 도시도 아니다. 상파울루에는 넓은 대로가 전혀 없다는 것을 알게 된다. 산책할 수 있는 길도 별로 없고, 아름다운 전경도, 쉴 수 있는 리조트도 별로 없다. 거리에는 거의 전적으로 활기차고, 바쁘고, 분주한 사람들만 보인다. 이곳에서 일하지 않는 사람이나 사업상 오지 않은 사람은 둘째 날부터 어떻게 시간을 보내야 할지를 모른다. 리우와 비교할 때 이곳에서 하루는 48시간, 1시간은 120분으로 되어 있는데, 각 시간 단위는 활동으로 꽉 차있기 때문이다. 상파울루에는 오늘날 새로운 것, 최신의 것이 다 있다. 상당한 수준의 수공업, 정예의 고급 상점도 있다. 그렇지만 돈 벌기 위해 일해야 할 시간에 그렇게 고급스런 것을 소비하고 즐길 수 있는 사람들은 누굴까 하고 반문하게 된다. 완전히 일에 매진하는 도시인 리버풀이나 맨체스터가 저절로 생각난다. 사실, 상파울루와 리우의 관계는 밀라노와 로마의 관계와 같고, 바르셀로나와 마드리드의 관계와 같다. 상파울루, 밀라노, 바르셀로나는 수도도 아니고, 예술적 가치를 지키는 도시도 아니지만, 역동적 에너지만은 수도보다 많다는 점이다. 상업과 산업에서 상파울루 주는 ― 부분적으로는 기후 덕분인데, 이 도시의 기후는 유럽에서 온 이민자의 활동에 지장을 주지 않는다 — 전국의 나머지 주들을 다 합친 것보다 더 많이 생산한다. 상파울루 주는 다른 주들보다 더 근대적이고, 더 진보적이다. 그런 집약적인 구조로 인해서 미국이나 유럽의 도시들과 유사하다. 리우가 주는 경이로운 안락함은 전혀 없다. 맘껏 둘러보고 달콤하게 여가를 즐기고 싶은 영원한 유혹의 분위기는 없다. 투명한 도시 리우와 과나바라 만 전체를 감싸는 음악적 분위기는 강하고 빠른 리듬으로 대체되어 있다. 마치 자기 자신의 속도에 도취되어 결코 속도를 늦추지 않는 달리기 선수의 심장박동 같은 리듬으로 대체되었다. 미적 측면에서 부족한 부분은 활력으로 보충되었다. 활력이라는 것이 이런 열대 지역에서는 많은 관심을 끌기도 하고 높이 평가받는다. 하지만 가장 중요한 것은 이 도시가 적합한 형태를 갖출 필요성을 인식하고 있다는 사실이다. 상파울루가 리우데자네이루와 경쟁하고 있기 때문에, 리우보다 못하고 별로 예술적인 인상을 주지 못한다는 평가를 받고 싶지 않기 때문에, 앞으로 해가 지날수록 상파울루가 놀랄 만한 일들을 많이 보여 줄 것으로 기대된다.

말 그대로 신기한 볼거리들이 상파울루에는 아직 많지 않다. 그러나 평범하지 않은 엄청난 것이기에 볼 만한 세 가지가 있는데, 아주 유쾌하지 않은 뒷맛 때문에 독특한 것들이다. 첫째, 이삐랑가 Ipiranga 박물관이 있는데, 그곳에서는 브라질에 있는 모든 종류의 동식물과 문화를 관찰할 수 있다. 매우 교육적인 도표들을 통해 잘 정리가 되어 있다. 그러나 그런 전시실을 지나가면서 만족감보다는 아쉬움을 더 먼저 느낀다. 왜냐하면 우리는 수천 마리 온갖 색깔의 벌새와 앵무새가 박제되지 않고 자유로운 상태에 있는 것을 보고 싶어 하기 때문이다. 우리는 그곳에서 몇 시간 가면 밀림이 있다는 것을 알기 때문에, 진열창 앞에서 그 경이로운 지역들을 꿈꾸게 된다. 모든 이국적인 것들이 전시 형태로 도식화되고 정돈되어 있을 때, 감동을 주지 못한다. 마치 교재처럼 경직된 것들로서 맛이 없어진다. 그래서 (그런 박물관에 감탄하고, 그 장점을 강조하느라 여념이 없으면서도, 그런 태도와는 반대로) 원시적이고 무성한 자연 한가운데서 박물관에 갇혀 있는 자연이 우리에게 약간 어처구니없어 보이는 것이다. 귀여운 원숭이도 야자수 사이에서 흔들거리며 있을 때 보아야 당연히 자연이 우리에게 준 선물로 여겨질 것이다. 하지만 박제되어 벽을 따라 전시되어 있는 수백 종류의 원숭이 모습은 우리들에게 기술적인 호기심만 자극할 뿐이다. 전시한 맹수들조차도 전혀 사실적으로 보이지 않는 마당에, 이삐랑가 박물관처럼 아무리 최고의 숙련된 기술로 운영되고, 그 규모가 엄청날지라도 박물관들은 더욱더 실감나지 않는다. 갇혀 있는 모든 것은 우리의 기분을 우울하게 만든다. 내가 상파울루의 그 유명한 교도소를 보았을 때, 내 마음이 위축되었던 것도 그 때문이다. 상파울루의 또 다른 볼거리라고 할 수 있는 그 모범적인 시설은 그 도시와 나라, 그 시설 관리자들의 자랑거리다. 이곳에서 형무소 문제는 — 그것은 도덕적으로 결코 완전히 해결될 수 없는 문제일 텐데 — 인간적 측면에서 접근되었다. 형법상 사형 제도가 없는 이 나라는 죄수들을 가장 합리적이고 근대적인 원칙에 따라 다루려고 노력해 왔다. 다른 나라에서와는 달리 이 나라에서는 죄수를 다루는 데 있어서도 인간애가 —

너무 케케묵은 것이라는 이유로 ― 사라지지 않았다. 오히려 의도
적으로 증진되고 장려되었다. 각 죄수는 자신에게 적합한 노동을
해야 하고, 모든 죄수는 자기 힘으로 자급자족의 공동체를 구성해
야 한다는 믿음이 있었던 것이다. 놀라울 정도로 깨끗하고 위생적
인 큰 건물들로 이루어진 그 교도소에서는 모든 시스템이 그곳에
사는 사람들에 의해서 움직인다. 죄수들 자신이 빵을 만들고, 약을
준비하고, 진료소와 병원을 운영한다. 채마밭을 가꾸고, 옷 세탁을
한다. 그래서 타인의 도움을 받는 경우는 아주 드물다. 그들이 어떤
사람이든 예술적 취미를 갖도록 장려한다. 오케스트라가 구성되었
고, 큰 방마다 재소자가 그린 그림을 볼 수 있다. 브라질 안에서 접
근이 쉽지 않은 주에서는 아직도 문맹자 숫자가 상당히 많은 상황
인데, 이 교도소에서는 학교에서 배워야 할 것들을 배울 수 있는 기
회를 제공하고 있다. 상파울루 교도소는 진정 교도소의 모델이라는
확신을 가지고 있다. 그래서 자기네 제도가 모두 이 세상에서 가장
완벽하다고 생각하는 유럽인들의 오만함을 바로 잡기에 충분한 모
델이다. 그럼에도 길게 연이은 무거운 철문들 중 마지막 문을 뒤로
하고 나설 때면 우리는 안도의 한숨을 쉬게 된다. 자유를 숨쉬고,
자유로운 사람을 보게 된다.

부땅땅Butantan 뱀 사육장을 나설 때에도 그와 유사한 안도의 숨
을 쉬게 된다. 그곳에서 엄청난 것들을 보고 중요한 사실을 배우게
되었는데도 말이다. 그곳에서 일반인의 호기심을 자극했던 것 ―
자신이 위험에 노출되어 있지 않은 상태에서 위험을 보는 것만큼
사람들이 재미있어 하는 것은 없다 ― 은 내게 별 흥밋거리가 아니

었다. 나는 이미 몇 년 전, 인도에서 사람들이 어떻게 독 있는 뱀을 땅속에 있는 그 보금자리로부터 끄집어내고, 막대기를 사용해 독을 제거하는지 본 적이 있었다. 이미 굴복당한 동물을 이용해 볼거리를 제공하거나, 길들여진 모습을 보여 주는 사람은 언제나 내게 혐오감을 주었다. 이미 오래전에 부땅땅 연구소는 뱀 사육장 수준을 넘어섰고, 뱀에 물린 사람들을 치료하는 수액을 만드는 제조사 수준도 넘어섰다. 현재는 가장 유명한 연구자들이 연구를 위해 최신 기구와 장비를 사용하고 있는 최고 수준의 과학 연구소가 되었다. 그곳에서 이식이나 화학적 분화에 관한 다양한 실험에 관련된 설명을 들으면서 배운 것이 책을 읽으면서 몇 년 내내 배웠던 것보다 더 많았다. 문외한들에게는 실체적인 대상을 통해 직접 보고 배우는 것이 추상적인 문제들을 이해할 수 있게 하는 가장 손쉬운 방법이다. 감각적으로 느낄 수 있고 눈으로 볼 수 있는 것이고, 나의 상상력을 가장 강하게 자극하기 때문이다. 거기에서 내게 가장 인상적이었던 것은, 미세하고 뿌연 유리 알갱이들이 가득한 중간 크기의 병이었다. 그것은 8만 마리 뱀의 독인데, 이를 최대한 농축해 유리 알갱이 형태로 병에 보관한 것이다. 그것은 독 중에서도 가장 강력한 독이었다. 거의 잘 보이지도 않고 손톱 밑에 끼일 정도로 미세한 그 알갱이 하나로 한 사람을 순식간에 즉사시킬 수 있다. 가장 큰 수류탄보다도 수천 배 더 큰 파괴력이, 응축된 형태로 그 끔찍한 병 하나에, 그 어떤 것으로도 대체 불가능한 그 병 하나에, 담겨 있었던 것이다. 천일야화에 나오는 잘 알려진 이야기보다 더 경이로운 것이다. 그전에는 죽음이 그렇게 압축된 형태로 있는 것을 본 적이 없었다. 내 손가락이 그 차갑고 깨지기 쉬운 유리병을 만지는 그 순간처럼 수십만 배로 증식될 죽음을 내 손으로 잡고 있었던 적은 없었다. 멀쩡하고 생생한 한 사람을 그의 모든 생각과 모든 감각까지 포함해 즉시 제거할 수 있다는 가능성은, 그것도 알갱이 하나가 — 소금 알보다도 훨씬 작은 그 알갱이가 — 신체에 들어감으로 해서 갑자기 심장이 멎고, 모든 근육이 굳어진다는 것은, 상상하기 힘든 일이었다. 그리고 수십만 배 더 많은 양이 한 사람에게 들어가는 것을 본다는 것은 거의 상상할 수조차 없는 일이었다. 이 모든 것은 끔찍한 것이고, 동시에 엄청난 것이었다. 갑자기 그 실험실의 모든 기구들은 자연으로부터 가장 위험한 것을 마치 아무것도 아닌 양 제거하는 강력한 힘으로 내게 다가왔다. 그리고 그 위험한 것을 새롭고, 독창적이고, 창의적인 방식으로 바로 그 자연을 위해 사용하려 한다는 느낌을 받았다. 그 순간 나는 존경의 마음으로 언덕 가운데 녹음 속에 외로이 파묻혀 있는 작은 건물을 바라보았다. 자연의 품에 안겨 지칠 줄 모르는 인간 정신으로 자연을 정복하고 있는 그 작은 건물을 바라보았다.

커피숍 가보기

우호적인 이 나라의 모든 관습에 다 정이 담겨 있지만, 모든 방문객에게 하루 중 어느 시간에나 커피를 권하는 것은 호감이 가는 관습이다. 작은 도자기 잔에 제공되는 검고 맛있는 커피는 브라질에서는 세상에서 가장 흔한 것이다. 유럽에서 우리가 마시는 방식과 다르다. 마치 술을 마시듯 아주 뜨거운 상태에서 한 번에 다 마셔 버린다. 얼마나 뜨거운지 — 사람들이 말하듯 — 만약 그 커피 몇 방울을 개에게 흘리면 개가 비명을 지르며 달아날 정도다. 그 뜨겁고 향기로운 커피를 브라질 사람들이 하루에 평균 몇 잔이나 마시는지는 통계로는 입증하기 어려울 것으로 보인다. 내가 보기에 하루에 열 잔에서 스무 잔은 될 것 같다. 또한 어느 도시의 커피가 가장 맛이 좋은지 명백하게 밝히는 것도 역시 어려워 보인다. 모든 집들이 호메로스 같은 질투심을 가지고 자기네 커피가 제일 맛있다는 명성을 얻기 위해 경쟁한다. 그래서 난 불편부당하게 성실한 자세로 리우의 작은 커피숍에서, 커피 농장에서, 상뚜스 — 커피의 도시 — 에서, 상파울루에 있는 커피 연구소에서도 마셔 보았다. 커피 연구소에서 커피를 준비하는 방식은 하나의 진정한 과학으로 변했다. 강습이 끝나고 나서 커피 한 봉지와 세계에서 가장 좋은 커피 기계 하나를 나에게 쓰라고 내주었다. 어디에서나 똑같이 커피는 향기로웠고, 맛이 강하고 자극적이었다. 감각을 일깨우고 정신을 더욱 맑게 하는 어두운 빛깔의 불이었다.

커피왕, 우리는 그 검은 실력가를 그렇게 부를 수 있을 것이다. 경제적으로 그 거대한 나라를 계속 지배하고 있기 때문이다. 상뚜스 항구에서부터 모든 시장과 세계의 증권가를 장악하고 있기 때문이다. 우리 행성에서 소비되고 있는 2천4백만 자루 중에서 1천6백만 자루가 브라질에서 재배된 것이다. 회색 진주 빛 혹은 사슴 털색 같은 그 작은 알갱이들이 결국은 브라질의 화폐라고 할 수 있다.

브라질은 식용유나 밀 같이 자기 나라에 부족한 몇 가지 원자재를 커피를 주고 구매한다. 커피 씨앗으로 (수십 조 개의 씨앗으로) 기계와 장비들을 구매하고 지불한다. 그래서 국제 커피 가격이 브라질 경제의 진정한 기압계다. 커피 가격이 높으면 나라 전체가 번성하고, 커피 가격이 떨어질 것 같으면 정부는 남는 커피 자루들을 불태우거나, 뭔 줄도 모르는 물고기들이 먹으라고 그 아까운 알갱이들을 바다에 던져 버린다. 결국 말하자면, 이곳에서 커피는 황금이고, 재산이고, 수익이고, 위험이다. 커피 가격의 등락에 따라서 국가의 무역수지가 상당 부분 좌우되어 왔다. 오랜 세월 동안 미우 헤이스가 커피 가격을 결정한 것이 아니고, 국제시장에서의 커피 가격이 미우 헤이스의 가치를 결정했다.

　브라질 경제의 대단한 실력자인 커피는, 오늘날 부자가 된 많은 사람들처럼, 원래 브라질로 이민 온 존재다. 그의 진짜 조국은 모카의 나라, 아라비아다. 전설에 따르면, 어느 날 목동들이 염소가 이상한 관목의 열매를 갉아먹고 난 뒤에는 더 활기차게 뛰어다니는 것을 보고서는 놀란 나머지 곧바로 스스로 그 열매를 맛보았고, 그 열매가 건강을 해치지 않으면서도 아주 독특한 효과를 낸다는 것을 확인했다고 한다. 피로를 줄여 준다고 해서 그 매력적인 열매로 만든 음료수를 카와kahwa(잠을 방해한다는 뜻의 kaheja에서 온 낱말)라고 부르곤 했다. 아랍사람들은 기분을 좋게 하는 그 영약을 터키인에게 전했고, 빈Wien이 포위되었을 때 여러 자루의 커피가 고스란히 전리품으로 오스트리아인들의 손에 들어가게 되었다. 얼마 지나지 않아 그 도시에 처음으로 커피숍이 생겼고, 그 검은 색의 음료는 순식간에 전 유럽에서 유행하게 되었다. 선량했던 후작 부인 마담 세비녜Madame de Sévigné가 『라신느』Racine에 대해 언급하면서 "그것은 커피처럼 지나가리라"고 언급했을 때 알 수 있듯이, 사람들은 커피 유행이 일시적일 것이라고 예상했지만, 커피는 — 덧붙여 말하자면, 마치 『라신느』처럼 — 지속되었다. 그리고 프랑스령 기아나로 이주했고, 그곳에서 커피나무와 씨앗은 마치 상업 비밀처럼 조심스럽게 보존되었다. 1천 년 전에 중국인들이 비단의 원료인 누에고치를 외국인들에게 감추고, 누에고치 하나라도 그대로 외국으로 내보내는 자는 사형으로 겁을 주었을 때, 두 명의 수도승이 그중 하나를 순례용 지팡이 빈틈 속에 숨겨 유럽으로 가져갔다는 이야기가 있다. 이와 마찬가지로, 프랑스령 기아나 수도인 카옌Cayenne의 총독도 커피 농장에 외국인은 아무도 들어가지 못하게 하는 엄명을 내렸다. 브라질에는 행운이었던 것이, 그 총독은 부인이 있었고, 1727년, 그 부인의 마음이 흔들렸던 순간, 혹은 그 이후에, 브라질의 프랑시스꾸 지 멜루 빨례따Francisco de Melo Palheta 원사에게 커피나무 몇 그루를 선물로 주었다. 이렇게 해서 그 어두운색의 이민자는 비밀리에 브라질로 들어왔고, 모든 이민자들처럼 금방 새로운 환경이 마음에 들고 편하게 느껴졌다. 우선 브라질 북부, 아마조나스와 마라녀웅 지역에 자기 사촌들인 설탕과 담배 옆에 정착했다. 커피는 설탕과 담배가 없으면 완전한 즐거움이 되지 못한다. 1770년부터 조금씩 남쪽으로 내려와 리우데자네이루 지역까지 이르게 된다. 치주까의 산 주변은 오늘날 고층 빌딩이 시골풍의 별장을 몰아내고 있는 곳인데, 그 당시에 커피가 그 주변의 들판을 차지했고, 수천 명의 노예들이 커피를 가꾸고 키웠다. 하지만 리우의 환경은 커피에 완전히 적합하지는 않았다. 그러나 결국은 리우와 상파울루의 모든 구역을 차지하고 또 수많은 지역으로 퍼져 나가, 전 세계로 자신의 제국을 확장하기에 이른다. 자신의 출신지가 동양인 것에 걸맞게 커피는 갈수록 폭군이 되었고, 상파울루의 자기 왕좌에서부터 모든 경제를 복속시킨다. 커피왕은 자기를 위해 근사한 창고를 짓도록 명령하고, 전 세계 모든 곳으로부터 배들이 오도록 하고, 화폐의 가치를 결정하고, 브라질을 과도한 투기와 위험천만의 위기로 밀어 넣는다. 그리고 세상이 자신에게 합당한 대가를 지불하기를 거부한다고 자기 자식을 — 수십만 자루의 커피를 — 바다에 빠뜨려 버린다.

나는 그렇게 막강한 실력가를 의례적으로 방문하는 것이 나의 의무라고 생각했고, 많은 경우 그 방문은 일보다 앞서 이루어졌다. 그리고 헤아릴 수없이 많은 시간 동안 사교 생활의 기쁨을 증가시켜 주었다. 그 실력가이자 왕을 그의 거처로 가서 알현하기 위해서는 과거보다는 더 내륙으로 들어가야 한다. 포르투갈 사람들이 아프리카에서 아메리카로 커피를 가져왔던 초기에는 — 엔리케 에두아르도 하코보Enrique Eduardo Jacobo는 그의 훌륭한 책에서 커피의 이주 전설을 이야기 한다 — 커피 농장들이 해안 가까이 있었다. 몇 세기 동안 상뚜스 인근의 계곡들과 리우데자네이루에 인접한 치주까의 몇몇 아름다운 공원들이 커피 농장으로 바뀌어 있었다. 흑인 노예들이 직접 등에 지고 커피 밭에서 선박까지 운반했다. 그러나 수십 년이 흐르는 동안 그 지역의 토지는 수십 조 개에 해당되는 그 마법의 씨앗을 틔우고 영양분을 공급한 끝에 척박해지고 말았다. 커피 열매들은 과거보다 더 작아졌고, 효과가 줄고, 향기가 줄어들었다. 커피나무는 80년을 사는데, 사람으로 치면 정확하게 원로의 나이에 해당된다. 브라질에서는 경작하지 않은 땅이 늘 있기 때문에, 대농장들은 점점 내륙으로 이동했다. 먼저 상뚜스에서 상파울루로 옮겼는데, 상파울루의 기름지고 붉은 색의 토양은 리우의 토양보다 네 배나 생산량이 많았다. 이어서 상파울루에서 깜삐나스로, 항상 더 내륙으로 들어갔다. 자, 그럼 커피왕을 찾아가 봅시다! 우리는 그의 궤적을 따라 리우에서 상파울루까지 12시간 야간 여행을 했고, 상파울루에서 또 3시간 기차를 타고 예수회의 옛 정착지였던 깜삐나스로 갔다. 이어서 자동차를 타고 커피의 나라인 어느 대농장에 마침내 도착했다. 포르투갈어로 파젠다Fazenda, 스페인어로 아시엔다hacienda라는 이 낱말이 왜 우리에게 그렇게 친숙한 것일까? 독특한 낭만적 정취를 지닌 그 낱말은 왜 그렇게 잘 알려져 있을까? 그 낱말은 잊었던 감정들을, 공감을 불러일으키는 강렬한 감정들을 일깨운다. 아, 그 낱말이 왜 그런지 알겠다. 우리가 젊어서 탐독했던 책들보다 더 긴밀하게 우리 자신과 연결된 것은 없다. 젊은이의 상상력 풍부한 눈으로 겔스테커Gerstaecker와 실스필드Sealsfield의 소설에 나오는 브라질과 아르헨티나의 대농장들을 얼마나 생생하게 그려 보았던가? 열대 밀림이나 무한히 펼쳐진 팜파 가운데 있는, 이국적이고 아련한 대농장들, 그곳에는 항상 위험과 전대미문의 모험이 기다리고 있었다. 언젠가 그 모든 것을 보고 싶었던 열망은 얼마나 뜨거웠던가? 이제 우리는 대농장에 있다. 비록 과거처럼 성미가 고약한 가축을 타고 온 것이 아니라, 자동차로 편안하게 넝쿨식물 꽃으로 덮힌 입구를 지나 농장 집 마당까지 왔지만 말이다. 대농장은 옛날 그림에서, 무슨 책이었는지는 기억나지 않지만 젊어서 읽었던 책에 묘사된 모습 그대로 다가온다. 끝없이 펼쳐진 소유지 가운데 위치한 1층짜리 나지막한 집에는 사방으로 넓고 그늘진 회랑이 있다. 그 집 주변으로 일꾼들의 집들이 장방형의 작은 광장을 중심으로 모여 있다. 우리가 책에서 읽은 것을 기억해 보면, 그곳에는 50년 전만 해도 노예가 살았는데, 그들은 저녁 무렵에는 그곳에 모여 우수에 찬 노래를 부르곤 했다. 어쩌면 농장에서 조용하고 평온한 모습으로 오가는, 머리가 희끗희끗한 흑인들 중에는 아직도 옛날을 기억하는 사람이 있을지도 모르겠다. 하지만 우리가 그 인심 후한 집 안으로 들어서자마자 세상의 시계는 현재로 돌아온다. 물론 아직도 장식이 가득한 나무 천장, 돌처럼 단단하고 아름다운 아카야나무로 된 대대로 물려 내려온 아름다운 가구들, 은그릇, 포르투갈 사람들이 왔던 시대부터 소중하게 간직해 온 기도실 등이 눈에 들어온다. 하지만 오래전부터 이런 대농장들은 가끔씩 우여곡절의 모험을 겪은 방랑자가 찾아오는 외진 장소들이 아니다. 이젠 모든 편의 시설을 갖춘 근대적 전원주택이다. 수영장, 운동장, 라디오, 축음기, 책(난 상상도 못했지만, 책 중에는 내가 쓴 책이 상당수 있다)이 있다. 과거엔 위험한 곳이었지만 이젠 즐거움과 친절함이 가득한 곳이다. 기술의 시대가, 가장 무덥고 가장 불모의 지역들을 사람이 살 만한 곳으로 만들었다.

농장 저택 주변에는 연이어 이어지는 완만한 구릉을 따라 재배지가 펼쳐져 있다. 각각의 농장 저택들은 마치 녹색 바다 안에 있는 섬처럼 자리 잡고 있다. 하지만 그 녹색 바다는 — 낭만주의여, 안녕히 가시오! — 아주 단조롭다. 커피나 차 재배지들은 솔직하게 말해서, 상당히 지루한 곳이라는 점을 말하지 않을 수 없다. 커피나무들은 모두가 높이와 폭이 똑같고, 똑같이 차가운 녹색이고, 서로 같은 간격으로 심어져 있다. 마치 회색빛 전투복 대신 엽록소 색의 유니폼을 입고 일렬로 늘어선 군인들이 기개도 없이, 자랑스러운 휘장도 없이 행진하는 듯하다. 우리의 시선은 마치 빗질을 한 것 같은 녹색 구릉에 싫증이 난다. 그때 바나나 나무들이 심겨진 장소를 발견하는 순간 우리는 일종의 안도감을 느끼게 된다. 빼곡히 들어차 있는 바나나 송이들과 바람에 흔들리는 잎사귀들을 보면 바나나 나무들이 더 개성 있어 보인다. 커피나무들처럼 그렇게 슬플 정도로 단조로워 보이지 않는다. 하지만 커피나무의 의미는 그 아름다움에 있는 것이 아니라 풍요로움에 있다. 각 나무는 사람의 키에 미치지 못하지만, 적어도 1년에 2천 개의 커피 열매를(고급 커피를 재배하는 지역에서는 1년에 딱 한 번만 수확을 한다) 생산한다. 그리고 이런 농장에서는 수십만 주의 나무에서 열매를 수확하기 때문에 이 심오하고 거무스름한 대지의 신비를 이해할 수 있게 된다. 바로 이 대지가 그렇게 상상할 수도 없는 엄청난 양의 커피 열매 한 알 한 알을 그 깊은 곳까지 과즙과 달콤함으로 가득 채우기 때문이다.

말 그대로의 수확은 아주 단순하다. 커피 열매는 몇 세기 전과 똑같이 손으로 수확한다. 유일하게도 커피 수확을 하는 데 있어 사람을 대체할 수 있는 것을 기술은 아직까지 발명하지 못했다. 일꾼들은 어쩌면 옛날 흑인 노예들과 똑같이 단조로운 움직임과 단조로운 노래를 부르면서 수확하는지도 모른다. 그런 뒤 마치 모래처럼 열매들은 작은 손수레로 운반되고, 그다음에는 짐수레와 트럭으로 농장 저택으로 옮겨진다. 그곳에서 커피왕은 여러 의식을 통해 극진한 대접을 받는다. 오랫동안 씻고, 햇볕에 말린다. 그러고 난 후에야 과육 제거 기구를 통해서 알갱이를 둘러싸고 있던 과육이 제거된다. 과육이 제거되고 씻긴 커피 알갱이는 관과 선별기를 지나 마침내 자루에 담긴다.

  그것으로 작업은 끝나 보인다. 그 과정에서 낭만적인 것이라고는 전혀 없다. 그것은 콩깍지에서 콩을 꺼내서 말리는 것과 동일하다고 할 수 있다. 유일하게 나의 관심을 끈 것은 — 커피 재배지, 농장 저택, 커피 알갱이를 추출하는 시설에 — 전혀 커피 향기가 없다는 사실이다. 우리는 수천 그루의 커피나무가 심겨진 커피 밭을 지날 때면 음료 중에서도 가장 향기로운 그 음료 냄새를 맡을 수 있을 거라고 믿었다. 향기롭고 부드러운 냄새가 그 녹지를 휘감고, 공기 중에 떠다닐 거라 믿었다. 우리가 밀밭이나 숲, 벌목지에 가면 맡을 수 있는 그런 냄새 말이다. 이상하게도 커피는 완전히 냄새가 없다. 집요하게 자신의 향기를 가장 내밀한 곳에 가두어 두고 있다. 신비로운 조미료라 할 수 있는 모든 기름이나 양념들은 그 알갱이들을 볶은 다음에야 강하고 향기로운 냄새를 발산하듯, 처음에는 죽은 듯이 아무 향기가 없다. 커피 알갱이가 복숭아뼈까지 닿을 정도로 쌓여 있는 곳을 걸어가도 마치 모래땅 위를 걸어가는 것처럼 아무 냄새도 나지 않을 것이다. 만약 눈을 가리면 농장 저택에 쌓여 있는 짐 더미들이 목화인지, 커피인지, 카카오인지 모를 것이다. 그곳에서 향기롭고 감각을 마비시킬 것 같은 공기를 들이마실 수 있을 거라 기대했던 나로서는 그 달콤한 신경 자극제가 가득 담긴 자루 수천 포대가 마치 시멘트처럼 죽은 듯이, 아무 내색도 향기도 없이 쌓여 있는 것을 보고서는 실망을 금치 못했다.

브라질에서 가장 큰 수출항인 상뚜스에는 또 다른 놀라운 일이 우리를 기다리고 있다. 우리는 커피를 자루에 담는 것으로 과정이 끝났다고 믿었다. 이제 보니 — 거대한 시설에서 — 또 다른 과정이 커피를 기다리고 있었다. 우리가 모두 동일한 품질의 커피를 원하는 것은 아니다. 어떤 사람은 큰 알갱이를 선호하고, 어떤 사람은 작은 알갱이를 좋아한다. 우리는 아르헨티나의 도살장에서, 그리고 바로 수출 현장에서 다양한 나라의 취향에 따라 서로 상이한 품질의 고기가 — 지방이 많은 고기, 적은 고기, 머리가 큰 가축, 작은 가축에 따라 — 어떻게 분류되는지 본 적이 있다. 바닷가에 있는 거대한 화덕이라고 할 수 있는 상뚜스 항구에서 커피 알갱이들을 다시 자루에서 꺼낸다. 다시 산더미처럼 거대한 무더기가 생기고, 이어서 세상에서 가장 지독하게 커피를 많이 빨아들이는 존재라고 할 수 있는 관을 통해서 흡입된다. 그렇게 산더미처럼 쌓여 있던 커피는 줄지어 흘러가면서 어떤 것은 위로, 어떤 것은 아래로 가서 큰 알갱이와 작은 알갱이를 구별하는 선별기를 통과하는데, 그 과정에서 여인네들의 그을리고 재빠른 손이 찌그러져 쓸모없는 알갱이들을 벨트컨베이어에서 끄집어낸다. 이런 식으로 커피는 품질에 따라 분류된다. 다양한 등급에 따라 포장되고 이름이 붙여진다. 자동으로 무게를 재는 기계가 각 자루마다 — 이미 번호와 품질이 표시된 자루 — 정확히 50킬로미터씩 동일한 등급의 커피를 채운다. 조금 전까지만 해도 열려 있던 자루는 눈 깜빡할 사이에 가득 채워지고, 이어서 벨트컨베이어를 통해서 다른 기계로 이동되면, 그 기계는 자루 상단 부분을 실로 박음질해 봉하게 된다. 이제 비로소 커피는 복잡하면서도 고도의 기술을 요하는 분류 포장 과정을 끝내고 자신을 세계 여러 지역으로 실어 가려고 기다리고 있는 증기선을 타고 여행할 준비가 다 되었다.

수송을 위한 마지막 단계, 다시 말해 창고에서 선적에 이르는 단계도 우리의 감탄을 자아낸다. 이제는 과거처럼 태양에 검게 그을린 남자들이 커피 자루를 어깨에 메고 널빤지로 만든 임시 다리를 오르며 배에 싣지는 않는다. 그리고 우리가 다른 항구에서 본 것처럼 기중기가 내려와 우아하게 회전하면서 부두에 쌓인 상품을 증기선의 화물창에 싣는 것도 아니다. 이곳에서는 레일 위를 움직이는 철제 다리를 배로 접근시켜서 그것을 뱃전에 위치시킨다. 그 다리는 회전하는 벨트를 장착하고 있는데, 그 벨트를 통해서 화물 창고의 내부에서부터 직접 뱃전까지(승객들을 이동시키는 것보다 훨씬 편하게) 자루들을 이동시킨다. 자루들이 조용히 내색 없이 기계적으로 흘러가는 장면을 보는 것은 재미있다. 마치 양떼들이 한 마리씩 좁은 길을 지나가야 하는 것처럼, 몇 시간이고 계속해서 하얀 자루들이 줄지어 창고에서 나와 조용히 배로 들어간다. 그곳에 있으면 두 주일간의 여행을 위해 배의 화물창으로 들어가는 커피가 얼마나 경이로울 정도로 많은지 정확한 느낌을(숫자 자체는 추상적인 것에 지나지 않으므로) 받을 수 있다. 그리고 그곳에서는 매일 화물선들이 줄지어 기다리고 있기 때문에, 세상에서 많은 사람들이 얼마나 많은 커피를 마시는지 상상해 볼 수 있다.

배는 게걸스럽게 커피를 채우자 고동을 울리고, 벨트컨베이어는 작동을 멈춘다. 그래도 추가로 한두 자루가 빠른 동작에 이끌려 서서히 다른 자루들을 따라 간다. 증기선의 고동 소리가 귀 고막을 찢을 듯이 울린다. 터빈들이 움직이기 시작하고, 배는 커피 해안을 떠나간다. 집들이 여전히 태양 아래 반짝인다. 높이 솟아 있는 날씬한 야자수들도 보인다. 하지만 그 거대한 열대 세계의 녹음은 점점 더 멀리서 빛을 발하고, 순식간에 오로지 구릉들만 희미하게 시야에 들어온다. 뒤이어 그 커피 왕국의 마지막 인사마저 사라져 버린다. 이미 지난 일이 되었다. 그리고 이제 기억으로 남아 있다.

그럼에도 집으로 돌아와 그 맛있는 음료를, 예술에 제일 적합한 그 커피를 한잔 마실 때면 그 기가 막힌 향기로 인해 우리는 그 원두 속 깊숙이 자신의 불꽃을 담아 놓은 열대의 태양을 생각하게 된다. 이곳에서는 존재하는 모든 것들이 활활 타오르는 태양 아래 이글거리고 있다. 그 기묘한 풍경 속에 모든 나무와 모든 만灣들도 이글거리고 있다. 그 기묘한 풍경은 그것을 보고 있는 사람이 환상의 나래를 펴지 않을 수 없도록 만든다. 그리고 그것으로부터 멀리 떨어져 있으면, 대자연이 자유롭게 지칠 줄 모르고 힘차게 창조를 지속하는 그 지역으로 돌아가고 싶은 욕망을 아련히 불러일으킨다.

사라진 황금의 도시들

빌라히까와 빌라헤아우, 이 도시들은 18세기에 브라질에서 가장 부유하고 유명한 도시들이었는데, 오늘날에는 지도에 나타나지도 않는다. 뉴욕과 리우데자네이루, 부에노스아이레스가 별로 중요한 거주지가 아니었던 그 시기에 그 두 도시에 살던 10만 명은 뿔뿔이 흩어졌고, 그 화려했던 이름들마저 사라져 버렸다. 사람들은 빈정대기 위해 빌라히까°를 빌라뽀브레Vila Pobre°°로 바꾸어 불렀다. 빌라히까는 오늘날 오우루쁘레뚜로 불리는데, 포석조차 깔리지 않은 길이 수십여 개 정도 있는 지방 마을에 지나지 않는다. 빌라헤아

● 부유한 마을이라는 뜻.
● ● 가난한 마을이라는 뜻.

우가 있던 자리에는 초라한 마을이 하나 있는데, 미나스제라이스 주의 새로운 수도이자 근대도시인 벨루오리종치의 그늘 아래 소박하게 둥지를 틀고 있다. 그 황금 도시들의 화려함과 위용은 겨우 한 세기밖에 지속되지 못했다.

전 세계로 빛을 발했던 이 덧없는 부와 황금의 전성기는 작은 벨랴스 강과 그 강줄기를 따라 있는 산비탈들에서 유래했다. 모험가들에 의해서 시작된 모험이었지만 다시 반복되지 않았다. 17세기 말, 살기에 적합하지 않고 볕이 잘 들지 않는 그 지역에 한 무리의 방데이랑치들이 처음으로 들어갔다. 이들은 상파울루를 거점으로 노예와 광물을 찾아 전국을 돌아다니던 대담한 사람들이었다. 그들은 여러 주 동안 제대로 된 길이 없어 좁은 길을 돌아다녔지만 거주지나 사람의 흔적을 발견하지 못했다. 하지만 그들은 집념을 버리지 않았는데, 산의 표토가 깎인 부분들에서 흰 광물이 번쩍이고 있었고, 토양은 마치 신비한 힘으로 가득 찬 듯 검붉은 색을 띠고 있었기 때문이다. 마침내 그들에게 행운이 찾아왔다. 작은 벨랴스 강은 오우루쁘레뚜에서 마리아나Mariana까지 급류로 흐르는 과정에서 산의 암석들을 침식했고, 모래와 함께 순도가 높은 순금을, 그것도 많은 양의 순금을 함께 휩쓸어 갔다. 그래서 나무로 된 용기에 모래를 담은 뒤 계속 흔들어 대기만 하면 바닥에는 아름다운 금 알갱이들이 가라앉아 있었다. 18세기에 이 세상 어느 곳에도 브라질의 그 산악 지역만큼 그렇게 많은 양의 금을 그렇게 가까이서 손쉽게 얻을 수 있는 곳이 없었다. 방데이랑치 중 한 사람이 최초의 전리품을 가죽 주머니에 담아 리우데자네이루로 가져갔고, ― 그 당시로선 두 달 걸려서 가야 하는 곳이었는데, 오늘날에는 기차로 16 시간 걸린다 — 또 다른 사람은 금을 바이아로 가져갔다. 그리고 즉 시 그 인적 없는 곳으로 사람들이 무섭게 몰려들었다. 오로지 캘리 포니아에 황금 광맥이 발견되었을 당시와 비교될 수 있는 그런 혼 란 상황이었다. 대규모 농장주들은 사탕수수 재배지를 버렸고, 군 인들은 병영을, 사제들은 교회를, 선원들은 배를 버렸다. 작은 배를 타거나, 말이나 당나귀를 타거나, 아니면 걸어서라도 엄청난 무리 가 길을 나섰고, 흑인 노예들에게 채찍질을 해가면서 동행을 강요 했다. 곧이어 포르투갈에서도 1차, 2차, 3차 출항이 있었고, 점점 너무나 많은 사람들이 모여드는 바람에 목축업도, 농업도 없는 그 황량한 곳에 식량 부족의 위험이 대두되었다. 그곳의 활기찬 분위 기는 거의 혼돈에 가까워졌는데, 법을 지키도록 강제할 수 있는 해 당 기관이 아직 들어서지 않았기 때문이었다. 초기에 벌어졌던 기 이한 혼돈 상황을 브라질 사람 브레치 하르치Bret Hart가 직접 눈으 로 보고 적은 권위 있는 자료가 지금 불행하게도 우리에게 없지만, 어쨌든 전례가 없는 혼돈 상황이었을 것이다. 금을 발견한 파울리 스타들은 나중에 들어온 엥보아바들에 맞서 싸웠다. 파울리스타들 의 입장에 따르면, 황금은 전적으로 자신들의 소유인데, 왜냐하면 자기 부모 형제들이 상파울루를 거점으로 소득이 없었는데도 수없 이 감행했던 원성늘에 대한 보상이라는 것이다. 어쨌든 현실을 받 아들일 수밖에 없었지만, 그렇다고 평화가 정착된 것은 아니었다. 금이 있는 곳에는 폭력이 난무했다. 살인, 강도, 도둑질이 매시간 증가했다. 그래서 앙또니우 비에이라 신부는 자신의 뛰어난 책을 통해서 이렇게 말했다. "제정신을 가진 사람이라면, 신이 그렇게 많은 금 광산을 발견하도록 한 것은 그것을 통해 브라질을 벌주기 위한 것이라는 점에 대해 의심을 품을 수 없을 것이다." 멀리 떨어진 그 계곡에서는 10년 동안 완벽한 혼돈이 지배했다. 마침내 포르투갈 정부가 개입했다. 규칙을 전혀 지키지 않는 그 모험가들이 마구 탕진하고 은밀한 방법으로 외국으로 팔아먹는 금에 대해 정부의 몫을 챙기기 위해서였다. 아수마르Assumar 백작을 새로운 영지의 총감독으로 앉혔다. 그는 왕실의 권위를 확립하기 위해 보병과 기병을 데리고 부임한다. 정확한 관리를 위한 첫 번째 조치로 금싸라기 한 알이라도 그 지방을 벗어나지 못하게 했다. 모든 금은 그가 1719년에 설립한 제련소에 넘겨져야 했다. 그곳에서 발견된 모든 금에 대해서 정부는 왕에게 해당되는 2퍼센트를 뗄 수 있었다. 하지만 황금을 찾아 나선 모든 사람들은 어떤 종류의 관리도 증오했다. 그 불모지에서 포르투갈 왕이 그들에게 무슨 의미가 있단 말인가? 필리삐 두스 상뚜스Filipe dos Santos를 우두머리로 해서, 빌라히까의 백인과 반백인 전체라 할 수 있는 2천 명이 총감독을 위협하기 위해 모였다. 그는 예기치 않은 반란에 놀란 나머지 반란자들이 강요한 서류를 통해 그들이 원하는 모든 것을 양보해 주었다. 그렇지만 동시에 은밀하게 자신의 군대를 동원해 밤에 반란자들의 집을 기습했다. 필리삐 두스 상뚜스는 능지처참되었고, 마을의 일부는 불탔다. 그 이후 가장 엄하고 잔인한 수단들을 통해서 미나스제라이스에는 질서가 확립되었다. 금 광산에서 땅을 파고, 운반하고, 물에 씻는 노예들과 노동자들의 개미집 같은 주거지 가운데에 세워졌던 보잘것없는 흙집이나 급하게 설치한 천막들이 바뀌어 가면서 온전한 도시의 형태가 점점 드러나기 시작했다. 총감독청과 제련소, 그리고 치안 유지를 위해 중요했던 감옥 주변에는 석조 주택들이 많이 들어섰다. 중심 광장에서 시작되는 좁은 골목들이 생겨났고, 교회도 점점 들어섰다. 그 도시들에서는 5만 명 혹은 10만 명의 노예들이 쉬지 않고 금을 채취해 형성된 막대한 부와 함께 어처구니없는 사치 생활이 시작되었다. 제정신을 잃은 듯한 유치하기 짝이 없는 사치 생활은 그 황량한 계곡이 외로이 떨어져 있는 상황과 기괴한 대조를 이루었다. 18세기 초 빌라히까, 빌라헤아우, 빌라알부께르끼에서만 생산되는 금의 양은 그 당시 더 유명했던 멕시코와 페루를 포함해 나머지 아메리카 전체에서 생산하는 양보다 더 많았다. 하지만 그 황량한 도시 안에서는 금으로 살 수 있는 것이 별로 없었다. 그래서 불행하게도 금이 많아 제정신이 아닌 사람들은 저질 물건이라도 화려해 보이면 탐욕스럽게 달려들었다. 상인들은 그런 물건들을 사람이 살기 어려운 그런 계곡으로 가져와서는 백배 이윤을 남겼다. 어제까지만 해도 구걸을 하던 사람도 이제는 어색한 벨벳 양복을 입고 비단 양말을 신고 폼을 잡으며 돌아다녔다. 상감 무늬로 장식한 권총 한 자루를 사려면 바이아에서 같은 제품을 구입하기 위해 지불하는 은화의 스무 배에 해당하는 금화를 지불했다. 예쁜 흑인 혼혈 여성을 사기 위해, 당시 그런 여성을 궁녀로 구입하는데 가장 많은 비용을 썼던 프랑스 궁정보다 더 많은 비용을 지불했다. 지나칠 정도로 쉽게 손에 넣을 수 있는 풍부한 금 때문에 모든 계산이나 척도가 이곳에서는 터무니없었다. 남루한 옷을 입은 사람도 하룻밤에 주사위나 카드 노름으로 엄청난 금액을 탕진했다. 그 금액이면 유럽에서 라파엘로나 루벤스의 가장 값비싼 그림을 살 수 있거나, 여러 척의 배에 짐을 가득 실을 수 있거나, 아름다운 궁전을 지을 수 있는 금액이었다. 하지만 그런 사람들은 이미 오래전에 자신이 직접 삽자루를 잡기에는 자신들의 지체가 너무 높다고 여기고는, 자기가 가진 금으로, 자신에게 더 많은 금을 안겨 줄 노예를, 그것도 점점 더 많은 노예들을 사는 길을 선호했다. 바이아의 노예 시장은 충분히 공급을 해주지 못했고, 그 많은 흑인 노예를 실어 오기에는 배도 충분하지 못했다. 그 도시는 한 해가 다르게 성장했다. 모든 구릉은 일하는 짐승이라 할 수 있는 흑인의 토굴로 뒤덮였는데, 마치 흰개미 집 같았다. 노예 주인과 금 채굴업자의 집은 더 아름다워졌다. 2층 집도 — 특별한 부의 징표 — 들어섰고, 가구와 장식으로 채워졌다. 꿈에 그리던 수입에 이끌려 해안 도시로부터 예술가들이 와서 교회와 궁전을 지었고, 분수를 조각으로 장식했다. 몇십 년만 더 그렇게 눈부신 발전을 지속했더라면 빌라히까는 아메리카에서 가장 부유하고, 가장 아름답고, 가장 인구가 많은 도시로 탈바꿈했을 것이다.

하지만 그 거짓말 같은 기적은 처음에 일어났을 때와 마찬가지로 그렇게 환영처럼 사라졌다. 벨랴스 강의 금은 충적된 금이었다. 그래서 50년이 지나자 금이 충적되어 있던 표면층이 바닥나 버렸던 것이다. 채취되기를 거부하는 듯한 그 금을 바위 속에서 직접 꺼내기에는 그 원시적 황금 채취자들에게는 능력도, 기구도, 무엇보다 인내심도 부족했다. 사실 금은 수백 년, 수백만 년 동안 보이지 않는 작업을 통해서 그 바위에서 떨어져 나와 작은 알갱이로 변했던 것이다. 한동안 금맥이 있는 곳까지 암반에 직접 갱도를 뚫으려는 시도가 있었지만 소득이 없었고, 오래지 않아 몰려든 방랑자들은 흩어졌다. 흑인은 다시 설탕 농장으로 강제적으로 끌려갔고, 오직 몇몇 모험가만이 마따mata, 즉 보다 낮은 곳에 위치한 비옥한 계곡에 자신의 거처를 마련했다. 10년, 20년이 지나자 황금 도시들은 방치되었다. 노예가 살던 진흙 오두막은 흔적도 남기지 않고 그 자리에 주저앉았고, 그 오두막을 가려 주던 짚으로 된 지붕은 비바람에 흩어져 버렸다. 도시의 집들은 폐허로 변했고, 거의 2세기 동안 새로운 집은 들어서지 않았다. 그렇게 사라지고 잊혀진 지역에 접근하는 일은 옛날 초창기처럼 다시 힘들어졌다.

사실 근대적 기술 덕분에 20세기가 시작되기 바로 전에 세워진 미나스제라이스 주의 현 주도에 가는 일은 쉬워졌다. 비행기는 리우데자네이루에서 미나스제라이스 고원까지 가는 데 1시간 반이 걸린다. 그 거리는 초기의 방데이랑치들이 두 달간 여행해야 하는 거리였고, 오늘날에도 기차로는 16시간이 걸린다. 그 새로운 주도인 벨루오리종치는 — 브라질에서는 모든 영역에서 독특한 변형들이 존재하는데, 도시 건설에서도 마찬가지다 — 유기체처럼 성장한 것이 아니라 계획된 도시다. 그 도시는 수십 년 동안의 발전을 예측하고 계산해서 의도적으로 만들어진 도시다. 애초에 미나스제라이스의 전통적인 주도이자 오늘날 오우루쁘레뚜라고 불리는 옛 주도 빌라히까를 근대화시키기 위해서는 동시에 브라질에는 둘도 없는 역사적 자료를 파괴하지 않을 수 없었다. 그래서 정부는 완전히 새로운 주도를 예전의 도시 옆에 짓기로 결정했던 것이다. 게다가 경치는 더 아름다운 곳이고, 기후와 지리적으로도 가장 적합한 곳이었다. 처음에는 미나스Minas 시로 부르려고 했으나, 그 도시 주변의 광대한 파노라마를 생각해서 — 그곳에서는 브라질에서 가장 아름다운 일몰을 볼 수 있다 — 아름다운 이탈리아식 이름인 벨루오리종치라고 부르기로 했다. 하지만 도시의 이름을 짓기 훨씬 전에, 첫번째 거리의 주춧돌을 놓기 훨씬 전에, 그 도시의 형태가 매우 용의주도하고 철저하게 구상되었다. 그 도시의 형태나 전개 과정을 우연에 맡기고 싶지 않았던 것이다. 각 구역은 예정된 목적이 있었고, 각 거리는 넓이와 방향이 정해져 있었다. 모든 공공건물은 고유하면서도 조화로운 외양으로 미래의 도시 전체 모습에 어울리도록 계획되었다. 벨루오리종치는 워싱턴과 마찬가지로, 과거의 제약을 받지 않고 오로지 미래만을 생각한 기획에서 나온 만족스럽고 모범적인 결과물이다. 인상적일 만큼 커다란 대로들이 — 일정한 거리와 간격을 두고 — 현재, 그리고 앞으로 점점 더 확대될 도시를 고려해서 아주 사려 깊고 계획적으로 도시를 나누고 있다. 중심부에는 행정관청을 위한 건물들이 모여 있다. 대칭을 이루는 거리들은 넓은 공원을 지나면서 교외 지역과 연결이 된다. 각 거리마다 브라질 도시와 지역, 그리고 브라질 위인들의 이름이 붙여져 있다. 그래서 도시를 한 바퀴 둘러보면 브라질의 지리와 역사에 대한 체계적인 강의를 듣는 것 같다. 처음부터 모델 도시로 계획되었기 때문에, 벨루오리종치는 모범적인 도시 구성과 위생을 통해 그 목표를 달성하고 있다. 다른 도시들의 매력은 서로 다른 문화적, 시간적 층위들이 수 없이 대비되고, 동시에 나란히 존재하고, 무질서하지만 아름답게 뒤섞여 있는 것이라면, 벨루오리종치의 매력은 완벽하고 조화로운 동질성이다. 정말 아름다운 도시인 벨루오리종치는 오로지 발전이라는 명확한 선을 유지해 왔다. 그리고 그런 생각은 도시 건설에 적용되었고 — 유럽의 한 나라만큼이나 넓은 주의 수도여야 한다는 생각 — 해가 갈수록 점점 더 명확하게 현실로 드러나고 있다. 1894년에 세워져 1897년만 해도 아직 경작되지 않은 작은 대지에 불과했다. 그런데 오늘날에는 이미 인구가 15만 명 이상이고, 유리한 위치와 뛰어난 기후 덕분에, 그리고 선견지명이 있는 계획 덕분에 급속하게, 그러면서도 정말 조화롭게 성장하고 있다. 모든 예상에도 불구하고 그렇게 풍요로운 주의 광산 개발이 체계적으로 시작되고, 미나스제라이스의 모든 산업 역량이 펼쳐지게 되면 그 도시가 어디까지 발전할지는 예견할 수 없다. 다음 세대에게 벨루오리종치라는 이름은 의심의 여지 없이 리우나 상파울루만큼 익숙한 이름이 될 것이다.

새로운 주도인 벨루오리종치에서 옛 주도 오우루쁘레뚜로 이동하는 것은 미래에서 과거로 이동하는 것이고, 내일에서 어제로 여행하는 것을 의미한다. 새로운 주도의 아스팔트 포장된 거리들을 뒤로 하자마자 나타나는 도로들은 아주 뚜렷하게 과거를 떠올리게 만든다. 신흙 끼가 많은 붉은 땅은 열기로 인해 구름 같은 먼지를 일으킨다. 그리고 소나기가 온 뒤에는 반죽처럼 달라붙는다. 옛날처럼 오늘날에도 그 황금의 세계에 가는 것은 전혀 쉽거나 편하지 않다. 맑고 아늑한 벨루오리종치 고원에서 파노라마를 감상하면서,

줄줄이 이어진 높은 산들 너머에는 깨끗하고 평평한 열대 풍경이 펼쳐져 있을 거라고 믿었다. 그러나 사실 도로는 계속되는 커브와 오르막 내리막을 지나 또 새로운 산악 지대로 이어지고 있었다. 어느 지점에서는 1천 미터, 아니 1천4백 미터에 달하는 높은 산 정상까지 올라갔고, 그 정상에서 펼쳐지는 파노라마의 웅장함은 오로지 스위스가 아니면 비길 데가 없었다. 겹겹이 펼쳐진 산들은 마치 바위와 밀림으로 된 무한한 녹색 바다에 일렁이는 거대한 파도가 굳어 버린 것 같았다. 그 높은 곳에서는 강하고 향기로운 바람이 불었고, 바람이 조용히 속삭이는 소리는 그 적막감 속에서 감지되는 유일한 소리였다. 도로에는 차 한 대 없었고, 몇 시간을 달려도 오두막 하나 보일 뿐이었다. 짐수레도 보이지 않았고, 종소리, 새소리조차 들리지 않았다. 텅 비어 있고 생기가 없는, 아직 인간을 구경조차 못한 그 세계가 처음 시작될 당시의 원초적 소리만 들릴 뿐이었다. 그럼에도 그 외로운 원시적 풍경 속에는 아름다움이 있었다. 뭔가 이상하게 환상을 자극하는 것이 있었다. 이곳에는 땅속에, 바위 속에, 강 속에 특별한 비밀이 숨겨져 있을 거라는 느낌이 들었다. 골짜기에서 이상한 것이 번쩍거렸는데, 바로 광물과 금속의 반짝임이었다. 비록 잘 알지는 못해도 독서와 학습 덕분에 단순한 광채를 보고서도 그 산들이 내부에 아직 채굴하지 않은, 헤아릴 수조차 없는 양의 귀중한 금속을 지니고 있다는 것을 추측해 볼 수 있다. 또한 도로의 고운 진흙도 철분을 너무나 많이 함유하고 있어 거의 검붉은 색이고, 자동차는 조금만 달려도 마치 선지자 엘리야의 불꽃색 마차와 비슷하게 자줏빛 색으로 변해 버린다는 사실로도 알 수 있다. 또한 벨랴스 강이 잔뜩 쓸어 가는 모래 역시 반짝인다는 사실을 통해 산이 금속 성분을 많이 포함하고 있다는 사실을 알 수 있다. 이곳에는 귀중한 석영으로 가득한, 번쩍이는 지하 세계가 숨겨져 있다. 그 세계가 귀금속에 혈안이 된 인간에게 모습을 드러내기까지는 수십 년, 어쩌면 수백 년이 걸릴 수도 있다. 그러나 아직은 곡괭이질 소리도, 기계 진동 소리도 적막함을 깨뜨리지 않고 있다. 도로는 오르막 내리막으로 이어지고, 바위투성이의 커브를 돌면서 계속된다. 이제는 그 생명체의 존재가 느껴지지 않는 장엄함에 너무나 익숙해진 나머지, 사람의 주거지는 아래 계곡에서나 만날 수 있으리라는 기대를 하게 된다. 높은 이곳에는 아무도 살지 않을뿐더러 어떤 인간도 머문 적이 없을 거라는 생각이 든다.

하지만 커브를 하나 돌자 예기치 않게, 번쩍이는 하얀 것 두 개와 함께 무언가가 눈부시게 나타났다. 날씬하게 생긴 예쁜 성당을 이루는, 밝게 빛나는 탑 두 개였다. 인간이 이룬 완벽한 것이 너무나 갑자기 나타나자 거의 두려움을 느낄 정도였다. 그 옆의 구릉에도 마찬가지로 육중하지 않게 날씬하고 하얀 두 번째 성당이 보였고, 세 번째 성당도 보였다. 옛날 경제력이 막강했던 빌라히까 도시를 보호해 주던 열한 개의 성당 중에 남은 세 개의 성당이었다. 이제 그 세 성당은 잠들어 있는 것 같은 작은 도시 오우루쁘레뚜를 보호하고 있다.

눈에 두드러진 세 성당이 주는 첫인상은 현실이 아닌 듯한 느낌이다. 성당들은 자신의 아름다움을 자유롭고도 자랑스럽게 하늘을 향해 드러내고 있지만, 그 발아래에는 무언가 작고 불안정한 것이,

마치 잊혀진 여분의 것처럼 펼쳐져 있다. 요정 이야기에 나오는 경이로운 새에 의해서 그곳까지 옮겨진 그 도시는 갑자기 기력을 상실하고, 그 주민들에 의해 강탈당한 뒤 결국은 탈진 상태를 딛고 일어서지 못했다.

리우데자네이루와 상파울루에서는 매시간마다 새로운 집들이 들어서고, 모든 부분에서 열대의 활력으로 놀라울 정도로 규모가 확대되는데, 그 도시에서는 아무것도 바뀌지 않았다. 몇 사람이 마치 유령처럼 총감독청 — 과거에 총감독은 10만 명에게 권력을 미치던 사람이었다 — 건물이 서있는 중앙 광장을 지나 광장 옆으로 난 좁고 돌투성이인 길을 따라 사라진다. 그리고 노새들이 식민지 시대와 똑같이 등짝에 땔감을 싣고 한 줄로 길게 줄지어 간다. 어느 어두운 구석진 곳에서는 노예였거나 노예의 아들로 보이는 구두 수선공이 자기 선조들이 쓰던 것과 동일한 역청과 연장, 철사를 사용하면서 작업을 하고 있다. 집들은 너무나 쇠락한 나머지 서로 의지하기 위해 낮은 자세로 바싹 붙어 있는 것처럼 보인다. 벽에 칠해진 회반죽은 오래되어 회색빛으로 변해 있고, 마치 늙은이의 얼굴처럼 많이 갈라지고 훼손되어 있다. 마리아나뿐만 아니라 이곳에서도 바로 그 사람들의 조부모와 먼 선조들이 똑같은 복장을 하고 동일한 일을 하러 가기 위해 울퉁불퉁하게 포석이 깔린 이 좁은 길을 따라 오르내렸다는 사실을 우리는 알고 있다. 어둠이 내리자 그곳의 사람들이 옛날 사람이거나 그 유령인 듯한 느낌이 든다. 가끔씩 시간을 알리는 성당의 종소리에 놀라게 된다. 시간이 멈춰 서있는데 뭣 때문에 시간을 알린단 말인가? 여기에서는 1백 년, 2백 년이 하루

밖에 안 되어 보인다. 예를 들어, 불에 탄 집들이 길게 늘어서 있는 곳을 지나가게 되는데, 그 집들은 지붕도, 석가래도 없고, 반쯤은 무너져 내린 벽들이 시커멓게 그을린 채 댕그라니 서있다. 마치 한 주일 전이나, 한 달 전에 그곳에 화재가 있었고, 타고 남은 잔해를 사람들이 아직 치우지 않은 것처럼 보인다. 하지만 그 집들은 1720년 7월 당시 총감독이었던 아수마르 백작이 명령을 내려 불태운 집들이라는 설명을 들었다. 220년 동안 그 집들을 다시 짓거나 완전히 철거하려는 시도가 전혀 없었다는 것이다. 오우루쁘레뚜, 마리아나, 사바라Sabara에는 모든 것이 노예시대, 황금시대에 있던 그대로 남아 있다. 시간은 보이지 않는 날개를 달고, 사라진 황금의 도시들을 건드리지 않고, 그 위로 날아갔다.

하지만 바로 정체된 시간 때문에 오우루쁘레뚜, 마리아나, 사바라, 꽁고냐스두깡뿌Congonhas do Campo, 서웅주어웅델헤이São João del Rei 같은 형제 도시들은 오늘날 매력적인 도시가 된 것이다. 일반적으로는 박물관 유리 안에 보존되지만, 이곳에서는 다양한 풍경 한가운데에 식민지 시대의 시간과 문화의 이미지가 전혀 손상되지 않은 채, 아메리카의 어떤 곳보다도 잘 보존되고 있다. 그 오래된 광산 도시들은 요즈음 브라질의 톨레도이고, 베네치아이고, 잘츠부르크이고, 에그모르트다. 시간의 이미지이고, 어떤 것과도 비교할 수 없는, 힌 나라 문화의 역사다. 믿기 어렵겠지만, 그 농떨어진 도시들은 당시에 해안이나 다른 나라들과 소통할 수 있는 길이 전혀 없었고, 또 그곳에는 배우지 못하고 황금만 탐닉하고 벼락부자를 꿈꾸는 모험가들만 모여 있었는데, 그 도시가 잠시 번창하는 동안에 아주 독특한 예술이 탄생했다는 사실이다. 그 다섯 개 도시의 성당과 예배당들은 하나의 지역 예술가 단체에 의해 지어졌는데, 신세계 식민지 시기의 가장 독창적인 유물에 속한다는 것이다. 물론, 상당히 어려운 여행이 될지라도 그 성당들은 볼 만한 가치가 있다.

균형이 잘 잡힌 그 밝은 성당들은 오우루쁘레뚜, 사바라, 꽁고냐스두깡뿌, 마리아나 언덕에서 서로 형제끼리 인사를 나누는 듯하다. 그렇지만 엄밀하게 얘기해서, 건축물의 새로운 선이라든가 아주 브라질적인 지방 특유의 건축양식을 보여 주는 것은 아니다. 그 성당들은 모두 예수회 바로크양식으로 지어졌고, 그 설계도는 의심의 여지 없이 포르투갈에서 왔다. 장식의 풍요로움에 있어서는 리우데자네이루의 서옹벵뚜 성당이나 서옹프랑시스꾸 성당들이 더 낫고, 오래된 것으로 말하면 바이아의 성당들이 더 오래되었다. 하지만 그 작은 성당들을 볼만할 것으로, 잊을 수 없는 것으로 만드는 것은 완전히 불모의 풍경과 잘 조화를 이룬다는 점이다. 그 성당들의 독창성은 그렇게 장엄하고 예술적인 건물들이 그 당시 문명 세계로부터 완전히 격리된 지역에 들어설 수 있었다는 기적 같은 사실에 있다. 그리고 오늘날까지도 완벽하게 설명이 다 되지는 않지만, 황금을 찾는 사람, 모험가, 노예 등 그렇게 급작스럽게 모인 무리 속에도 소수의 브라질 예술가와 작업자 집단이 있어 그런 성당들을 완벽하고도 개성 있게 지을 수 있었고, 풍부한 회화와 조각 장식을 할 수 있었다는 기적 같은 사실에 그 독창성이 있는 것이다. 어쩌면 이것은 결코 밝혀지지 않을 비밀이 될 것이다. 어디에서 그 떠돌이 집단이 왔고, 어떻게 해서 그 일을 위해 하나가 되었는지 결코 객관적으로 명확하게 밝혀지지 않을 것이다. 그 떠돌이 집단은 하나의 황금 도시에서 다른 황금 도시로 먼 거리를 이동해 황금에 혈안이 된 군중 위에 하나의 유기적 공동체로서 그 신앙의 기념물을 세웠고, 그 성당들의 숭고함은 아주 멀리까지 퍼져 나갔다. 그 집단 중에서 조형적으로 오직 한 사람이 두드러지는데, 많은 작품 활동을 한 앙또니우 프랑시스꾸 리스본Antônio Francisco Lisboa이다. 그를 알레장지뉴Alejandinho라고 불렸고, 지체 장애인이었다.

알레장지뉴는 진정 최초의 브라질 예술가였는데, 포르투갈 목수와 흑인 노예 여성 사이에서 태어난 혼혈이었기에 태생 자체가 전형적인 브라질 예술가였다. 오우루쁘레뚜에서 1730년 태어났는데, 당시 그 도시는 황급히 몰려든 사람들로 혼돈 그 자체였다. 제대로된 집도 없었고, 교회도, 돌로 된 궁전도 없었다. 그는 직업도, 스승도, 가장 기본적인 문화적 요소도 없이 성장했다. 그 호기심 많은 물라뚜mulato에게서 사람들의 관심을 가장 끈 것은 악마처럼 추하게 생긴 외모였다. 그 점에서는 미켈란젤로의 배다른 형제처럼 보였다. 물론 알레장지뉴는 미켈란젤로라는 이름을 한 번도 들어 본적이 없었고, 그의 작품을 본 적도 없었다. 흑인의 두꺼운 입술, 축처진 큰 귀, 불거진 눈과 항상 성난 듯한 시선, 치아가 없는 뒤틀어진 입, 일그러진 체형을 하고 있어 젊어서부터 그 모습이 너무나 혐오감을 주었음에 틀림없고, 연대기 작가들의 말에 따르면, 누구든 그를 우연히 만나는 사람은 깜짝 놀랐다고 한다. 게다가 46세부터 끔찍한 질병으로 신체를 절단해야 했는데, 처음에는 발가락이 썩어들어갔고, 나중에는 손가락의 첫마디들이 썩어 들어갔다. 하지만 여러 차례 절단에도, 자연이 준 신체적 결함에도 그는 일을 멈추지 않았다. 매일 아침 그 브라질판 나사로는 자신이 소유한 두 흑인 노예의 도움을 받아 작업장이나 성당으로 갔다. 그 노예들은 발가락 절단으로 불안정한 그를 부축해 주었고, 그가 작업할 수 있도록 손가락이 잘려 나간 손에 끌을 묶어 주었다. 완전히 어둠이 짙어져야만 그를 들것에 태워 집으로 되돌아왔다. 알레장지뉴는 자기 외모가 혐오감을 준다는 사실을 잘 알고 있었다. 그래서 아무도 만나려 하지 않았고, 아무도 자기를 보길 원하지 않았다. 오로지 일만 했고, 그러면서 참을 수 없이 미천한 자신의 운명을 잊을 수 있었다.

한 예술가의 감동적이지만 비극적인 이야기다. 그늘진 그의 영혼 속에는 진정한 천재적 재능이 둥지를 틀고 있었는지 모른다. 그러나 불운 때문에 그 재능을 진정 최상으로 발휘할 수 있는 가능성을 상실했던 것이다. 손발을 절단당한 그 지체 장애인 물라뚜 내면에는 진정한 조각가의 재능이 살아 있었고, 그의 작품은 전 세계로 뻗어 나가야만 했을지도 모른다. 하지만 산속의 외진 마을에 내버려져 열대의 고독 속에서 스승도 없이, 자신을 도와줄 동료도 없이, 학문적 지식도 없이, 참고할 위대한 작품도 본 적 없이 그 외로운 물라뚜는 각고의 노력을 통해, 불확실한 작은 길들을 통해 진정한 가치를 지닌 작품에 도달할 수 있었다. 마치 자신의 섬에 있는 로빈슨 크루소처럼, 알레장지뉴는 황금을 찾는 사람들로 구성된, 문화적 황무지라 할 수 있는 자기 마을에서 그리스의 조각 작품을 본 적이 없었다. 이탈리아 조각가 도나텔로나 그의 동시대 어느 작가의 모방 작품도 본 적이 없었다. 하얀 대리석 표면을 만져 본 적도 없고, 금속 주물공의 적절한 도움도 받아 본 적이 없었다. 자기 가까이에서 예술에 대한 가르침이나 여러 세대를 거쳐 전수된 비밀스런 기법을 가르쳐줄 동료도 없었다. 다른 사람들이 남의 칭찬을 기회로 삼고, 경쟁 속에서 야망에 들떠 있을 때, 그는 자기의 영혼을 살해하는 고독 속에 계속 혼자 머물러 있어야 했다. 그가 스스로 찾고, 다듬어 가고, 고안해 내야 하는 것을 남들은 이미 준비된 상태로, 완성된 상태로 마음대로 손에 넣을 수 있었다. 하지만 인간에 대한 미움과 자신의 혐오스런 모습이 불러일으키는 증오 때문에 그는 점점 더 일에 몰두했다. 그리고 고통스러울 정도로 천천히 자기 자신을 발견해 나갔다. 그의 장식용 조형물들이 바로크의 틀에서 벗어나지 않기 때문에 전문가적 관점에서 고상하고 예술적이었다고 할 수 있는데, 그의 나이 70세, 80세가 되었을 때는 개성 있고 독창적인 예술을 성취하게 된다. 꽁고냐스두깡뿌 성당의 계단 상부를 장식하고 있는 열두 개의 조각상들은 세월을 잘 견디는 기이한 흰 돌인 활석으로 되어 있는데, 기술적인 결함이나 세련되지 못한 점이 있는데도 격정과 숭고함이 완벽하게 표현되어 있다. 기묘하게 전체 분위기에 잘 어울리면서도 격렬하게 동적인 형상으로 야외에서 살아 숨 쉬고 있다. 한편 석고로 복제되어 리우데자네이루에 보존된 것들은 딱딱한 느낌을 준다. 길들여지지 않은 한 영혼이 무아경에 빠진 듯한, 거만한 듯한 그 조각상들의 몸짓들 속에 표현되어 있다. 신체가 절단된 우울한 생명체의 노력과 고뇌가 그 조각상들을 통해 예술 작품으로 변했다. 아니 적어도 예술적 효과를 발하고 있다.

성당들을 건축하고 장식하는 데 개입한 그 밖의 예술가들 역시
— 일부는 익명으로 — 이루 다 말할 수 없는 어려움을 극복해야만
했다. 건물을 견고하게 짓는 데 필요한 석재도, 대리석도, 그것들을
다듬는 데 필요한 연장도 없었다. 하지만 금은 충분히 있었다. 그래
서 목재 난간과 틀과 테두리에 그 귀한 금속으로 화려함을 더할 수
있었다. 그래서 재단들은 강렬한 광채를 발한다. 그곳에 처음으로 살
던 주민들은 아주 비참한 거처에서 지냈는데, 침대 하나에 입을 옷
한 벌, 칼 하나, 삽 하나밖에 가진 것이 없던 사람들이었다. 온통 장
엄한 그림과 조각으로 가득한 하얀 성당들이 그런 야만적이고 통제
가 되지 않는 사람들의 삶에 천상의 아름다움을 가져다주었다는 점
에서 그들은 자부심을 느꼈을 것이라는 점을 쉽게 상상해 볼 수 있
다. 머지않아 흑인 노예들도 다른 사람들에게 뒤처지고 싶지 않은
생각이 들었다. 그들도 성당을 가지고 싶었고, 그 성당에서는 성자
들이 그들처럼 어두운 피부색이기를 바랐다. 그리고 장엄한 성당을
짓기 위해서 자기들이 모아 둔, 얼마 되지 않는 돈을 기부했다. 그
렇게 해서 오우루쁘레뚜의 다른 부지에 상따이피제니아Santa Ifigenia
성당이 세워졌는데, '작은 왕'이라고 불리던 흑인 노예가 거액을 기
부했다. 그는 아프리카에서 어느 부족의 왕자였는데, 황금을 찾는
과정에서 큰 행운이 따라 자신과 자기 부족 출신의 다른 노예들의
자유를 돈으로 샀던 것이다. 그렇게 해서 오늘날 외진 산악 지역의
구릉 위에서 교회들이 왕관처럼 빛을 발하며 사라진 도시들을 굽어
보게 된 것이다. 그것은 비할 데 없는 광경이고, 바라보는 이에겐
더할 나위 없는 위안이 된다. 강물이 쉬지 않고 애써 날라 온 것은

산들이 가지고 있는 보물의 극히 일부에 지나지 않지만, 이 세상에서 가장 귀하고 오래갈 수 있는 가치, 다시 말해 아름다움으로 바뀌었다. 이미 오래전에 이 도시에 살던 사람과 이 도시 자체는 그 버려진 계곡에서 사라졌다. 그렇지만 성당들은 시들어 가는 영화榮華를 지켜보는 망루처럼, 증인처럼 남아 있다. 오우루쁘레뚜는 음울하게 쇠퇴해 간다는 면에서는 브라질의 톨레도라고 할 수 있고, 꽁고냐스는 평온한 분위기와 왕관처럼 서있는 야자수들 때문에 브라질의 오르비에토 혹은 아시시라고 할 수 있다. 오우루쁘레뚜와 꽁고냐스는 세월의 풍파를 견디면서 충직하게 과거를 지켜 냈다. 브라질이 '국가 기념물'로 그 소중한 유산을 보존하기로 결정한 것은 당연한 일이다. 게다가 오우루쁘레뚜는 순례가 아니라, 1789년 일어난 광산 반란인 '미나스의 변절'Inconfidencia Mineira로 인해서 브라질의 역사로 변했으니 더욱 당연할 결정이었다. 그 도시들을 구경하는 일은 아주 독특한 경험인데, 단순히 눈과 감각을 즐겁게 해주기 때문만은 아니다. 신비롭게도, 근본적으로는 이해할 수 없는 그 도시들의 존재에서 그 노란색 금속의 복합적인 마술을 느끼게 된다. 이 황금은 황무지 한가운데 도시들을 세우고, 가장 야만스런 약탈자들에게도 예술에 대한 갈망을 일깨우고, 다른 모든 곳에서 그랬듯이 이곳에서도 선한 본능뿐만 아니라 악한 본능도 자극하고, 스스로는 차갑고 무겁지만, 사람들의 감각과 핏속에 있는 뜨겁고 성스런 꿈들을 일깨운다. 가장 신비롭고 깨뜨릴 수 없는 환상으로 이루어진 그 마법은 반복적으로 영원히 세상을 혼란에 빠뜨린다.

성당들이 마치 천사의 날개처럼 펼쳐져 있는 구릉들, 낭만적 분위기로 음울한 구릉들을 마지막으로 바라보면서 그 기묘한 세계를 떠난다. 그 세계는 몇 세기 전 허망한 황금의 광채가 황량한 공간 속에 마치 환영처럼 투사한 세계였다. 하지만 누구든 떠나기 전에 자신의 눈으로 직접 사람들을 이곳까지 오게 만든 신비한 물건의 흔적이라도 보고 싶어 한다. 금을 직접 만지고 느껴 보기 전에는 황금의 세상에서 돌아가고 싶어 하지 않는다. 절호의 기회로 보인다. 가끔 지나가는 길에 아직도 어떤 사람이 벨랴스 강 가운데 서서 옛날 방식으로 그릇에 모래를 담아 흔들고 있는 모습을 볼 수 있다. 그 방식은 2백 년 세월이 흐르는 동안 바뀌지 않았다. 황금을 찾는 불쌍한 사람들은 결코 낭만적이지 않은 사람들로서, 아직도 행운을 기대하고 있다. 왜냐하면 옛날 방식으로 충적된 황금을 찾는 것은 모든 사람에게 허용되어 있기 때문이다. 고된 노동 속에서 행운을 찾는 불쌍한 사람들 중 누구라도 한번 계속 관찰해 보고 싶은 마음이 내게 있었는지도 모른다. 하지만 시간만 낭비할지도 모른다는 얘기를 들었다. 극도로 가난한 그 사람들은 몇 시간씩, 어떤 때는 며칠씩 강바닥에 있는 모래를 닥치는 대로 그릇에 담아 흔들어 보지만 소득이 없기 일쑤이다. 오늘날 누군가 자기 채 안에 작은 금 알갱이라도 발견하게 된다면 그것은 대단한 행운이다. 그것으로 며칠은 근근이 살아갈 수 있기 때문이다. 그러고는 다시 몇 주일씩 또 흔들어 대야겠지만 말이다. 이곳에서 충적된 모래 속에서 금을 찾는 일은 비극적이고 처절한 작업이 되었다. 다이아몬드를 찾아 나서는 그랑뻬이루grampeiro의 경우 운 좋게도 하나를 발견하면 몇 년 치 일에 대한 보상이 되지만, 그들처럼 황금을 사냥하는 사람들의 상황은 노동자 중에서 가장 가난한 사람보다도 더 나쁘다. 이미 오래전부터 황금을 캐는 일은 모후벨류Morro Velho와 이스뻬리뚜상뚜Espírito Santo의 근대화된 광산에서처럼 조직적이고 집단적인 토대 위에서만 가능해졌다. 이 광산들은 영국 기술자들에 의해서 운영되고 있으며, 미국산 기계들을 사용하고 있다. 금을 캐는 일은 복잡하고 흥미로운 산업이기에 한번 볼만하다. 새로운 광산업은 한낮의 빛 속으로부터 땅속 깊숙한 곳으로 데려간다. 미나스제라이스의 황금이 가장 거친 상태의 인간들을 알게 된 이후 황금은 그 인간들을 피해 암반 속으로 숨어들었다. 이제 쉽게 손에 잡히려 하지 않는다. 그렇지만 인간 또한 황금 사냥에 나선 지 수천 년 세월이 흐르는 과정에서 자기 조상들보다 훨씬 더 솜씨가 나아지고 세련되어 왔다. 기술을 통해서 효율적인 도구를 개발했고, 점점 더 깊숙한 갱도 속에서 쇠로 된 손들이 그 심술궂은 금속에 닿으려고 애쓰고 있다. 갱도들은 바위를 2천 미터까지 뚫고 내려갔고, 승강기를 통해서 가장 깊은 갱도까지 내려가는 데는 몇 분이 아니라 몇 시간이 걸린다. 그곳에서 주된 임무를 수행하게 되는 것이다. 전기 천공기를 통해서 검은 광물을 부순 다음, 당나귀들이 끄는 작은 화차에 실어 승강기까지 운반시킨다. 그 불쌍한 회색 당나귀들은 평생을 전깃불로 밝힌 갱도에서 일하고 자야만 하는 형벌을 받은 것인데, 사람과 마찬가지로 노예이고 황금의 희생자들이다. 단지 한 해에 세 번, 그것도 작업이 멈춰서는 부활절, 오순절, 성탄절에만, 온종일 햇빛을 볼 수 있다. 그 당나귀들은 그렇게 그리워하던 햇빛을 보자마자 환희의 소리를 지르며 날뛰고 뒹굴기 시작한다. 작은 화물 객차에 실려 운반되는 것은 순금도 아니고 그에 훨씬 못 미치는 것이다. 단지 회색의 더럽고 딱딱한 거친 광물 덩어리에 지나지 않는다. 아무리 투시력이 좋다고 해도 그 덩어리 속에 있는 금의 광채를 발견하지 못할 것이다. 하지만 이제 거대한 기계가 그 덩어리들을 떠맡게 되는데, 커다란 해머가 덩어리들이 부드러운 가루가 될 때까지 부수고 빻는다. 그런 다음 계속 물로 세척을 한 뒤 채를 지나고, 진동하는 판 위를 통과하게 된다. 그런 식으로 점점 금속 부분은 나머지 가치 없는 것들로부터 분리된다. 이미 상당히 걸러지고 함량이 높아진 모래는 전기적, 화학적 과정을 통해 다시 선별된다. 그리고 마지막으로, 거의 묘사하기 어려울 정도로 섬세한 수많은 단계를 통해서 광물 덩어리로부터 마지막 미세한 금 알갱이까지 추출된다. 그러고 나서야 이 순수한 물질은 백열의 용광로에서 용해될 수 있다.

수없이 많은 새로운 아이디어들 전체가 이루어 내는 기발한 과정들을 한두 시간 동안 정신없이 흥미롭게 바라보았다. 거대한 회사 안에서 수백 명, 수천 명의 근로자들을 보았다. 갱도 안에서 기계 옆에서 일하는 근로자, 짐을 싣는 사람, 용광로에 금속을 녹이는 사람, 불을 지피는 사람, 기술자, 사무원 등 수많은 사람이 있었다. 내려치는 해머들의 굉음은 여전히 귀에 쟁쟁하게 울리고, 어둠과 전기 불빛, 자연 빛이 계속 바뀌는 가운데 너무 많은 것을 보았기 때문에 눈도 아팠다. 모든 것을 보았지만 가장 주요한 것인 순수한 금, 그 모든 환상적인 노력의 결과물이자 손으로 확인할 수 있는 결과물을 아직 보지 못했다. 조바심 많은 사람은 8천 명의 사람이 매일 그 일에 매달려 얼마만큼을 생산하는지 알고 싶어 한다. 한눈에

다 파악할 수조차 없는 엄청난 기계장치의 복잡한 과정과, 그 과정에 동원되는 지적, 육체적, 화학적, 전기적 수단과 노력을 통해, 매일 얼마나 엄청난 양의 금을 생산하는지 알고 싶은 마음이 간절해진다. 마침내 하루 일정을 통해 만들어진 생산물을 볼 수 있는 기회가 주어졌다. 그리고 너무나 터무니없이 적어서 거의 경악할 정도였다. 내가 기대했던 것에 비하면 그리 대단한 양이 아니었다. 목테수마[고대 아즈텍의 왕]의 방에 있던 것처럼 온전한 금괴도 아니었다. 벽돌 하나보다도 크지 않은 작은 금 막대기에 불과했다. 8천 명의 사람이 아주 복잡한 기계장치의 도움을 받고, 가장 숙련된 방식으로 체계화된 작업을 통해서 추출한 것이 겨우 노란색 금속 한 덩이에 지나지 않았던 것이다. 그런데 이 황금색 덩어리 하나가 8천 명의 임금을 감당하고, 투자자들에게 이자를 지불하고, 어디에 사는지 모르는 무명의 주주들을 부양해야 하는 것이다. 모든 시대를 통해서 그 노란색 금속이 인간들에게 행하는 기이한 마법을 나는 한번 더 깨달았다. 나는 처음으로 눈과 감각을 통해서 인간들의 부조리함을 인식했다. 나는 파리에서 프랑스 은행 지하를 본 적이 있는데, 지하 몇십 미터 지점에 마치 일종의 요새처럼 된 곳에, 소위 프랑스의 국부가, 실재로는 수백만, 수십억 프랑으로 추정되는 국부가 싸늘하게 죽은 금괴들로 변해 누워 있는 것을 보았을 때, 그리고 아프리카, 아메리카, 호주에서 고통스럽게 추출한 금을 다시 땅속에 보관하기 위해, 파리에 건설된 인공 광산에 다시 보관하기 위해 동원된 모든 노동과 기술, 지적 능력을 보았을 때 나는 인간들의 부조리함을 다시 깨닫게 되었다. 이곳 지구의 반대편에서 8천 명의 근로자들이 노력과 기술, 정신력을 작업에 집약적으로 동원해 영악하게 지구로부터 그 죽어 있는 금속을 꺼내는데, 그 금속은 결국은 다른 쪽에서 은행의 지하 인공 갱도에 다시 묻히기 위한 것에 지나지 않는다는 사실을 직접 확인했다. 나는 빌라히까에서 황금을 찾아 나섰던 사람들이 화려한 복장으로 치장하고 여유를 부리며 다녔던 행동을 비웃을 수 있는 권리를 포기했다. 왜냐하면 먼 과거에 있었던 정신착란 현상이 형태만 바뀌었을 뿐 오늘날까지 고스란히 보존되어 왔기 때문이다. 그 차가운 금속은 발전기 같은 어떤 과학적 발명품이나 정신적 조류보다 더 인간을 자극하고, 엄청난 영향을 발휘해 우리 세상의 사건들을 결정한다. 내 앞에 놓인 차갑고, 너무나 보잘것없는 황금 덩어리를 본 후 나는 부조리한 상황을 다시 인식했다.

나는 그 황금의 계곡에서 뭔가 이상한 것을 경험했다. 거기 간 것은 황금이 나는 곳에서 직접 손으로 만져 볼 수 있는 자연 그대로의 황금을 보면서 황금의 힘과 영향력을 더 잘 이해하기 위해서였다. 하지만 나는 그 노란 금괴를 조금의 경외심도 없이 만지던 1분 동안 황금이 주는 환상이 지닌 부조리를 그 어느 때보다도 더 깊이 인식했다. 그 금괴에는 아직도 수천 개 손들의 보이지 않는 노력이 들러붙어 있는 것 같았다. 그것은 차갑고 딱딱한 금속에 지나지 않았다. 어떤 전율이나 어떤 열기도 나의 손으로 밀려들지 않았다. 갑자의 나의 감각을 흥분시키지도 않았다. 나의 영혼은 어떤 경외심도 느끼지 못했다. 그 눈부신 성당들처럼 그렇게 위대하고 찬란한 작품을 창조할 수 있고, 그 성당 안에 예술과 신앙이라고 하는 지상의 영원한 유산을 존경심을 가지고 보존할 수 있는 능력을 지닌 바로 그 인간이 황금에 대한 환상에 자신을 바친다는 것을 도저히 이해할 수 없었다.

북부 지방 둘러보기

바이아: 전통에 충실한 도시

이 도시는 브라질과 남아메리카의 초기 시대 — 이는 근거 있는 주장으로 — 를 대표한다. 대서양 위에 설치된 거대한 문화적 가교의 머리 부분이 이곳에 자리 잡았다. 이곳에서는 유럽, 아프리카, 아메리카의 요소들이 새로운 혼종을 준비했고, 여전히 그 요소들이 효과적으로 발효되고 있다. 그래서 바이아는 우리에게 감탄보다는 존경심을 불러일으킨다. 이 도시는 아메리카 대륙의 다른 도시들보다 오래되었다는 특권을 누린다. 4백 년 이상의 역사와 작은 성당과 대성당, 성채들을 가진 바이아가 신세계에서 갖는 의미는 아테네, 알렉산드리아, 예루살렘 등 수천 년 된 거대도시들이 우리 유럽에서 갖는 의미와 동일하다. 문화적 성지인 것이다. 마치 어떤 사람 얼굴을 보면 느끼듯이, 이 도시를 보면 존경심이 우러나오면서 이 도시에 영광스런 과거가 있었다는 것을 느끼게 된다.

바이아의 자태는 셰익스피어 작품에 나오는 홀로 된 왕비의 위엄 있는 자태다. 바이아는 지난 세월과 하나가 되어 있다. 오래전에 실질적인 권력을 젊고 조급한 세대에게 넘겼다. 하지만 권좌는 넘겨주지 않은 채 서열을 유지해 왔고, 그 서열을 통해서 비할 데 없는 위엄을 유지해 왔다. 자존심을 가지고 꼿꼿한 자세로 높은 곳으로부터 바다를 응시하고 있다. 마치 오래된 장식처럼 작은 성당들과 대성당들을 과시하면서 수세기 동안 온갖 배들이 들어왔던 그 바다를 응시하고 있다. 위엄 있는 이 자태를 그곳 주민들도 유지해 왔다. 비록 가장 최근에 세워진 도시들 — 리우데자네이루, 몬테비데오, 칠레의 산티아고, 부에노스아이레스 — 이 더 부유하고 힘이 있고 근대적이지만, 바이아에는 자신의 역사와 문화, 고유한 삶의 방식이 있다. 브라질의 모든 도시들 중 전통을 가장 충실하게 지켜 온 도시다. 그 도시에 있는 돌과 거리만 보아도 브라질의 역사를 이해할 수 있다. 포르투갈이 어떻게 브라질로 변신했는지를 오직 이 도시에서만 이해할 수 있다.

바이아는 보존하는 도시이고 충직한 도시다. 수백 년 동안 불굴의 의지를 가지고 물밀듯이 들어오는 새로운 것에 맞서 오래된 기념물들을 보존했을 뿐만 아니라, 외부적으로는 자신의 모습을 보존하고, 내적으로는 자신의 전통을 지켜 냈다. 배를 타고 도착하는 여행객은 황제와 부왕이 있던 시대 그대로의 도시 모습을 보게 된다.

아래쪽 항구 주변, 상점이 있던 거리들은 여러 차례 근대화되었지만, 도시의 머리에 해당되는 위쪽의 요새화된 부분은 고즈넉하고 당당한 모습으로 방문객을 기다린다. 4백 년 전, 그 높은 지대에서 식민지 이주자들이 모였고, 나무 울타리 뒤에 몸을 숨긴 채 해적과 원주민의 공격을 막아 냈다. 진흙으로 보강된 울타리는 성벽으로 바뀌었고, 도시는 그 성벽의 보호를 받으면서 성장했다. 곧 주민들은 바위산 위에 성당과 궁전을 짓기 시작했다. 바위산은 급경사여서 방어물 역할을 했다. 이 감탄스런 구도, 그 장엄한 선과 광범위한 영역의 윤곽은 그대로 보존되었다. 남미에서 이렇게 근엄하고 장엄한 자태와 비교할 만한 것을 본 적이 없다. 바이아는 까브랄과 페르디난드 마젤란Fernão de Magalhães이 살던 시대 그대로의 위치에서 항구와 오래된 성채를 거느리고 바다의 수평선을 주시하고 있다.

거의 무너질 듯한 집들 사이로 난 가파르고 좁은 길을 따라 올라가다 보면 그 도시가 얼마나 부유했는지 알게 된다. 그 도시는 사정이 악화된 것도 아니고, 오늘날 빈곤 상태에 놓인 것도 아니다. 단지 앞으로 더 전진하지 못했을 뿐이다. 그런 사정 때문에 베네치아와 벨기에의 브뤼헤, 프랑스의 엑스레뱅처럼 몇십 년, 몇백 년 동안 꿈속에서 지내 온 모든 도시가 갖는 독특한 아름다움을 가지게 되었다. 세월의 흐름과 함께 성급하게 내달리면서 고층 건물들을 더 세우려고 리우데자네이루나 상파울루와 경쟁하기에는 너무나 고고했다. 그렇지만 미나스제라이스의 황금 도시들처럼 쇠퇴해서 박물관처럼 되기에는 너무나 적극적이었다. 그래서 바이아는 그런 모습을 유지해 왔다. 포르투갈 사람들이 지배했던 시기의 브라질 도시로서 오직 이곳에서만 브라질의 기원과 수백 년 전통이 드러난다. 이 전통은 모든 곳에서 관찰된다. 바이아는 브라질의 다른 도시와는 달리 고유한 의상과 음식, 색깔이 있다. 다른 어느 곳에서도 여기처럼 거리에서 그 많은 색깔들을 볼 수 없다. 이곳에서는 식민지 시대 아프리카 출신 주민들의 삶이 전체적으로 다 보존되어 있다. 장-밥티스트 드브레의 『생생한 브라질』*Brésil pittoresque*이라는 책자에 나오는 모든 장면들이 마치 살아 움직이는 그림처럼 계속 나타난다. 다른 거대도시들에서는 오래전에 사라진 옛날 것들이 계속 나타난다. 물론 거리에는 빠르게 질주하는 자동차도 있지만, 오래된 동네에서는 안장에 과일과 목재를 실어 나르는 짐 노새들도 오간다. 근대도시에서 자동차를 빌리듯이 노새를 시간당 빌릴 수도 있다. 그리고 항구에서는 배에 짐을 실을 때 세련된 기술로 만들어진 철재 기중기를 이용하지 않고, 옛날 로마인이나 페니키아인들 시대처럼 짐꾼들이 등짝에 지고 나른다. 커다란 챙이 있는 밀짚모자를 쓴 거리의 행상들은 등에 짐을 지거나, 큰 저울처럼 막대기 양쪽 끝에 물건을 매달고 다닌다. 야시장에는 상인들이 촛불이나 아세틸렌 등불을 밝힌 채 잔뜩 쌓인 오렌지, 호박, 바나나, 야자열매 사이에서 땅바닥에 앉아 있다. 거대하고 위압적인 대서양 횡단 선박들이 부두에 묶여 있고, 주변 섬을 오가는 좁고 날씬하고 가벼워 보이는 범선들은 여전히 해변에서 뱃머리를 좌우로 까딱이며 돛대의 숲을 이루고 있다. 원주민들의 작은 배인 장가다jangada들까지 보인다. 그것들은 기이하게 생겼는데, 사실은 특별한 기술 없이 서너 개의 통나무를 하나로 묶고, 가운데 좁은 좌석을 설치한 일종의 뗏목선이다. 그보다 더 원시적인 배는 없을 것이다. 그럼에도 사람들은 그 작은 뗏목 선을 타고 용감하게도 상당히 멀리까지 나간다. 재미있는 일화가 있는데, 미국의 한 증기선이 아주 초라한 돛을 단 뗏목선을 해안으로부터 멀리 떨어진 곳에서 발견했고, 선장은 표류된 사람들로 판단하고 즉각 구조에 나섰다는 이야기다. 바이아에서는 현재와 과거가 뒤섞여 수천 가지의 색깔을 볼 수 있다. 명성 있는 단과대학을 소유한 브라질에서 가장 오래된 대학교, 도서관, 궁전이 있는가 하면, 호텔과 근대 스포츠클럽이 있기도 하다. 두 개의 거리만 더 나아가면 포르투갈 분위기를 만나게 된다. 수천 가지 형태의 나무조각으로 장식된 작고 낮은 집마다 사람과 그들의 활기로 가득하다. 조금 더 나가면 모깡부라고 부르는 흑인들의 오두막집들이 바나나 나무와 빵나무들 사이에 보인다. 아스팔트로 포장된 거리 옆에는 기억조차 할 수 없는 시대에 포석을 깔은 거리가 있다. 바이아에서는 10분 동안에 2백 년, 3백 년, 4백 년이 된 시대의 모습들을 통과할 수 있는데, 각각의 시대 모습은 정말 진짜 같고 자연스럽다. 바이아의 마술 같은 진정한 매력은 이곳에서는 모든 것이 여전히 진짜이고 숨겨진 의도가 없다는 것이기 때문에, ― 소위 신기한 것들이 외지인들을 압도하지 않는 것은 특별히 튀지 않고 전체 속에 잘 섞여 있기 때문이다 ― 옛것과 근대적인 것, 현재와 과거, 우아한 것과 원시적인 것, 1600년과 1940년, 이 모든 것이 하나의 살아 움직이는 그림 속에 녹아들어 있다. 게다가 세상에서 가장 평화롭고 쾌적한 풍경을 액자 삼아 그 속에 들어 있는 것이다.

늘 그림 같지만, 그중에서도 가장 그림 같은 것은 바이아의 여성들이다. 여성들은 키가 크고, 눈이 검고, 독특한 의상을 입는다. 가장 가난한 여성이라도 바이아의 여성이라면 이 일상적인 의상을 매일 입는데, 그보다 더 화려한 것을 생각하기는 어렵다. 다른 의상들과 비교할 수도 없는데, 왜냐하면 아프리카식도, 동양식도, 포르투갈식도 아니고 그 모든 것을 한꺼번에 다 섞은 것이기 때문이다. 터번은 기묘하게 말려 있고, 붉은색, 녹색, 노란색, 파란색이거나 혹은 뒤섞인 색일 수도 있는데, 어쨌든 항상 강렬한 색이다. 화려한 색의 블라우스는 마치 슬러브나 헝가리의 시골 여인들이 입는 블라우스를 닮았고, 풀 먹인 치마는 종 모양으로 크게 부풀려져 있다. 철사를 넣어 허리춤에서 치마를 확 퍼지게 만들어 입던 시대에 흑인 노예였던 그 여인네들의 고조할머니들이 그와 비슷한 풍성한 치마를 포르투갈의 귀부인들이 입는 것을 보고는, 그것을 화려함과 우아함의 상징으로 여기고 날염을 한 천으로 만든 자신들의 싸구려 의상에 적용한 것이 아닌가 하는 의심을 갖지 않을 수 없다. 어깨에는 멋지게 손수건을 두르고 다니는데, 그것은 머리에 항아리나 커다란 바구니를 이고 다닐 때 머리를 덮기 위해 사용된다. 팔에는 싸구려 금속으로 된 쩔렁거리는 팔찌를 차야만 의상이 완성된다. 바이아의 흑인 여성들은 그런 의상을 입고 거리를 다니는데, 각자 다른 색깔과 상이한 색조를 자랑하지만 언제나 강렬한 색상이다. 그렇지만 그 의상과 관련해 가장 압도적인 것은 의상 자체에서보다는 그것을 입은 자태, 우아한 움직임에서 찾아볼 수 있다. 흑인 여성들은 시장이나 더러운 문턱에 앉아 있을 땐 풍성한 치마를 마치 여왕의 망토처럼 둥글게 펼치고 앉기 때문에 거대한 꽃 속에 앉아 있는 것처럼 보인다. 그렇게 위엄 있는 자태를 한 흑인 공주 같은 그녀들은 세상에서 가장 싸구려 물건들을 판다. 화덕의 장작 숯불 위에서 만든, 기름을 잔뜩 머금은 빵이나 향신료를 넣은 빵, 튀김이나 생선 스튜를 파는데, 그것들은 너무나 싸기 때문에 포장하기 위해 종이를 쓴다면 아마 그 비용이 더 들 것이다. 그래서 검은 손은 움직일 때마다 부드럽게 팔찌 소리를 내면서 푸른 야자수 잎에다 그것들을 싸서 우리에게 건넨다. 그 여인네들은 걸어 다닐 때도 앉아 있을 때처럼 우아하다. 머리 위에는 무거운 짐 보따리나 흰옷을 가득 담은 바구니, 생선이나 과일을 담은 바구니를 이고 다닌다. 하지만 그녀들이 짐을 머리에 이고 목을 꼿꼿이 세우고, 양손은 허리에 대고, 진지하면서도 걱정 없는 표정으로 걸어가는 모습은 아주 흥미로운 광경이다. 궁정 연극을 연출하는 무대감독이라면 시장과 부엌에 있는 이 흑인 공주 같은 여인네들로부터 많은 것을 배울 수 있을 것이다. 밤에는 어두침침한 부엌에서 오로지 불꽃의 조명을 받으며 신비스러울 정도로 재빠른 손놀림으로 기이한 음식들을 장만하는 그녀들은 원시 세계의 마녀들처럼 보이기도 한다. 바이아의 여인들처럼 그림 같은 모습은 없다. 그 도시의 거리들은 세상 어떤 곳보다 더 온갖 것이 뒤범벅이 되어 있고, 더 브라질답고, 당연히 더 활기가 넘친다. 오직 이곳에서만 브라질을 진정으로 알게 되고 이해할 수 있다.

바이아: 성당과 축제

바이아는 단순히 색깔의 도시만이 아니라 성당의 도시이기도 하다. 그 점에서 브라질의 여왕 도시다. 그 도시에 1년을 이루는 날들만큼, 즉 365개의 성당이 있다는 말은, 리우데자네이루의 과나바라 만에는 365개의 섬이 있다는 말만큼이나 과장된 것이다. 실제로는, 약 80여 개의 성당이 있다. 하지만 성당은 도시를 장악하고 있다. 다른 거대도시에서는 오래된 성당들이 이루던 도시의 윤곽선이 고층 빌딩이나 근대적 건물들에 의해 압도당해 버렸다. 무엇보다 가장 상징적인 것은, 과거 뉴욕의 월스트리트 전체를 압도하던 옛 교회가 오늘날에는 웅장한 은행 건물들의 그림자 속에 초라하게 움츠려 있다는 사실이다. 반대로, 바이아에서 성당들은 여전히 그 도시를 장악하고 있다. 장애물이 없는 곳에서 수도원과 정원에 둘러싸인 채 위압적으로 높이 솟아 있다. 각각의 성당은 서웅프랑시스꾸, 서웅벵뚜, 서웅이그나시우São Ignácio 등 수호성인에게 바쳐져 있다. 그 성당들은 도시의 시작을 상징한다. 총독부나 호화스런 집들보다 더 오래되었다. 그 성당들 주변으로 식민지 이주자들이 모여들었고, 새로운 나라에서 신의 가호를 빌었다. 그리고 선원들은 하늘과 바다가 이루는 이중으로 푸른 환경에서 여러 주를 보내고 난 끝에 무엇보다 먼저 인자한 모습의 높은 종탑을 발견했다. 그들이 가장 먼저 한 일은 다행히 대서양 횡단을 허락해 준 은혜에 대해 신에게 감사드리러 가는 것이었다.

그중에서 옛날 예수회 학교와 맞닿아 있던 대성당은, 가장 아름다운 성당은 아니지만, 가장 큰 성당이다. 그 성당은 아주 중요한 것들을 상기시키는데, 성당의 판석 아래에는 세 번째 총독인 멩 드 사가 잠들어 있고, 앙또니우 비에이라 신부가 그 성당 재단에서 설교를 했다. 그 성당은 브라질 최초의 성당들 중 하나이고, — 내 기억이 잘못된 것이 아니라면 — 남미 최초의 성당이다. 입구는 정통 대리석으로 치장되었다. 설탕을 싣고 바이아를 떠났던 배들은 값비싼 돌을 싣고 돌아오곤 했다. 왜냐하면 당시 신앙심이 두터웠던 이들의 생각에 가장 귀중한 것은 성당에 바쳐야만 했기 때문이다. 당시 거리는 좁고 어둡고 통풍이 잘 안 되고, 더러웠다. 흑인 인구의 9퍼센트가 판잣집이나 오두막인 모깡부에 살고 있었다. 하지만 그 멀리 동떨어진 나라, 화려한 것이라곤 아무것도 없는 그 나라에서 성당은 호화스러워야만 했다. 그래서 벽을 장식하기 위해 타일을 가져오고, 미나스제라이스에서 가져온 금으로 어두운색의 목재에 눈부신 광채를 입혔다. 그 이후에는 종파 간 경쟁이 일었다. 예수회가 넓고 호화찬란한 성당을 하나 가지면, 프랑시스꾸회는 더 아름다운 성당을 가지고 싶어 했다. 사실, 서웅프랑시스꾸 성당은 더 소박한 규모로 지어졌기 때문에 더 정제된 형태의 건물이다. 그 회랑들은 얼마나 멋진가! 벽은 타일로 빛나고, 방은 홍목을 재료로 한 아름다운 조각 작품으로 장식되어 있고, 천정도 나무조각으로 장식되어 있다. 모든 사소한 것에서도 아주 현명하고 세련된 감각을 느낄 수 있다. 카르멘 수도회와 베네딕트 수도회 역시 자신들의 성당이 그에 못지않기를 바랐다. 그리고 흑인들은 자기 성당 안에 자신과 같은 피부색의 호자리우 성모와 서웅베니지뚜São Benedito가 있기를 바랐다. 그렇게 해서 오늘날 모든 곳에 성당과 수도원이 생겼고, 주요 거리마다 오래된 매력을 하나씩 지닌 성당이 있게 되었다. 오래된 지역에서는 누구든 기도하고 싶은 신자는 매시간 기도할 수 있는 성당이 있었다. 신앙심에서 출발한 경쟁이 있었던 덕분에 오늘날에는 너무나 많은 성당이 있으며, 신자로 다 채울 수 없는 상황이 되었다. 그리고 그 모든 성당의 세세한 부분과 특징적인 것들을 다 보려면 아주 여러 날이 걸릴 것이다.

성당이 이렇게 많다는 사실(유럽과 비교할 때, 최근에 세워진 브라질 도시들에는 오히려 성당 숫자가 적다)에 나는 놀랐다. 나와 동행하던 친절한 성직자에게 오늘날에도 옛날처럼 여전히 바이아가 신앙심이 돈독한 도시인지 물었다. 그분은 미소를 띠며 대답했다. "이곳 사람들은 신앙심이 돈독하지요. 하지만 그들이 믿는 방식에 따르면 그렇다는 말이죠." 나는 그 미소의 의미를 금방 알아채지는 못했다. 경멸이나 비난을 드러내는 것은 아니었다. 단지 우리 유럽인의 개념과는 완전히 일치하지 않는 믿음의 방식이라는 것을 지적한 것이다. 나는 그다음 날에서야 그 의미를 알 수 있었다. 브라질의 모든 대도시들 중 바이아는 가장 어두운 도시다. 과거의 모든 것들을 보존했듯이 오래된 흑인 인구도 그대로 보존했는데, 유럽인들이 들어오긴 했지만, 다른 도시들만큼 그렇게 사람들의 피부색을 밝게 하지는 못했다. 게다가 이 흑인들은 수세기 동안 가장 신앙심이 깊고, 시샘이 많으며, 가장 열정적인 성당 지지자들이었다. 이런 차이와 더불어, 그들의 신앙심 역시 내부적으로 색깔의 차이를 가지고 있었다. 세례를 받은 지 얼마 안 되는, 또한 정신적 노동에 따른 걱정

거리가 없던 이 순진한 흑인들에게 성당은 안식이나 차분한 몰입의 의미는 없었다. 그들에게 가톨릭의 매력은 화려함, 신비로움, 미사 의식의 화려한 색조와 호화스러움이었다. 4백 년 전 앙시에따는 무엇보다 음악이 개종에 큰 기여를 했다고 언급했다. 오늘날에도 이 성품 좋고 쉽게 감동하는 흑인들은 종교를 축제, 즐거움, 볼거리와 긴밀하게 연결된 것으로 인식한다. 그들에게 있어 각각의 퍼레이드, 종교 행렬, 미사는 그들을 행복하게 해주는 무언가를 가지고 있다. 그래서 바이아는 종교 축제의 도시다. 바이아에서 축제는 단순히 달력에 붉게 표시된 날짜가 아니라, 필연적으로 대중적 축제와 볼거리로 바뀐다. 모든 주민은 축제를 여러 가지 방식으로 거행하려고 애를 쓴다. 바이아에서 1년에 그런 축제가 몇 개나 열리는지 누구도 내게 정확한 답변을 해줄 수 없었다. 그것은 아마도 민중들은 진정한 종교적 감정과 즐길 거리에 대한 애착을 묘하게 조합해서 매번 새로운 축제를 고안해 냈기 때문일 것이다. 바이아에서는 운이 좋아야만 민중 축제를 볼 수 있는 것은 아니다. 나는 그 도시의 수호성인인 세뇨르 두 봉핌Senhor do Bomfim 축제 행사에 참석할 수 있는 즐거운 기회가 있었다. 세뇨르 두 봉핌은 달력에는 표시되어 있지 않지만 바이아에서 1시간 반 거리에 있는 성당에서 숭배되고 있다. 성자 이름을 붙인 이 성당은 구릉 높은 곳에 자리 잡고 있는네, 그곳에서 바라보는 광경은 장관이다. 성당은 일주일 내내 아주 다양한 축제 행사의 중심이 된다. 부르주아 계층에 속하는 가족들은 넓은 광장을 둘러싸고 있는 작은 숙소들을 빌린다. 그들은 서로 만나서 담소를 나누고 친구들과 함께 식사를 한다. 한편 가운데 있는 네모난 광장은 수천 명의 남녀들이 차지한다. 그들은 밤에 하는 종교 행사에서부터 새벽 미사에 이르기까지 종교적 동기와 즐거움과 평안함을 위해 백색의 희미한 별빛 아래 모여든다. 성당의 전면은 전등으로 조명을 하고, 야자수 아래 어두운 곳에서는 수많은 천막들이 설치되는데, 그곳에서는 먹을 것과 마실 것이 제공된다. 풀밭에서는 화덕 앞에 바이아의 여인들이 앉아 사람들에게 수천 가지의 저렴한 음식을 제공하고 있다. 그 뒤에는 그녀들의 아기들이 흰 천에 싸인 채 떠들썩한 분위기 속에서도 잠들어 있다. 회전목마는 계속 돌아간다. 산책과 춤, 담소와 음악이 있다. 밤새도록 그리고 온종일, 사람들은 수호성인을 경배하기 위해 미사에 참석하고 모든 걱정에서 벗어나 즐겁게 지낸다. 일주일간의 행사 중에서 말 그대로 잊지 못할 것은 성당을 청소하는, 라바젱 두 봉핑lavagem do bomfim 행사다. 이 행사의 유래는 바이아만의 특징적인 것이다. 봉핑 성당은 원래 흑인을 위한 성당이었다. 한번은 신부님이 신자들에게 수호성인 축제일 직전에 대청소를 하면서 성당의 바닥을 씻어내는 것이 좋을 것 같다는 말을 했을 것이다. 흑인 신자들은 기꺼이 제안을 받아들였다. 신앙심이 돈독한 영혼들에게는 신에 대한 사랑과 존경을 입증할 수 있는 얼마나 좋은 기회였던가! 그들이 가능한 한 최선을 다해서 쓸고 닦으려 했을 것임은 당연한 일이다. 자비로운 세뇨르 두 봉핑의 집을 청소하는 영광을 누리기 위해 지정된 날에 모두가 몰려갔다. 진정한 종교적 열성이 그 행사의 시초가 되었다. 하지만 아이들 같은 천진난만한 감성 때문에 성당 청소 일은 (모든 종교적 행위와 마찬가지로) 축제 성격을 띠게 되었다. 모두가 마치 자신의 죄를 씻어 내려는 듯, 누구에게 질세라 열심히 했다. 수백, 수천 명이 온 사방에서 몰려왔고, 해마다 참여하는 사람의 숫자는 증가했다. 그래서 종교적 전통은 민중 축제로 변해 갔는데, 참여자들이 너무나 열성적으로 심취해 사제는 놀란 나머지 그 행사를 폐지해 버렸다. 하지만 민중들이 너무나 집요하게 그 행사를 요구해서 라바젱 두 봉핑 행사는 다시 허용되었다. 오늘날 모든 주민의 축제가 되었고, 내 평생 본 축제들 중 가장 시사하는 바가 많은 축제 중 하나다.

축제는 세뇨르 두 봉핑 성당으로 가는 종교 행렬로 시작되는데, 모든 주민이 그 행렬을 보고 싶어 하기 때문에 도시를 반 바퀴 돌아가게 된다. 그것은 민중이 참여하는 진정한 종교 행렬로서, 오늘날 니스에서 열리는 것처럼 홍보를 위해 관광 당국과 상인들로부터 지원을 받아 이루어지는 퍼레이드와는 다르다. 그 초기의 촌스러운 성격이 무엇보다도 감동적이다. 새벽부터 안달이 난 군중들이 시장 앞 광장에 몰려든다. 그들 곁에는 축제를 위해 가장 저렴한 방식으로 치장을 한 시장 노새가 끄는 짐수레가 있다. 노새에게는 레이스가 달린 침대보를 덮는다. 짐수레의 바퀴는 붉은색, 초록색, 노란색 얇은 종이로 덧씌우고, 노새의 머리는 은색으로 치장한다. 청소를 위해 가져가는 물통은 ─ 시장에서 쓰는 일반적인 물통인데 ─ 청동 가루를 사용한 물감을 칠해 금색으로 변했다. 이 모든 광경은 그야말로 장관이다. 이 행렬을 위한 모든 장식은 많아야 10달러 정도 비용이 들었을 것이다. 그리고 그곳에서도 바이아 여인의 존재는 단연 돋보이고, 분위기를 더 고조시킨다. 이 여인네들은 위엄 있는 고상한 자태로 물통이나 꽃을 가득 꽂은 항아리를 머리에 이고, 이 글거리는 태양 아래서 종교적 열정으로 긴 여정을 간다. 감탄을 자아내는 이 흑인 왕비들은 축제를 맞아 화려한 의상과 레이스가 달린 손수건이나 짤랑거리는 목걸이로 치장을 했는데, 종교적 순례를 통해 수호성인과 민중에게 즐거움을 줄 수 있어 행복해 하는 표정이 얼굴에 드러난다. 노아의 홍수 이전에 만들어진 것 같은 아주 오래된 수레들에는 빗자루를 어깨에 걸친 젊은 아이들이 타고 간다. 관악기를 연주하는 엉터리 악단은 연습을 하면서 귀가 찢어질 정도로 불협화음을 만들어 내고 있다. 그 모든 것은 이글거리는 태양 아래서 화려하고도 시끌벅적하게 벌어지고 있다. 멀리 보이는 바다와 머리 위의 하늘이 모두 푸르다. 색깔과 환희의 도가니다.

마침내 — 브라질에서는 일상적이듯 좀 지연되어 — 군중들의 행렬이 시작된다. 제일 앞에는 꽃 항아리를 머리에 인 여인네들이 길게 줄지어 섰다. 모든 사람이 보고 싶어 하기에 행렬은 천천히 도시를 지나간다. 집 문 앞마다 창문마다 사람들이 손수건을 흔든다. "세뇨르 두 봉핑 만세"를 외치는 소리가 들린다. 노인들은 하나도 놓치지 않기 위해서 초라한 대나무 의자를 거리로 내놓았다. 그렇게 소박한 브라질 민중에게는 그런 광경을 보는 것만도 하나의 축제다. 항아리를 머리에 똑바로 인 채 가야 하는 이런 행렬은 — 물을 한 방울이라도 흘리면 안 되기에 — 거의 2시간이 걸리기 때문에 우리는 성당에서 그 행렬을 보기 위해 미리 도착해 있었다. 성당은 이미 인파로 가득했다. 남자와 여자, 많은 숫자의 흑인 아이들이 서로 가까이 붙어 서서 축제를 기다리며 북적거리고 있었다. 위쪽으로 창문과 비품실, 계단은 모두 곱슬머리의 흑인 소년들이 차지하고 있었는데, 그들은 기대감으로 전율하고 있는 것 같았다. 쉽사리 흥분하는 이 사람들은 기다리는 동안 기대감이 점점 커지면서 마침내 일종의 관능적 쾌락을 느끼는 것처럼 보이기까지 한다는 사실을 나는 나중에야 깨달았다. 예포의 첫 포성이 행렬의 선두가 어느 길모퉁이에 도달했다는 것을 알리자 사람들은 기뻐 날뛰었는데, 그 분위기는 내가 지금까지 자주 볼 수 없었던 대단한 것이었다. 흑인 아이들은 손뼉을 치면서 발을 구르고, 어른들은 "봉핑 만세"를 외쳤다. 그 넓은 성당 전체가 1분 동안 환희의 외침으로 떠나갈 듯했다. 행렬은 아직 상당히 멀리 떨어져 보였다. 조바심이 가득한 얼굴들에서는 기대감이 황홀경의 상태로 진행되어 가는 것을 볼 수 있었다. 예포가 한 발씩 울릴 때마다 "봉핑 만세"를 외쳤고, 다시 박수와 외침 소리가 점점 더 커졌다. 군중들이 억누르고 있는 조바심과 계속 쌓아 둔 열망의 일부분이 나에게도 점점 더 가까이 전달되었다는 사실을 고백하지 않을 수 없다. 마침내 행렬의 선두에 있는 여성들이 위엄 있는 자태로 성당 문을 지나, 경건한 자세로 재단에 꽃을 올린다. 구름같이 몰려든 수천 명의 사람이 오직 "봉핑 만세, 봉핑 만세"를 미친 듯이 부르짖는 가운데, 그 여인들이 꼿꼿한 자세로 지나가는 것을 나는 높은 곳에서 바라보고 있었다. 기대감이 점짐 더 고조되는 느낌을 받았다. 마치 검고 거대한 몸집의 짐승이 먹잇감을 향해 막 달려들려고 하는 것 같은 인상을 받았다. 마침내 그렇게 고대하던 순간이 왔다. 경찰 몇 명이 잘 훈련된 힘찬 동작으로 성당의 중앙에서 군중들을 밀어냈다. 성당 바닥 판석을 청소하기 위해 공간을 확보하려는 것이었다. 환희에 찬 군중들의 외침이 계속되는 가운데 항아리의 물을 뿌리기 시작했고, 젊은이들은 빗자루를 들었다. 처음에 청년들은 경건하고 조심스럽게 시작했다. 종교적 봉사 행위를 한다는 경건한 자세로 제단으로 가서 목례를 하고, 청소를 시작하기 전에 성호를 그었다. 하지만 얼마 지나지 않아 다른 청년들은, 성인에게 봉사하려는 의도는 역시 보였지만, 조심스럽게 행동하지는 않았다. 기다리는 동안의 조바심과 고함소리와 환희로 그들은 황홀경에 빠져 있었다. 갑자기 성당의 중앙에서는 수백 명에 달하는 흑인 악마들의 난장판이 벌어졌다. 서로 빗자루를 뺏으려 했다. 하나의 빗자루에 둘, 셋, 열 명이 함께 달라붙어 성당을 돌아다녔다. 빗자루가 없는 사람들은 바닥에 주저앉아 손으로 판석을 문질렀다. 모두가 "봉핑 만세"를 외쳐 댔다. 아이들은 작고 날카로운 목소리로, 여성들과 남성들은 …… 관능적 쾌락에서 나오는 외침이었고, 내가 본 것 중 가장 인상적인 집단 히스테리였다. 아주 차분하고 수줍어하는 성격의 한 아가씨가 갑자기 돌변하더니 두 손을 위로 올리고는 주신제에 참여하는 여사제의 황홀한 표정을 지으며 "봉핑 만세, 봉핑 만세"를, 목소리가 갈라질 때까지 소름 끼칠 정도로 부르짖었다. 다른 아가씨는 너무나 흥분해서 소리를 지르다가 실신해서 성당 밖으로 끌려 나갔다. 그런 상황에서도 미친 악마들은 마치 손톱 밑에서 피가 나올 때까지 하려는 듯 쉬지 않고 쓸고 닦았다. 그 빗자루 질은 종교적이기도 하고 즐거운 일이기도 했는데, 사람을 도취시키고 전염시키는 힘이 너무나 강해서 내가 흥분한 그들 사이에 있었더라면 빗자루를 하나 잡았을지도 모른다.

솔직히 말해서, 내가 처음으로 본 집단 광란이었다. 그것도 성당 안에서, 술도 마시지 않고, 음악이나 자극제 없이 벌건 대낮에 일어났다는 것이 더 믿기지 않았다.

바이아에서 불가해한 일은, 그들의 핏속에 자기 조상 때부터 종교적인 것과 쾌락적인 것이 신비롭게 동거해 왔다는 사실이다. 또 그렇게 애타는 기다림이나 단조로운 자극이 흑인과 메스띠수들에게 황홀경에 기꺼이 빠질 수 있는 정신 상태를 만들어 낸다는 사실이다. 바이아는 — 단순한 우연이 아니라 — 깡동블레Candomblé와 마꿈바Macumba●의 도시다. 그 도시에서는 가톨릭적인 것에 대한 광신적 행위와 아프리카 부족들의 아주 오래된 잔인한 의식들이 기묘하게 섞여 거행되고 있다. 마꿈바에 대해서는 많은 글이 나왔고, 모든 외국인들은 아주 친한 친구를 통해 "진짜" 마꿈바를 보았다고 자랑을 한다. 사실, 그 의식들의 특수하고 독특한 점 때문에 — 비록 흑인들이 그런 의식을 경찰 몰래 거행해야 했지만 — 호기심의 대상이 되었고, 진짜를 표방하는 사이비 공연들이 생겨나게 만들었다. 인도에서 토마스 쿡Thomas Cook●●에 의해 계약된 요가 수행자들이 외국인 관광객들을 위해 시범을 보인 것과 같은 것이다. 내가 본 마꿈바 역시 — 솔직하게 고백하건대 — 그런 경우를 위해서 준비된 공연이었다. 한밤중에 숲 속에서 반 시간 동안 돌과 덤불 사이를 이렵사리 올라가 — 접근의 어려움 때문에 금지되고 신비한 것에

● 깡동블레와 마꿈바는 기독교와 아프리카의 토속 종교가 혼합된 종교의식이다.
●● 세계에서 가장 오래된 영국 관광업체.

대한 환상이 더 커졌을 것이다 — 우리는 어느 오두막에 도착했다. 그곳에는 희미한 불빛 아래 열두어 명 정도 되는 흑인 남녀가 모여 있었다. 몇 개의 북을 두드리며 박자를 맞추면서 항상 똑같은 가사를 합창하고 있었다. 그 단조로움 자체만으로도 사람을 자극하는 효과가 있었고, 조바심을 더 키웠다. 이윽고 주술사가 춤을 추면서 제물을 가지고 나타났다. 가끔 독한 럼주를 한 모금씩 했고, 담배를 씹었다. 모두 녹초가 될 때까지 춤을 추는데 마침내 흑인 중 한 명이 쓰러졌고, 두 눈에는 흰자위가 드러나고 몸은 경직되어 갔다. 나는 매 순간 그 모든 것이 준비되고 계획된 것이었다는 사실을 알았다. 그럼에도 춤과 술, 무엇보다 놀라울 정도로 단조롭고 자극적인 음악이 있었기에 그 단순한 공연은 사람을 도취시키는 효과가 있었다. 그 도취 상태는 봉펭 성당에서 있었던 것과 동일한 것이다. 그곳에서 난장판을 벌이고, 황홀경에 빠지기 위해 스스로 정신을 놓는 것을 즐기면서 사람들은 더 평화로워지고 안정을 찾는 것이다. 우리는 이곳에서 다른 축제들이 우리에게 제공하는 것과 동일한 것을 관찰할 수 있었다. 브라질의 다른 곳에서는 근대적인 것에 의해 파괴된 것, 유럽적인 것의 확산으로 그 기원이 가려진 것, 원시적인 것, 조상 대대로 전해 오는 것, 기억 속에 묻혀 버린 정령 시대의 것이 바이아에서는 신비로운 흔적으로 보존되고 있다. 그리고 일부 독특한 의식 행위의 근저에서 아직도 그것들의 존재를 느낄 수 있다.

설탕, 담배, 카카오 산지 방문

우리는 상파울루에서 브라질의 과거 실력자였던 커피의 산지를 방문한 적이 있다. 이제는 이 바이아 땅에 부와 풍요와 명성을 가져 다준 그의 형제들을 만나보고 싶어졌다. 이 군주들이 우리를 만나러 오지 않을 것이기에 우리가 그들의 거처로 가기 위해 여러 시간 여행을 하는 수고를 해야 한다. 하지만 이 수고에는 보상도 따른다. 왜냐하면 경이로울 정도로 비옥한 바이아 땅을 가로질러 까쇼에이라Cachoeira로 가는 길에는 아름다운 광경들이 끝없이 이어지기 때문이다. 우선, 나는 야자수 나무가 그렇게 넓은 지역에 걸쳐서 촘촘하게 우거져서 어두운 숲을 이루고 있는 장엄한 광경을 본 적이 없었다. 일반적으로 우리는 몇 그루가 따로 떨어져 있는 것을 흔히 보게 된다. 오래된 오두막 옆에 파수꾼처럼 있거나, 고급스러운 공원의 경비원처럼 있거나, 남쪽 도시들의 대로에 가로수로 줄지어 있는 모습을 보게 된다. 반대로 여기에서는 로마 병사들이 방패를 맞대고 있듯이, 푸른 잎사귀끼리 줄기끼리 서로 맞닿아 있다. 이렇게 싱싱하고 무성한 모습은 이 바이아 땅이 얼마나 기름지고 비옥한지를 암시하는 것이다. 이어서 광활한 면적에 걸쳐 만디오까가 심어져 있다. 만디오까는 브라질의 주식으로, 그 관목의 뿌리에서 추출하는 가루는 맛도 좋고 영양분이 많다. 원주민들에게 만디오까는 중국인에게 쌀과 같은 것이었다. 오늘날에도 여전히 바나나와 빵나무 열매와 함께, 자연이 모든 가난한 사람들에게 제공하는 가장 관대한 선물이다.

조금씩 들판의 모습이 바뀌어 간다. 푸른 들판에 마치 대나무처럼 곧은 줄기들이 모두 똑같은 높이로 솟아 있다. 사탕수수 밭이 모두 한결 같은 모습으로 길 양쪽에 펼쳐져 있다. 엄청난 규모의 푸른 사탕수수 밭은 항상 단조로운 느낌을 준다. 사탕수수 밭은 커피 밭이나 단조로운 푸른 녹차 밭처럼 전혀 색조의 변화가 없어 단조로움을 준다. 사탕수수는 재미있는 집주인이 아니다. 우리에게 제공할 것도, 보여 줄 것도 없다. 그러나 길모퉁이를 돌아서다 보면 갑자기 짐수레를 만나기도 하는데, 그때 스스로에게 이런 질문을 하게 된다. "이곳은 현실로 존재하는 것인가, 아니면 박물관에 전시된 컬러 도판인가?" 왜냐하면 우리가 보는 것은 모든 면에서 17세기에 해당되는 것이기 때문이다. 바퀴살이 없는 육중한 바퀴가 달린 조악한 짐수레는 마치 3천 년 전에 폼페이에서 쓰던 것처럼 보인다. 그 수레를 끄는 여섯 마리의 수소들의 코에는 이집트 벽화에 나오는 것과 같은 둥근 테가 고삐로 사용되고 있다. 손에 고삐를 잡고 있는 흑인들은 노예 시대의 원주민 복장을 하고 있다. 사탕 수숫대는 식민지 시기와 같은 방식으로 제당소로 운반되고 있다. 어쩌면 제당소도 똑같을지도 모른다. 비록 수평선 위로 보이는 굴뚝들은 더 근대화된 제당 시설을 드러내는 것 같기도 하지만 말이다. 브라질의 아주 좁은 해안 지대만이 기계와 근대적인 것들의 혜택을 받고 있다는 사실과, 많은 옛날 풍습과 형태와 방식들이 국가 경제에 불이익을 주면서 여전히 존재하고 있다는 사실을 깨닫고는 (유익한 교훈을 얻으면서) 적지 않게 놀라게 된다. 그렇다 하더라도 전 세계가 획일화되는 것에 싫증이 난 눈에는 얼마나 큰 즐거움인가! 나는 그

334

옆을 지나가면서 오래된 실력자인 설탕에게 존경의 인사를 건넨다. 설탕은 대지가 주는 결실이라는 신성한 유산을 화학적 술책의 유혹으로부터 지켜 내면서, 태양과 축복받은 그 대지의 무진장한 풍요가 주는 응집된 힘을 자신의 달콤한 수액 속에 담아 브라질과 전 세계에 전달하고 있다.

설탕보다는 어두운색의 담배는 설탕과 동향 출신으로, 기대했던 것보다 더 보수적이다. 오래된 역사적 도시인 까쇼에이라에는 아직도 원주민들의 공격을 막아 내기 위해 총구를 내놓은 집들이 있는데, 브라질에서 크고 이름난 담배 제조창들이 밀집되어 있다. 나는 오랫동안 니코틴에 빠져 있는 사람으로, 내가 피운 향기로운 담배에 대해 이곳에서 감사들 드려야 했다. 그리고 내심 죄의식을 느끼면서, 내가 나쁜 습관을 유지해 온 몇 년 동안 얼마나 많은 푸른 담배 밭과 얼마나 많은 담뱃잎을 연기로 만들었는지 헤아려 볼 참이었다. 선택하는 것은 언제나 어려운 일이다. 그래서 나는 담배 제조 공장 세 곳 모두를 방문했다. 그 담배 제조 시설을 제조 공장이라고 하는 것은 과장된 말이다. 나는 쇠로 만든 거대한 기계를 보게 되지 않을까 생각했다. 기계 한쪽으로는 담배 더미들이 들어가고, 기계 다른 쪽에서는 둥글게 말리고, 라벨이 붙여진 담배, 어쩌면 상자에 담겨진 상태로 나오는 것을 예상했다. 그런 공장들에서는 담배가 만들어지는 실제 과정을 보고 있다기보다는, 마치 거대한 자동화 과정을 보고 있다는 인상을 받는다. 그런데 이곳에서는 전혀 그렇지 않았다. 브라질에서는 이 과정마저도 기계화되지 않았다. 이곳에서 담배는 하나하나 손으로 만들어지는데, 다시 말해, 한 개비에

스물에서 사십 명의 손이 작업을 한다. 애연가들에게는 정말 놀라운 일이다. 담배가 만들어져 가는 점진적인 과정을 지켜볼 수 있는데, 아주 얇은 외피를 싸는 작업은 놀랍기만 하다. 피부색이 어두운 수백 명의 여자들이 연이어 있는 여러 작업실에 앉아 있다. 각 그룹은 서로 다른 작업을 하는데, 그 작업실을 차례로 지나가면 담배가 만들어지는 과정을 시각적으로 확인할 수 있다. 첫 번째 방에는 담배 밭에서 건조된 상태로 막 도착한 커다란 담뱃잎들이 쓰고 고약한 냄새를 풍기고 있다. 담배 더미 앞에 앉아 있는 여인네들 — 마치 농촌 아낙네들이 짚더미 앞에 앉아 있는 것처럼 — 이 일차 선별을 한 뒤, 담뱃잎의 굵은 줄기가 분리된다. 그제야 담뱃잎을 시가 모양으로 말기 시작한다. 그러면 다른 집단은 말은 것을 길이가 같아지도록 칼로 자른다. 아직은 마치 옷을 입지 않은 흑인들처럼 외피가 없는 담배다. 그 상태에서 외피가 형태와 향기를 입히게 된다. 하지만 기이한 자연의 심술인지, 브라질에서는 몇 세기 전부터 담배가 가장 풍부한 나라인데도 외피용 담배는 자라지 않는다. 그래서 외피용 담뱃잎 수십억 장을 수마트라로부터 수입해야만 한다. 우리가 별 관심 없이 피워 왔던 담배를 제조하기 위해서는 아시아와 아메리카 두 대륙이 동원되어야 하고, 일반적으로 그 담배는 다른 대륙에서 피우게 된다. 외피가 입혀지게 되면 다른 숙련된 기술자가 끝의 형태를 만들고, 다른 검은 손가락들이 라벨을 붙이고, 또 다른 손가락들이 봉인을 한다(여기 브라질에서는, 새로 태어난 아이들만 빼고, 모든 신상품에 납세 고지서를 붙인다). 그다음은 셀로판지에 포장을 하고, 묶고, 마지막으로 자르고, 상자에 넣는다. 상자에는 뜨거운 쇠로 낙인을 찍는다. 담배를 만드는 데 들어가는 노동을 보고부터는 담배를 입에 물기가 부끄럽다. 수백 명에 달하는 피부가 검은 여성들의 구부러진 등을 보고 내가 그 많은 사람의 등을 휘어지게 했다는 죄책감이 들었다. 그러나 그런 자책도 곧 사라진다. 이곳에서는 커피나 담배 같은 실력자들에 대한 인심이 아주 후해서, 공장 사람들은 자신들이 만든 뛰어난 제품을 가득 담은 상자를 몇 개나 나에게 선물했고, 그래서 얼마간의 양심의 가책은 우리가 바이아로 돌아가기도 전에 가벼운 푸른 연기 속으로 사라지고 말았다.

브라질 북부의 세 실력가들 중에서 세 번째인 카카오를 보러 그의 거처에 갈 수는 없다. 왜냐하면 카카오는 습기가 많고 푹푹 찌는 지역에서 더 잘 자라는데 — 밀림의 빽빽하게 우거진 나무 아래의 온실효과가 주는 열기를 좋아하는데, 우리에게는 정말 불쾌한 더위다 — 그곳에는 수많은 모기떼도 있다. 다행히 바이아에는 카카오 연구소가 있다. 그곳에서는 활동사진으로 그 나무의 꽃과 열매를 편안하게 관찰할 수 있다. 이 나무의 특징은 같은 시기에 꽃도 피고 열매도 맺는다는 것이다. 한 농장에서 작은 호박 같은 모양의 열매를 수확할 때 다른 나무에서는 열매가 익어 가기 때문에 계속해서 수확을 할 수 있다. 씨에서 달고 맛있는 주스를 짜는데, 그 씨들은 원래 쓴맛이 난다. 그래서 복잡한 손질 과정을 거치고, 기름기 많은 성분을 짜낸 뒤 살균을 하고 나서 자루에 담아 전기 벨트컨베이어를 통해서 배로 옮겨 싣는다. 오직 이곳에서만 근대적인 방식이 도입되어 있다. 그래서 이 연구소는 연구소이자, 박물관이고, 카카오 대학이다. 여기서는 1시간 만에 집에서 수백 권의 책을 통해서 배울 수 있는 것보다 더 많은 것을 배울 수 있다.

헤시피

아쉬움을 남긴 채 — 바이아는 얼마나 아름답고 매력적인지! —
우리는 더 북쪽으로 가는 비행기에 올랐다. 그 지역은 뻬르낭부꾸
혹은 헤시피, 혹은 올링다라는 세 가지 다른 이름을 가지고 있어 어
떻게 불러야 좋을지 모르겠다. 상인들은 뻬르낭부꾸라는 이름으로
화물을 탁송한다. 하지만 나는 그 자매 도시들 — 헤시피와 올링다
— 의 옛 이름에 더 끌린다. 사실 이 두 도시는 붙어 있다. 몇 년 전
에 '올링다'라는 리드미컬한 발음을 들었는데, 그 이름의 멜로디가
기억에서 사라진 시대의 오래된 책과 전설을 떠오르게 했다. 그 시
대에는 그 도시가 모리츠슈타트Mauritsstad라는 네 번째 이름을 아직
가지고 있던 시대였다. 아마도 그 도시를 정복한 요한 모리츠Johan
Maurits van Nassau-Siegen의 이름을 따왔을 것이다. 그는 이곳에 깨끗
한 거리를 조성하고 멋진 지붕을 한 궁전을 지어 작은 암스테르담
을 건설하려 했다. 그에게 칭찬을 일삼던 석학 바를라외스Barlaeus는
설계도와 판화 그림을 두꺼운 2절판 책으로 만들어 우리에게 남겼
다. 그 자료는 네덜란드 지배에 관한 유일한 기록물이다. 그래서 나
는 그 유명한 궁전과 거대한 성채들, 집과 집에 딸린 네덜란드식 둔
덕을, 그리고 그곳에서 자기 고국을 떠오르게 하려고 들여온 풍차
들을 찾아보았지만 허사였다. 돌멩이 하나 남지 않고 모두 사라져

버렸다. 그 과거 시대에서 남은 것이라고는 올링다에 있는 포르투갈식 옛 성당들과 적막한 식민지 시대의 거리 몇 개뿐이었다. 그러나 그것들은 평화롭고 쾌적한 풍경 때문에 아름답게 보인다. 올링다에서는 바이아의 웅장함은 전혀 찾아볼 수 없고, 고층 빌딩이 있는 도시의 위압적인 모습도 찾아볼 수 없다. 올링다는 낭만적인 작은 공간이다. 적막함과 자연 속에 묻혀 있는, 몇 세기 전부터 자신밖에는 대화 상대가 없는 외떨어진 공간이다. 동생에 해당되는 도시이면서 더 활기 넘치는 헤시피에 눈길조차 잘 보내지 않는다. 반대로 헤시피는 발전과 분주함 그 자체다. 호텔은 미국의 어느 도시에도 잘 어울릴 정도이고, 공항도 훌륭하고, 거리도 근대적이다. 근대적인 체계로 말하자면 헤시피는 브라질에서 손꼽히는 도시다. 주지사는 우리에게는 낭만적으로 보이는 흑인 오두막집인 모깡부를 단호하게 쓸어버리고는 ― 눈에 띄는 시도인데 ― 각각의 기능에 맞춘 주택단지를 조성하려 한다. 세탁 일을 하는 여성, 부티크에서 일하는 여성, 작은 직장에 고용된 사람들도 비위생적인 판잣집 대신 햇빛이 들고, 전깃불이 들어오고, 근대 기술의 모든 진보를 누릴 수 있는 집들을 아주 좋은 지불 조건으로 취득, 소유할 수 있게 될 것이다. 몇 년, 아니 몇십 년 내로 이 도시는 모델 도시가 될 것이다. 그렇기 때문에 이곳에서는 여행하면서 대조적인 것들을 보게 된다. 오래된 도시에서 근대적 도시로, 밀림에서 현대로 이동하는 데 한 발짝이면 충분한 경우가 많다. 이곳에는 평범한 것, 도식적인 것이 전혀 없다. 여행을 하는 동안 매일매일 새로운 발견을 하게 된다.

비행기를 타고 아마존으로

우리는 계속 북쪽으로 향했다. 헤시피에서 아마존 강 하구에 자리 잡은 벨렝은 비행기로 가야 한다. 비행기로는 몇 시간 안 되는 거리를 그 숫자만큼의 날들 동안 여행하고 싶지 않다면 말이다. 수상비행기들은 작고 별로 안락하지 않은데, 거의 매시간마다 해안에 있는 다른 도시에 잠시 머무르게 된다. 벨렝에 도착하기 전에 아주 짧은 시간 동안 까베델루Cabedelo, 나따우Natal, 포르딸레자Fortaleza, 까모싱Camocim, 아마하서옹Amarração, 서옹루이스São Luis에 잠시 내리게 된다. 모두가 아름다운 도시인데, 도시의 독특한 성격을 경험하기 위해 하루 정도 보내면 참 좋을 것이다. 하지만 현재로서는 수상비행기가 일주일에 한두 번만 운항하기 때문에, 햇살이 쏟아지는 거리와 하얗게 칠한 집이 있는 식민지 도시들을 빨리 조망하듯 보는 것에 만족할 수밖에 없다. 그처럼 비행기로 여행하면 브라질 북부 지방의 재미있는 특색과 세밀한 것들을 많이 놓치게 된다는 것을 난 알고 있다. 하지만 반면에 이렇게 높은 곳에서 바라보면, 브라질의 엄청난 영토와 브라질이 미래를 위해 쓸 수 있는 광활한 미개척지를 눈으로 확인할 수 있다. 해안을 따라 증기선으로 여행을 하거나 철도나 자동차로 광활한 대지를 가로질러 여행할 때보다 훨씬 설득력 있는 인상으로 다가온다. 시시각각으로 변하는 풍경 속에서 가장 인상적인 것은 강들이다. 비행기 안에서 보면 바이아에서 벨렝 사이에는 적어도 십여 개의 커다란 강이 있는데, 모든 강이 그 규모나 길이에 있어 유럽에서 가장 큰 강들에 견줄 만하다. 지도를 들여다보니 그 강들 중 이름을 들어 본 적이 있는 강은 하나도 없다는 사실을 고백하기가 부끄럽다. 그 강들의 하구에는 ─ 있을 법도 한데 ─ 큰 항구가 없고, 증기선도 보이지 않고, 아주 가끔 돛단배나 카누만 보일 뿐이다. 이처럼 높은 곳에서 바라보면 내륙지역과 자연스런 교통로가 되어야 했을 강들이 왜 전적으로 통행을 거부하는지를 이해할 수 있다. 강들은 직선으로 곧게 바다를 향해 빠르게 흐르지 않고 마치 똬리를 틀고 있는 푸른색 아나콘다처럼 굽이굽이 흐른다. 그래서 거리는 열 배가 되고 교통로가 가져야 할 추진력을 상실하는 것이다. 그 결과 인구밀도가 낮고, 도로와 마을이 상대적으로 적다. 강의 굴곡이 심해 바다와 내륙 사이에 신속한 수송이 불가능하기 때문이다. 마치 천지창조의 초기처럼, 그리고 이 해안에 유럽 선원들이 도착했던 초기처럼, 끝이 보이지 않을 정도로 녹음이 펼쳐져 있다. 경이롭고 비옥한 대지, 부드러운 미풍으로 시원해지는 대지가 시야에 들어왔고, 어느 한정된 지역에는 마치 눈이 금방 내린 것처럼 염호가 빛나고 있었다. 오로지 비행기에서 바라보았을 때만, 이 나라가 이 무한한 자원을 모두 개발하기 위해 얼마나 많은 세월이 걸릴지 가늠해 볼 수 있게 된다. 브라질의 대부분은 아직 미래 세대의 것이다.

드디어 우리는 벨렝에 도착했다!

어린 시절부터 나는 세상에서 가장 큰 강인 아마존 강을 보는 것이 꿈이었다. 어린 시절 처음 프란시스코 데 오레야나Francisco de Orellana 라는 이름을 책에서 읽었을 때부터였다. 오레야나는 잊지 못할 모험들을 이겨 내면서 처음으로 카누를 타고 이 강을 따라 내려온 사람이다. 어릴 때부터 동물원에서 수천 가지 색을 자랑하는 앵무새와 날쌘 원숭이들을 보고 감탄할 때마다 팻말에는 항상 "아마존"이라는 단어가 있었다. 그런데 이제 우리는 그 아마존의 하구에 있다. 정확히 말해, 여러 개 하구들 중 하나에 있다. 그중 하나만 해도 우리 유럽에 있는 강의 어떤 하구보다도 더 넓다.

처음에, 벨렝 자체는 기대했던 것만큼 인상적인 것 같지는 않았다. 왜냐하면 강 바로 위쪽에 있지 않아서, 강을 굽어볼 수 없기 때문이다. 그럼에도 벨렝은 아름답고, 활기가 넘치며, 도시 공간들이 널찍하고, 넓은 대로와 커다란 광장, 흥미를 끄는 오래된 큰 건축물이 있는 곳이다. 40~50년 전에 벨렝은 근대적 대도시, 어쩌면 브라질의 수도가 되려는 야심을 가졌었다. 대단한 고무 붐이 시작되었을 때였고, 브라질산 빠라아 고무나무가 여전히 독점적 지위를 누리고 있을 때였다. 그 당시 둥근 형태의 검은 고무 덩어리는 순식간에 금으로 교환되었고, 그 도시에는 금이 풍부했다. 마나우스와 마찬가지로, 그 무렵 벨렝에는 화려한 오페라하우스가 지어졌지만 오늘날에는 별 용도가 없는 건물이 되었다. 고대하던 카루소 같은 가수들을 제대로 맞이하기 위해 커다란 광장에는 우아한 집들이 줄지어 들어섰고, 그 '액체 황금' 덕분에 다시 예전처럼 북부가 브라질 경제의 중심이 될 것처럼 보이기도 했다. 이어서 급격한 쇠퇴가 진행되었다. 국제적 기업들과 상사들은 축소되거나 사라졌다. 그때부터 벨렝은 예전처럼 활기찬 도시이기는 하나 상대적으로 조용한 도

● 1511~1546년. 스페인 정복자이자 탐험가.

시가 되었다. 그럼에도 세계대전이 끝나면 머지않아 새로운 활기를 되찾을 것 같은 느낌이 든다. 왜냐하면 천혜의 지리적 위치 때문에 가능한 모든 항공 서비스의 허브가 되었기 때문이다. 이곳에서 북쪽으로는 쿠바, 트리니다드, 마이애미, 뉴욕으로 가고, 서쪽으로는 아마존 강을 거슬러 가면서 마나우스, 페루, 콜롬비아로 간다. 남쪽으로는 리우데자네이루, 상뚜스, 상파울루, 몬테비데오, 부에노스 아이레스로 간다. 동쪽으로는 유럽과 아프리카로 간다. 몇 년 내로 이곳에는 남미의 거대한 신경중추의 한 축이 형성될 것이다. 그리고 아마존의 무한히 넓은 지역들과 왕래가 가능해지면 대도시가 되려던 예전의 꿈이 엄청난 규모로 실현될 것이다.

벨렝에서 가장 두드러지는 것은 동물원과 식물원이다. 그곳에는 아마존의 모든 동식물이 모여 있다. "녹색 사막"이라고 불리는 아마존 강을 — 이렇게 부르는 것은 아마존 강 양쪽으로 단조로운 밀림이 단절된 곳 없이 엄청나게 펼쳐져 있기 때문인데 — 여러 날에 걸쳐 거슬러 올라가 볼 수 있는 기회가 없거나, 시간이 없거나, 용기가 없는 사람은 이곳에서 전혀 힘들지 않게 조약돌이 깔린 길을 따라 가면서 그 밀림을 짐작해 보고, 그 공기를 맡아 보고, 눈으로 확인해 볼 수 있다. 그 식물원에는 그 유명한 빠라아 고무나무가 있다. 나무는 그 지역에 풍요를 가져왔고, 그다음에는 자신의 조국뿐만이 아니라 전 세계에 풍요를 가져왔다. 허락을 받고 나무를 절개해 보니, 1분 정도 지나자 우유 같고 끈끈한 액체가 나왔다. 기적처럼 보이는 또 하나의 대상은 원주민이 신성시하는 나무인데, 그 나무는 한 자리에 뿌리를 내리고 있지 않고 움직이는 나무다. 나뭇가지를 아주 멀리 뻗기 때문에 힘에 부쳐 축 늘어져 땅에까지 닿게 된다. 그러면 그곳에 뿌리를 내리고, 싹이 나오고 줄기로 변해 간다. 그러는 가운데 오래된 줄기는 말라죽는다. 이런 식으로 같은 나무이지만 다른 줄기로 변해 몇 발자국 전진하는 것이다. 그런 식으로 나아가기 때문에 야만인들은 움직이는 존재로, 지능을 지닌 존재로 찬미했던 것이다. 다른 불가사의한 것들도 있다. 거대한 아름드리 나무, 덩굴 풀과 덩굴나무, 수천 가지 형태의 관목들이 있다. 그렇게 다양한 식물과 함께 온갖 동물도 있다. 별의별 색깔의 깃털로 덮인 새가 있고 가늘고 투명한 물고기가 있는가 하면, 어떤 것들은 마치 자동차의 헤드라이트처럼 대가리나 꼬리지느러미에 전조등을 가진 것도 있다. 인심 좋고 변화무쌍한 대자연의 기적들이다. 이 모든 것들은 박물관에서처럼 전시된 것도 아니고, 무미건조하게 분류되어 있지도 않고, 인공적으로 사육되는 것도 아니다. 모든 것들은 대지에서 태어났고, 대지에 속하고, 하나가 되어 있다.

하지만 우리는 모든 것을 볼 수 있는 시간이 없다. 게다가 식물학에 관련된 지식을 충분히 갖추지 못하고 있다는 것을 느끼게 된다. 여행이 끝나 갈 즈음인데 방금 여행을 시작한 것 같은 느낌을 가지게 된다. 지도를 보면 이 거대한 나라의 많은 부분을 아직 가보지 못했다는 것을 알게 된다. 몇 주일이나 몇 달의 시간을 더 내서 아마존 강을 거슬러 올라가 마뚜그로수나 고이아스 주에 속하는, 제대로 탐험되지 못한 지방들까지 가보는 것이 좋지 않을까? 그 지방은, 아주 예외적인 경우를 제외하면 브라질 사람조차도 가보지 못한 곳들이다. 위험하기 때문에 신비스럽고 매력적인 밀림의 심장부까지 들어가 열대지방 자연의 강인한 힘을 심도 있게 경험해 봐야 하지 않을까? 하지만 우리는 어디서 멈출 수 있단 말인가? 어디에서 여행을 마무리 지을 수 있단 말인가? 매번 더 멀리, 계속 나아가고 싶은 새로운 유혹이 생기지 않을까? 단지 몇 개월 여행하고서 브라질을 깊이 알게 되었다고 애써 믿으려 한다면 그건 지나친 자만이 아닐까? 브라질은 또 하나의 온전한 세계이고, 그 세계의 많은 부분들은 가장 대담한 탐험대들조차 아직 탐사해 보지 못한 곳이다. 브라질을 여행하는 것은 여전히 새로운 것들을 발견하는 것을 의미한다. 이곳에서 모든 것을 보는 것은 누구에게도 허용되지 않는다. 분별력이 있다는 것은 시간에 순응할 줄 안다는 것을 의미한다. 그래서 나는 내 자신에게 이렇게 말했다. "이번에는 이것으로 충분하다!"

우리는 공항으로 돌아왔다. 우리 비행기 옆에는 다른 비행기가 아마존 강물을 따라 마나우스로 출발하려 하고 있었고, 우리 비행기는 적도 쪽으로 해서 미국으로 가려 하고 있었다. 우리는 강력한 엔진을 지닌 옆 비행기가 날개를 들어올리는 모습과 미지의 방향을 향해 멀어져 가는 모습을 지켜보았다. 브라질을 떠나기 전인데도, 우리는 이미 브라질에 대한 향수를, 이 경이로운 나라에 곧바로 돌아오고 싶은 욕망을 느낀다. 우리 비행기의 제트엔진 소음이 시작되는 순간, 이 몇 주, 몇 개월 동안의 여행이 가져다준 잊을 수 없는 행복한 경험에 대해 감사의 마음이 우러났다. 비록 브라질이 믿기 어려울 정도로 다양한 모습 중 일부만을 보여 주었지만, 남은 생애 동안 영원히 잊지 못할 정도로 충분히 아름다운 곳이었다.

브라질 연표

1497년	바스꾸 다 가마, 포르투갈인으로 처음 인도 여행.
1500년	뻬드루 알바리스 까브랄, 포르투갈인으로 두 번째 인도 여행.
	뻬드루 알바리스 까브랄, (그 여행에서) 브라질에 표착.
1501년	페르낭두 지 노로냐, 브라질 목재(브라질나무) 무역 시작.
1503년	아메리고 베스푸치, '곤잘로 꼬엘료'Gonzalo Coelho 선단으로 브라질에 도착.
1507년	'아메리카'라는 이름이 처음으로 발트제뮐러Waldseemüller 지도에 등장.
1519년	페르디난드 마젤란, 첫 세계 일주에서 브라질에 도착.
1534년	브라질은 15개 자치구Capitanías로 나뉨.
1549년	포르투갈의 총독인 또메 드 소우자, 브라질에 도착. 그와 함께 마누엘 다 노브레가 신부를 비롯한 첫 예수회 사제들 도착.
1552년	첫 브라질 주교 부임.
1554년	마누엘 다 노브레가 신부, 상파울루 건설.
1555년	니콜라스 뒤랑 드 빌르게뇽의 지휘 아래 프랑스인들이 리우데자네이루에 도착.
1557년	한스 슈타덴, 『브라질 여행』Viagem do Brasil 출간.
1558년	앙드레 테베, 『남극 대륙 프랑스의 특이성』Les singularités de la France Antartique 출간.
1560년	리우데자네이루에서 멩 드 사, 프랑스인들에 대항해 전투.
1567년	프랑스인 축출, 리우데자네이루 도시 건설.
1580년	포르투갈은 스페인 지배 아래 놓임.
1584년	빠라이바 정복.
1598년	히우그랑지두노르치 정복.
1603년	동인도회사 설립.
1611년	세아라 정복.
1615년	마라녀웅 정복, 벨렝 건설.
1624년	바이아가 한동안 네덜란드인의 손에 넘어감.
1627년	네덜란드인들이 올링다(헤시피)를 점령한 뒤 '모리츠슈타트'로 명명.
1640년	포르투갈은 스페인으로부터 독립을 다시 쟁취.
1645년	뻬르낭부꾸에서 네덜란드인에 저항하는 반란이 일어남.
1654년	네덜란드 지배 종식.
1661년	네덜란드와 포르투갈 사이에 평화조약 체결.
1694년	따우바떼(미나스 지역)에서 처음으로 금 발견.
1720년	금이 나는 지역인 미나스제라이스가 주州로 승격.
1720년	주조소 설치를 계기로 빌라히까에서 일어난 봉기가 진압됨.
1723년	브라질에 커피가 들어옴.
1729년	다이아몬드 발견.
1737년	히우그랑지두술 건설.

1739년	브라질 최초의 극작가인 앙또니우 조스뻬António Jospe를 리스본에서 종교재판으로 화형에 처함.
1740년	고이아스 주를 만듦.
1743년	마뚜그로수 주를 만듦.
1750년	마드리드조약, 스페인령 아메리카와 포르투갈령 아메리카(브라질)의 경계를 정함.
1755년	리스본 대지진.
1759년	예수회 축출.
1763년	리우데자네이루가 브라질의 수도가 됨.
1789년	미나스제라이스에서 브라질의 독립 음모(미나스의 음모라 불림).
1792년	음모의 주동자인 치라뎅치스를 처형.
1807년	나폴레옹의 진격에 왕가가 리스본을 버리고 도피.
1808년	포르투갈 왕가, 리우데자네이루에 도착.
1808년	무역을 위해 전 세계에 브라질 항구를 개방.
	브라질 인구가 약 350만 명으로 추정됨. 그중 노예는 거의 2백만 명.
1810년	로버트 사우디,『브라질의 역사』History of Brazil 출간.
1815년	브라질이 왕국의 지위로 격상.
1821년	주어웅 6세 왕이 포르투갈로 돌아감.
1822년	동 뻬드루, 브라질의 독립을 선언. 뻬드루 1세 칭호로 왕위에 오름.
1825년	생 틸레르Saint Hilaire,『브라질 내륙으로의 여행』Voyage dans l'interior de Brasil 출간.
1828년	우루과이가 시스쁠라치나 지방을 잃음.
1831년	뻬드루 1세, 폐위 후 출국.
1840년	뻬드루 2세, 성년 선언.
1850년	노예 수입 금지 선포.
1855년	첫 철도 개통.
1864~70년	대對파라과이 전쟁.
1874년	유럽과 브라질 사이에 전신 설치.
1875년	인구 1천만 명 돌파.
1888년	브라질에서 노예제도 폐지.
1889년	뻬드루 2세 폐위, 브라질연방공화국 선언.
1891년	황제, 망명 중 사망.
1900년	상뚜스 두몽, 에펠탑 주위를 비행.
1902년	에우끌리지스 다 꾸냐,『세르떠웅 사람들』Os Sertões 출판.
1920년	인구 3천만 명 돌파.
1930년	인구 4천만 명 돌파.
	제뚤리우 바르가스 대통령 취임.

옮긴이 후기

이 책의 최초 원본은 *Brasilien: Ein Land der Zukunft*(Bermann-Fischer, Stockholm, 1941)입니다. 우리말로는 스페인어판 *Brasil, Pais del futuro*(Colección "Mercosur cultural", Editorial Leviatán, Buenos Aires, Argentina, 1999)를 번역했습니다.

오스트리아인 슈테판 츠바이크(1881년 11월 28일~1942년 2월 22일)는 소설가, 극작가, 언론인, 전기 작가, 사회운동가로 1920년대와 30년대에 유럽에서 가장 유명한 지식인 중 한 사람이었습니다. 그는 독일의 제2차 세계대전 개입에 반대하면서 나치와 독일 민족주의 세력으로부터 내몰렸습니다. 독일 정부는 츠바이크의 모든 책을 불사르도록 조치하고 그를 범법자로 만들었습니다. 독일이 오스트리아로 진격하자 그는 망명을 생각합니다. 1939년에 오스트리아 소설가 조제프-아르튀르 고비노와, 평생 친구였던 지그문트 프로이트를 위한 감동적인 조사弔詞를 발표한 뒤, 영국 여권을 받으면서 영국 시민으로 국적을 바꿉니다. 그 후 유럽, 브라질, 미국의 여러 도시를 다니면서 활발한 강연 활동을 합니다.

그는 독일과 유럽에서 벌어지고 있는 비이성적 상황을 극복할 수 있는 희망을 브라질에서 발견한 듯 보였습니다. 하지만 결국 1942년 브라질의 뻬뜨로뽈리스에서 1908년생의 젊은 아내와 함께 자살하고 말았습니다. 그가 왜 자살을 했는지에 대해서는 수많은 해석이 있을 수 있습니다. 나치 세력의 확장으로 그의 희망은 갈수록 절망으로 변해간 것 같습니다. 인간이 일정한 나이에 도달했을 때 "그 삶에서 앞으로 더 기대할 것이 없다는 것이 드러난다면" 자기 목숨을 처분할 수 있는 권리가 있다는 미셸 드 몽테뉴의 구절을 아주 좋아했다는 말도 있습니다.

이 작품은 츠바이크가 브라질에 대해 느끼는 애정과 희망을 잘 보여 주고 있습니다. 당시 인종주의에 빠져 있던 유럽과 달리 브라질은 인종적, 문화적 다양성이 평화를 추구하는 국민성과 어우러져, 인류의 희망으로 보였기 때문입니다. 일부에서는 이 작품이 브라질에 대한 감사의 표현으로 쓰였기 때문에 객관적 태도를 유지하고 있지 못하다고 비난하기도 했습니다. 그러나 적어도 당시까지 브라질에 대한 묘사와 분석에 있어 이 책보다 더 뛰어난 책은 없었다고 말할 수 있을 것입니다. 그리고 브라질의 역사, 자연과 문화, 브라질 사람에 대한 그의 통찰과 분석은 오늘날까지도 많은 공감을 불러일으키고 있습니다.

마지막으로 이 책의 교정과 출판에 도움을 주신 양은미 박사, 김주리 양, 후마니타스 관계자 여러분께 깊이 감사드립니다.

2016년 2월
김창민

주한 브라질문화원이 심는 나무

 브라질만큼 이름만 들어도 설레는 나라가 또 있을까 싶다. 카니발, 아름다운 해변, 축구, 아마존 밀림 등등 활기차고 흥겹고 신비로운 경험이 보장된 느낌을 주는 나라가 브라질이기 때문이다. 하지만 브라질의 위상은 그 이상이다. 우리가 잘 몰라서 그렇지 국제무대에서 브라질은 종종 대국이라는 표현이 어울리는 나라로 평가되고 있다. 세계 5위의 면적, 2억 명을 상회하는 인구는 대국으로서의 한 단면에 불과할 뿐이다. 유엔 안전보장이사회의 상임이사국 확대, 개편이 이루어질 경우 라틴아메리카를 대표하는 상임이사국이 당연히 될 나라일 정도로 국제정치의 주역이 바로 브라질이고, 풍부한 천연자원과 노동력 덕분에 경제적으로 늘 주목을 받아 온 나라가 바로 브라질이다. 그뿐만 아니라 세계 열대우림의 3분의 1을 차지하고 있어서 지구의 허파 역할을 하고 있는 아마존 밀림은 기후변화나 생물의 종 다양성 같은 인류의 미래를 둘러싼 시험장이다. 또한 5세기 전부터 다양한 인종, 다양한 문화가 공존하면서 풍요로운 문화를 일구어 낸 나라가 브라질이고, 세계사회포럼을 주도적으로 개최하면서 '또 다른 세상은 가능하다'는 희망의 메시지를 전 세계적으로 확산하는 데 기여한 나라가 브라질이다.

하지만 지구 반대편에 있는 머나먼 나라이다 보니 한국에서는 브라질의 진면목을 제대로 인식하기 힘들었다. 심지어 라틴아메리카 국가이다 보니 일종의 '라틴아메리카 디스카운트'가 작용하기도 했다. 브라질 이민이 시작된 지 반세기가 넘었고, 최근 한국과 브라질 사이의 정치·경제 교류가 상당히 늘었는데도 상황은 크게 변한 것이 없다. 그래서 주한 브라질 대사관과 서울대학교 라틴아메리카연구소가 협약을 맺고 두산인프라코어의 후원으로 2012년 3월 16일 주한 브라질문화원을 설립하게 된 것은 대단히 뜻깊은 일이었다. 한국과 브라질의 문화 교류 증진이야말로 세계화 시대에 양국 간 우호를 다지는 길이자 브라질에 대한 한국인의 올바른 인식 제고를 위해 필수 불가결한 일이기 때문이다. 실제로 브라질문화원은 브라질의 다채롭고 역동적인 문화를 소개하기 위해 2012년부터 전시회, 브라질데이 페스티벌, 영화제, 음악회, 포르투갈어 강좌 개설 등 다양한 활동을 해왔다.

하지만 브라질에 대한 올바른 이해를 위해서는 문화 교류 외에도 더 전문적인 노력이 필요하다는 것이 주한 브라질문화원 개원 때부터의 인식이었다. 이에 브라질문화원은 열 권의 빠우-브라질 총서를 기획·준비했고, 이제 드디어 그 결실을 세상에 내놓게 되었다. 한국과 브라질 교류에서 문화원 개원만큼이나 의미 있는 한 획을 긋게 된 것이다. 총서 기획 과정에서 몇 가지 고려가 있었다. 먼저 브라질문화원이 공익단체임을 고려했다. 그래서 상업적인 책보다는 브라질 사회와 문화를 이해하는 데 근간이 될 만한 책, 특히 학술적 가치가 높지만 외부 지원이 없이는 국내에서 출간이 쉽지 않을 책들을 선정했다. 다양성도 중요한 고려 대상이었다. 빠우-브라질 총서가 브라질 사회를 다각도로 조명할 수 있는 토대가 되었으면 하는 바람에서였다. 그래서 브라질에서 유학하고 돌아와 대학에서 강의를 하고 있는 사람들로부터 자신의 전공 분야에서 필독서로 꼽히는 원서들을 추천받았다. 그 결과 브라질 연구에서는 고전으로 꼽히는 호베르뚜 다마따, 세르지우 부아르끼 지 올란다, 세우수 푸르따두, 지우베르뚜 프레이리 등의 대표적인 책들이 빠우-브라질 총서에 포함되게 되었다. 또한 시의성이나 외부에서 브라질을 바라보는 시각 등도 고려해 슈테판 츠바이크, 에두아르두 비베이루스 지 까스뜨루, 레리 로터, 재니스 펄먼, 워너 베어, 크리스 맥고완/히까르두 뻬샤냐 등의 저서를 포함시켰다. 이로써 정치, 경제, 지리, 인류학, 음악 등 다양한 분야의 고전과 시의성 있는 책들로 이루어진 빠우-브라질 총서가 탄생하게 되었다.

놀랍게도 이 총서는 국내 최초의 브라질 연구 총서다. 예전에 이런 시도가 없었던 것은 국내 브라질 연구의 저변이 넓지 않았다는 점이 크게 작용했다. 하지만 아는 사람은 안다. 국내 출판 시장의 여건상 서구, 중국, 일본 등을 다루는 총서 이외에는 존립하기 어렵다는 것이 가장 큰 이유라는 것을. 그래서 두산인프라코어 대표이사이자 주한 브라질문화원 현 원장인 손동연 원장님에게 심심한 사의를 표한다. 문화 교류와 학술 작업의 병행이 한국과 브라질 관계의 초석이 되리라는 점을, 또 총서는 연구자들이 주도해야 한다는 점을 쾌히 이해해 주시지 않았다면 이처럼 알차게 구성된 빠우-브라질 총서가 탄생하지 못했을 것이기 때문이다. 주한 브라질문화원 개원의 산파 역할을 한 에드문두 S. 후지따 전 주한 브라질 대사님에게도 깊은 감사를 표한다. 문화원 개원을 위해 동분서주한 서울대학교 라틴아메리카연구소 전임 소장 김창민 교수와도 총서의 출간을 같이 기뻐하고 싶다. 또한 문화원 부원장직을 맡아 여러 가지로 애써 주신 박원복, 양은미, 김레다 교수님들께도 이 자리를 빌려 그동안의 노고를 특별히 언급하고 싶다. 쉽지 않은 결정이었을 텐데 총서 제안을 수락한 후마니타스 출판사에도 깊은 감사를 표하는 바다. 마지막으로 기획을 주도한 박원복 전 부원장, 관리를 맡은 우석균 HK교수와 양은미 전 부원장 등 실무 작업 과정에서도 여러 사람의 정성 어린 참여가 있었다는 점을 상기시키고 싶다.

잘 알려져 있다시피 '브라질'이라는 국명의 유래는 한때 브라질 해안을 뒤덮고 있던 '빠우-브라질'Pau-Brasil이라는 나무에서 유래되었다. 총서명을 '빠우-브라질'로 한 이유는 주한 브라질문화원이 국내 브라질 연구의 미래를 위해, 그리고 한국과 브라질의 한 차원 높은 교류를 위해 한 그루의 나무를 심는 마음으로 이 총서를 기획하고 출간했기 때문이다. 이 나무가 튼튼하게 뿌리 내리고, 풍성한 결실을 맺고, 새로운 씨앗을 널리 뿌리기 바란다.

2015년 11월
서울대학교 라틴아메리카연구소 소장 김춘진

후마니타스의 책 | 발간순

러시아 문화사 | 슐긴·꼬쉬만·제지나 지음, 김정훈·남석주·민경현 옮김

북한 경제개혁 연구 | 김연철·박순성 외 지음

선거는 민주적인가 | 버나드 마넹 지음, 곽준혁 옮김

미국 헌법과 민주주의 | 로버트 달 지음, 박상훈·박수형 옮김

한국 노동자의 임금정책과 임금실태 | 김유선 지음

위기의 노동 | 최장집 엮음

다보스, 포르투알레그레 그리고 서울 | 이강국 지음

과격하고 서툰 사랑고백 | 손석춘 지음

그래도 희망은 노동운동 | 하종강 지음

민주주의의 민주화 | 최장집 지음

민주화 이후의 민주주의(개정2판) | 최장집 지음

침묵과 열광 | 강양구·김범수·한재각 지음

미국 예외주의 | 세미무어 마틴 립셋 지음, 문지영·강정인·하상복·이지윤 옮김

조봉암과 진보당 | 정태영 지음

현대 노동시장의 정치사회학 | 정이환 지음

일본 전후 정치사 | 이시가와 마스미 지음, 박정진 옮김

환멸의 문학, 배반의 민주주의 | 김명인 지음

민주주의의 민주화 | 최장집 지음

어느 저널리스트의 죽음 | 손석춘 지음

전태일 통신 | 전태일기념사업회 엮음

정열의 수난 | 문광훈 지음

비판적 실재론과 해방의 사회과학 | 로이 바스카 지음, 이기홍 옮김

아파트 공화국 | 발레리 줄레조 지음, 길혜연 옮김

민주화 20년의 열망과 절망 | 경향신문 특별취재팀 지음

비판적 평화연구와 한반도 | 구갑우 지음

미완의 귀향과 그 이후 | 송두율 지음

한국의 국가형성과 민주주의 | 박찬표 지음

소금꽃나무 | 김진숙 지음

인권의 문법 | 조효제 지음

디지털 시대의 민주주의 | 피파 노리스 지음, 이원태 외 옮김

길에서 만난 사람들 | 하종강 지음

전노협 청산과 한국노동운동 | 김창우 지음

팔레스타인 현대사 | 일란 파페 지음, 유강은 옮김

자본주의 이해하기 | 새뮤얼 보울스·리처드 에드워즈·프랭크 루스벨트 지음,

　　　　　　　최정규·최민식·이강국 옮김

한국정치의 이념과 사상 | 강정인·김수자·문지영·정승현·하상복 지음

위기의 부동산 | 이정전·김윤상·이정우 외 지음

산업과 도시 | 조형제 지음

암흑의 대륙 | 마크 마조워 지음, 김준형 옮김

부러진 화살(개정판) | 서형 지음

냉전의 추억 | 김연철 지음

현대 일본의 생활보장체계 | 오사와 마리 지음, 김영 옮김

복지한국, 미래는 있는가(개정판) | 고세훈 지음

분노한 대중의 사회 | 김헌태 지음

정치 에너지 | 정세균 지음

워킹 푸어, 빈곤의 경계에서 말하다 | 데이비드 K. 쉬플러 지음, 나일등 옮김

거부권 행사자 | 조지 체벨리스트 지음, 문우진 옮김

초국적 기업에 의한 법의 지배 | 수전 K. 셀 지음, 남희섭 옮김

한국 진보정당 운동사 | 조현연 지음

근대성의 역설 | 헨리 임·곽준혁 지음

브라질에서 진보의 길을 묻는다 | 조돈문 지음

동원된 근대화 | 조희연 지음

의료 사유화의 불편한 진실 | 김명희·김철웅·박형근·윤태로·임준·정백근·정혜주 지음

대한민국 정치사회 지도(수도권 편) | 손낙구 지음

대한민국 정치사회 지도(집약본) | 손낙구 지음

인권을 생각하는 개발 지침서 | 보르 안드레아센·스티븐 마크스 지음, 양영미·김신 옮김

불평등의 경제학 | 이정우 지음

왜 그리스인가 | 자클린 드 로미이 지음, 이명훈 옮김

민주주의의 모델들 | 데이비드 헬드 지음, 박찬표 옮김

노동조합 민주주의 | 조효래 지음

유럽 민주화의 이념과 역사 | 강정인·오향미·이화용·홍태영 지음

우리, 유럽의 시민들? | 에티엔 발리바르 지음, 진태원 옮김

지금, 여기의 인문학 | 신승환 지음

비판적 실재론 | 앤드류 콜리어 지음, 이기홍·최대용 옮김

누가 금융 세계화를 만들었나 | 에릭 헬라이너 지음, 정재환 옮김

정치적 평등에 관하여 | 로버트 달 지음, 김순영 옮김

한낮의 어둠 | 아서 쾨슬러 지음, 문광훈 옮김

모두스 비벤디 | 지그문트 바우만 지음, 한상석 옮김

진보와 보수의 12가지 이념 | 폴 슈메이커 지음, 조효제 옮김

한국의 48년 체제 | 박찬표 지음

너는 나다 | 손아람·이창현·유희·조성주·임승수·하종강 지음
　　　　　　(레디앙, 삶이보이는창, 철수와영희, 후마니타스 공동 출판)

정치가 우선한다 | 셰리 버먼 지음, 김유진 옮김

대출 권하는 사회 | 김순영 지음

인간의 꿈 | 김순천 지음

복지국가 스웨덴 | 신필균 지음

대학 주식회사 | 제니퍼 워시번 지음, 김주연 옮김

국민과 서사 | 호미 바바 편저, 류승구 옮김

통일 독일의 사회정책과 복지국가 | 황규성 지음

아담의 오류 | 던컨 폴리 지음, 김덕민·김민수 옮김

기생충, 우리들의 오래된 동반자 | 정준호 지음

깔깔깔 희망의 버스 | 깔깔깔 기획단 엮음

노동계급 형성과 민주노조운동의 사회학 | 조돈문 지음

시간의 목소리 | 에두아르도 갈레아노 지음, 김현균 옮김

법과 싸우는 사람들 | 서형 지음

작은 것들의 정치 | 제프리 골드파브 지음, 이충훈 옮김

경제 민주주의에 관하여 | 로버트 달 지음, 배관표 옮김

정치체에 대한 권리 | 에티엔 발리바르 지음, 진태원 옮김

작가의 망명 | 안드레 블첵·로시 인디라 지음, 여운경 옮김

지배와 저항 | 문지영 지음

한국인의 투표 행태 | 이갑윤

그들은 어떻게 최고의 정치학자가 되었나 1·2·3 | 헤라르도 뭉크·리처드 스나이더 지음,
　　　　　　　　　　　　　　　정치학 강독 모임 옮김

이쭈, 그 민 길 | 이세기 지음

법률가의 탄생 | 이국운 지음

헤게모니와 사회주의 전략 | 에르네스토 라클라우·샹탈 무페 지음, 이승원 옮김

갈등과 제도 | 최태욱 엮음

자연의 인간, 인간의 자연 | 박호성 지음

마녀의 연쇄 독서 | 김이경 지음

평화는 어떻게 만들어지는가 | 존 폴 레더라크 지음, 김동진 옮김

스웨덴을 가다 | 박선민 지음

노동 없는 민주주의의 인간적 상처들 | 최장집 지음

코끼리 쉽게 옮기기 | 김영순 지음

사람들은 어떻게 광장에 모이는 것일까? | 마이클 S. 최 지음, 허석재 옮김

감시사회로의 유혹 | 데이비드 라이언 지음, 이광조 옮김

신자유주의의 위기 | 제라르 뒤메닐·도미니크 레비 지음, 김덕민 옮김

젠더와 발전의 정치경제 | 시린 M. 라이 지음, 이진옥 옮김

나는 라말라를 보았다 | 무리드 바르구티 지음, 구정은 옮김

가면권력 | 한성훈 지음

반성된 미래 | 참여연대 기획, 김균 엮음

선택이라는 이데올로기 | 레나타 살레츨 지음, 박광호 옮김

세계화 시대의 역행? 자유주의에서 사회협약의 정치로 | 권형기 지음

위기의 삼성과 한국 사회의 선택 | 조돈문·이병천·송원근·이창곤 엮음

말라리아의 씨앗 | 로버트 데소비츠 지음, 정준호 옮김

허위 자백과 오판 | 리처드 A. 레오 지음, 조용환 옮김

민주 정부 10년, 무엇을 남겼나 | 참여사회연구소 기획, 이병천·신진욱 엮음

민주주의의 수수께끼 | 존 던 지음, 강철웅·문지영 옮김

왜 사회에는 이견이 필요한가(개정판) | 카스 R. 선스타인 지음, 박지우·송호창 옮김

관저의 100시간 | 기무라 히데아키 지음, 정문주 옮김

우리 균도 | 이진섭 지음

판문점 체제의 기원 | 김학재 지음

불안들 | 레나타 살레츨 지음, 박광호 옮김

스물다섯 청춘의 워킹홀리데이 분투기 | 정진아 지음

민중 만들기 | 이남희 지음, 유리·이경희 옮김

불평등 한국, 복지국가를 꿈꾸다 | 이정우·이창곤 외 지음

알린스키, 변화의 정치학 | 조성주 지음

유월의 아버지 | 송기역 지음

정당의 발견 | 박상훈 지음

비정규 사회 | 김혜진 지음

출산, 그 놀라운 역사 | 티나 캐시디 지음, 최세문·정윤선·주지수·최영은·가문희 옮김

내가 살 집은 어디에 있을까? | 한국여성민우회 지음

브라질 사람들 | 호베르뚜 다마따 지음, 임두빈 옮김

달리는 기차에서 본 세계 | 박흥수 지음

GDP의 정치학 | 로렌조 피오라몬티 지음, 김현우 옮김